大夏书系·推敲课堂

好课是这样创成的

雷玲 —— 主编

语文 卷

华东师范大学出版社
全国百佳图书出版单位

图书在版编目（CIP）数据

好课是这样创成的·语文卷/雷玲主编.—上海：华东师范大学出版社，2019
ISBN 978-7-5675-9881-2

Ⅰ.①好… Ⅱ.①雷… Ⅲ.①语文课—教案（教育）—中小学 Ⅳ.①G633

中国版本图书馆 CIP 数据核字（2019）第 250422 号

大夏书系·推敲课堂

好课是这样创成的（语文卷）

主　编	雷　玲
策划编辑	李永梅
审读编辑	任嫒嫒
封面设计	奇文云海·设计顾问

出版发行	华东师范大学出版社
社　　址	上海市中山北路 3663 号　邮编　200062
网　　址	www.ecnupress.com.cn
电　　话	021-60821666　行政传真　021-62572105
客服电话	021-62865537
邮购电话	021-62869887　地址　上海市中山北路 3663 号华东师范大学校内先锋路口
网　　店	http://hdsdcbs.tmall.com
印 刷 者	北京季蜂印刷有限公司
开　　本	700×1000　16 开
插　　页	1
印　　张	20
字　　数	325 千字
版　　次	2020 年 1 月第一版
印　　次	2020 年 1 月第一次
印　　数	6 100
书　　号	ISBN 978-7-5675-9881-2
定　　价	49.80 元
出 版 人	王　焰

（如发现本版图书有印订质量问题，请寄回本社市场部调换或电话 021-62865537 联系）

目录 Contents

第1篇　精彩片段赏析

3 | 把"服务"的位置留给自己
　　——听特级教师张康桥《林冲棒打洪教头》教学有感

7 | 不谋而合，关注"怎么说"
　　——王崧舟、吴琳执教《去年的树》片段赏析

10 | 雪泥鸿爪妙无痕
　　——特级教师王玲湘《搭石》教学片段解读

17 | 尺水兴波，灵动扎实
　　——优秀教师王君《敬畏自然》教学片段赏析

21 | "管大"亮剑
　　——特级教师管建刚执教《理想的风筝》教学赏析

24 | 让学生静静地进行语言的实践
　　——薛法根老师《和时间赛跑》教学赏析

30 | 简化教学设计　关注学生发展
　　——再赏特级教师支玉恒《匆匆》教学片段

| 36 | 面对误读，须给学生无痕的点化
　　　　——特级教师薛法根《番茄太阳》教学片段赏析

| 43 | 感悟亲情　抒写真情
　　　　——特级教师王崧舟作文教学《亲情测试》片段赏析

| 51 | 在诵读中贴近文本
　　　　——优秀一等奖获得者都温中《乡愁》教学片段赏析

| 55 | 无痕拓展，让教学走向智慧
　　　　——特级教师王文丽《手术台就是阵地》拓展教学管窥

| 60 | 理解与运用融合　课内与课外并重
　　　　——特级教师吉春亚《"凤辣子"初见林黛玉》精彩教学片段赏析

| 66 | 让教学真正走向学生
　　　　——优秀教师张丹《画家与牧童》教学片段赏析

| 71 | 点评语精彩多变让人醉
　　　　——优秀教师李哲峰《作点辩证分析》中点评语赏析

| 78 | 少与多：让学生由学会走向会学的艺术
　　　　——特级教师薛法根《哪吒闹海》教学片段赏析

| 83 | 智慧布白，让课堂生成精彩
　　　　——特级教师薛法根《槐乡五月》教学片段赏析

| 87 | 课堂智慧地涵养学生成长
　　　　——特级教师薛法根《大江保卫战》精彩片段赏析

| 92 | 有境界，自成高格
　　　　——特级教师靳家彦、于永正两则教学片段赏析

第2篇 主题创新

- 99 | "趣"字当先 "活"字为法
  ——浙江省青年名师陆青春漫画作文教学赏析
- 106 | 由画悟意 个性表达
  ——以六上第四单元"漫画作文"为例谈小学漫画作文指导策略
- 112 | 自然融入 各臻其妙
  ——特级教师贾志敏《母亲的鼓励》中的"写字"教学赏析
- 117 | 比较阅读：文本解读的金钥匙
  ——以多位名师教学个案为例
- 123 | 创意无限的"说明书"
  ——福建名师何捷非连续性文本读写联动教学解析
- 134 | 哥上的不是课，是寂寞
  ——张岱《湖心亭看雪》文言文新教法赏析
- 138 | 慢慢走，欣赏语言的"滋味"
  ——特级教师薛法根、窦桂梅《珍珠鸟》语言教学欣赏
- 142 | 精选内容，精讲技法，精练段落
  ——小学语文期末总复习中习作复习创新
- 149 | 巧用多媒体 都为解文本
  ——优秀教师杨子江执教的《〈唐诗三首〉课例》教学片段赏析
- 152 | 寻找语文教学的最佳"导"路
  ——多位名师教学个案赏析
- 162 | 意料之外，情理之中
  ——《社戏》课堂生成例说

| 167 | 指向方法:"虚"与"实"之间的智慧
　　——特级教师薛法根教学艺术赏析
| 171 | 柳暗花明又一村
　　——优秀教师刘宗顺随笔化作文课《别样投篮》教学赏析

第3篇　经典课例反思

| 177 | 创新中培养学生的良好学习习惯
　　——对《语言的魅力》一课的教学创新
| 181 | 轻轻唤醒学生的心灵
　　——特级教师王文丽《桂林山水》一课教学赏析
| 186 | 巧趁"文本东风",放活"拓展纸鸢"
　　——优秀教师贺成金《蛇与庄稼》教学实录与评析
| 191 | 点面结合　实效课堂
　　——青年教师钟鹤童《与众不同的麻雀》课堂赏析
| 198 | 重在"交际"
　　——福建名师何捷《我是金牌推销员》口语交际课堂实录及评析
| 206 | 咀嚼文字就是咀嚼生命
　　——特级教师饶美红《台阶》一课赏析
| 216 | 把握言语特点　关注语言表达
　　——观特级教师魏星《水》一课有感
| 222 | 引领孩子畅游"作文王国"
　　——有感于特级教师赵景瑞老师的作文教学艺术
| 228 | 诗情画意学课文
　　——《蒹葭》教学赏析与反思

235 | 在引导启发中实现合作探究和自主学习
　　　　——优秀教师王文娟《吴老太爷进城》一课赏析

239 | 名师课堂的精彩从哪里来？
　　　　——特级教师程翔《再别康桥》一课赏析

245 | 和学生更为亲近的语文课
　　　　——北京市学科带头人任全林《荷塘月色》一课评析

第4篇　同课异构篇

253 | 砥砺文本语言　对话经典形象
　　　　——特级教师罗才军、吉春亚同课异构《临死前的严监生》赏析

274 | 借"题"发挥　巧入主旨
　　　　——两位特级教师同课异构对比

277 | 异构后的反思
　　　　——山东骨干教师刘海舰与特级教师于永正执《七颗钻石》对比赏析

302 | 诗中月不同，精彩也相异
　　　　——特级教师于永正、王崧舟《望月》赏析

308 | 异曲同工　各具风采
　　　　——特级教师盛新凤、薛法根《番茄太阳》同课结尾教学思考

第1篇

精彩片段赏析

把"服务"的位置留给自己

——听特级教师张康桥《林冲棒打洪教头》教学有感

有效的课堂教学,究竟是按预定的标准去"塑造"人、"培养"人,还是使学生的需求不断得到满足?毫无疑问,后者更符合现代教育教学观。因为教育最终追求的是为人的发展提供更好的服务。笔者曾有幸聆听了著名特级教师张康桥执教的《林冲棒打洪教头》(苏教版五年级上册),深有感触,觉得张老师切实把"服务"的位置留给了自己。

片段一:着眼于"诱导",使学生变苦学为乐学

师:你认为谁是好汉?为什么?

生:我认为林冲是好汉。因为他武艺高强,一个人教八十万人武艺。

生:我认为林冲是好汉。因为他特别谦虚,洪教头要和他比武,他一直推脱。

生:我认为林冲是好汉。因为他是一个勇敢的人。

(师根据生的回答相机板书:武艺高强、谦虚、勇敢)

师:大家都这么认为?(学生点头)哦,确实有许多人这么看,不过还有一些不同的看法。(出示)

林冲是个谦虚、勇敢、武艺高强的人。

——许多人

说林冲是一个武艺高强的人,我是赞成的,但说他谦虚,我有不同看法,我个人认为他是一个为了让自己生活得更好而谨慎的人。

——某专家

师：你认同哪一种说法或者自己认为林冲是怎样的人，理由是什么？（个别学生举手）好好读下书，你才会说得更周全、更深刻。

赏析

"教学是挑起矛盾冲突的艺术。"教师如果能巧妙呈现有价值的"冲突"，就能诱发学生强烈的求知欲，使探求新知的认知活动变为学生的内在需求，其目的在于变苦学为乐学。以上教学片段中，学生已处于积极的学习状态时，张老师抛出独特的观点，它与学生的"惯有思维"发生冲突，学生的一种急于探究的心理油然而生，于是他们主动读书、讨论，并建构了属于自己的语言与思想。"冲突"是课堂智慧生成的源泉，但一定要有价值（至少对学生而言），否则就会成为绣花枕头。以上这个"冲突"的解决，使学生主动参与课堂教学，对文本的认识得到提升，对语言文字表情达意的奥妙有了新的发现。没有认知冲突的课堂教学就像一潭没有涟漪的水，学生的思维松弛，认知兴趣得不到维持，教学效果可想而知。

片段二：着眼于"疏导"，使学生变难学为易学

（师出示精彩的"棒打"语段。学生自由读，然后指名读。）

师：谁来读一、二两句？

（一学生读）

师：你不恼恨林冲吧？（学生点头）可洪教头十分恼恨林冲啊（众笑），请你再读读。

（生再读，较好。）

师：(指着"把火烧天")这个词怎么读？

（生齐读）

师：你仿佛看到了什么？

生：洪教头用足了劲，把棒高高举起又狠狠地劈下，想一下打死林冲。

师：想象一下"拨草寻蛇"的招式。

（指名读这句话，学生把"拨草寻蛇"读得和"把火烧天"一样很用力、很猛。）

师：（一边学着学生的读，一边按照对读的理解，很用力猛地做了一个"拨草寻蛇"的招式）这样读行吗？（哄堂大笑）

师：再练练这段话的一、二两句。

（再指名读，学生把"把火烧天"的凶险与"拨草寻蛇"的轻快读了出来。）

赏 析

如何把语文这门难学的学科变为学生易学的学科？只要教师善于教给学生方法，多让他们在实践中体会阅读的情趣，语文课堂就一定会成为学生喜爱的课堂。如果教师单纯地讲授字词句篇，学生的学习必定索然无味，效果必不见佳。教师应以"形"为手段，以"情"为纽带，构建学生自主学习的课堂，让他们体验、倾吐内心的真实感受。以上教学片段中，张老师先是采用"情感体验法"，引领学生走进文中人物的内心，读出人物的情感；接着采用"想象画面法"，引领学生边读边想象语言文字所描绘的情景，把自己融入文本描述的情境，使苍白的文字变得立体、鲜活，又在对比中强化了体验效果；最后，用朗读把想象到的画面展示出来。教师应充分考虑学生的认知水平，通过多种方式化解教学难点，让学生的感悟不再困难。在学生思维受阻或有偏差时，教师要及时点拨，为学生搭桥铺路，其目的在于变抽象为具体，变枯燥为生动，变难学为易学，并在化难为易中激发学生的学习热情，发展学生的思维能力，学习效果自然显著提高。

片段三：着眼于"引导"，使学生变"死学"为"活学"

师：你们认为林冲既谦虚又谨慎，武艺更是高强，那他是好汉吗？

生：（齐）是的。

师：可我把这个故事翻译给学校的外教听，关于好汉，他们听了有自己的看法，我们一起来读读。

（出示有关语句，请一学生读。）

师：你赞成谁的观点？或又有什么新的想法？

生：我赞成我们中国老师的说法。

生：我基本赞成美国老师的说法，林冲想得太多，有些怕人。但我又觉得洪教头后来气昏了，招式太毒辣，或者说洪教头只是百分之五十的好汉。（众笑）

生：我觉得林冲与柴进是好汉，而且按照《水浒传》的说法，"小旋风"柴进本来就是好汉，更何况他仗义疏财且好习枪棒、热情好客。

师：你们说得都有道理，不管怎么理解好汉，好汉是仗义行侠的，至少不害人，是吧？

生：（齐）是的。

赏析

  阅读一篇文章，就是一次"精神探险"。教师要引导学生"精神探险"，不仅要看其设计有多巧妙，更要看其引导能起多大作用。这对教师的素养提出更高要求。作为"平等中的首席"的教师，首先要对文本有个性化的正确解读，并以此来感染、引导学生，绝不能过分依赖"教参"，以"教参"中的观点先入为主地替代自己的解读。以上教学片段中，张老师为学生搭建了一个探究阅读的平台，学生读出独特的感悟——"既谦虚又谨慎且武艺高强的林冲是好汉"，然而对于"好汉"的丰富内涵学生还是茫然的，此时若是简单地等待，学生的理解是不会有所深入的。正是因为张老师有高超的文本解读能力，他才能出示更为深刻的看法，使得学生的感悟越来越丰富。文本所具有的可能性对每位读者始终是开放的，但开放本应有一个相对确定的尺度，因为我们对文本的解读终究不能脱离文本而进行。正所谓"一千个人眼中有一千个哈姆雷特，但一千个哈姆雷特还是哈姆雷特"，同样"不管怎么理解好汉，好汉是仗义行侠的，至少不害人"。

（江苏省溧阳市清安小学　王大伟）

不谋而合,关注"怎么说"

——王崧舟、吴琳执教《去年的树》片段赏析

《去年的树》是日本儿童文学作家新美南吉创作的一篇童话,收录在人教版四年级上册的教材中。小语届名师王崧舟老师和吴琳老师都执教过此课,他们备课的思路不同,上课的风格不同,不过在关注文本的主体性价值"怎么说"方面却是不谋而合。

王崧舟教学片段:不是遮头是使风

师:面对着灯火,面对着去年的树,鸟儿的内心有那么多的话想对大树说,然而鸟儿什么都没说,她只有一个看起来太平淡的细节,那就是——

生:看。

师:从这个平平淡淡的细节中,我们也能看到鸟儿和大树之间的感情——

生:深厚。

师:(板书:深厚)就这样,看着,看着,鸟儿就唱起了去年的歌。假如大树在天有灵,他听见他最要好、最思念的朋友唱起了去年的歌,他的心情又是怎样的呢?

(生回答略)

师:孩子们,我们看《去年的树》这个故事,它没有写人物的外貌(擦去板书"不写外貌"),没有写人物的表情(擦去板书"不写表情"),也没有写人物的心理(擦去板书"不写心理"),请问,是作者不会写外貌吗?(生:不是)是作者不会写表情吗?(生:不是)是作者不会写心理活动吗?(生:不是)

作者明明会写，为什么偏偏不写？

生：可能是作者要为读者留下更多的想象空间。

师：是的，它不写表情，不写外貌，不写心理，但给我们留下了丰富、无限的想象空间。（板书：想象）正是留下了那么多的想象空间，这个故事才留给了我们这样一份巨大的语文魅力——用最平淡的语言调动人们的想象，表达最深厚的感情。

赏析

王尚文先生认为，语文教学的焦点应该是话语形式，即"怎么说"，而非"说什么"。王崧舟老师深谙此道，他把体会新美南吉"用最平淡的语言调动人们的想象，表达最深厚的感情"的作品特点定为本体性教学内容，在以此为目标展开教学时，自然而然地落实了"珍爱友情，信守承诺"的非本体性教学目标。为了让学生理解课文的留白手法，感受文字"平淡"背后的意蕴，王老师运用对比、补充、想象等方法，让学生想象大树和小鸟的外貌，补充人物说话的表情，写一写"看"时的心理。就在学生沉浸在自己的"创作"中时，他又引领学生感悟作品"不写外貌""不写表情""不写心理"的妙处。至此，学生对新美南吉童话的特点有了比较清晰的认识。我们也才恍然大悟：这堂充满诗意的课最终指向的是"说什么"，王老师"怪生无雨都张伞"的目的，原来"不是遮头是使风"啊！

吴琳教学片段：一字未宜忽

（课件出示语段："接着，她就唱起去年唱过的歌给灯火听。唱完了歌，鸟儿又对着灯火看了一会儿，就飞走了。"）

（生读）

师：（《如歌的行板》轻轻响起）这里又有一个"看"字，透过这个"看"字，你仿佛听到了鸟儿在说——

（生答略）

师：多么深情的一"看"啊，相信大树一定不会忘记。同学们，你们看，在这几段文字中，有两个"看"字，这两个"看"字，普普通通，平平常常，我们却从中读出了那么丰富的情感，这就是新美南吉作品的特点，文字质朴，寓意深远。一部伟大的作品，总可以从简单的文字中读出丰富的内容，一部伟大的作品也只有像你们这样认真地咀嚼，才能发现蕴含在文字中的最美妙的风景。

赏析

我们常说"课文就是个例子"，语文课除了要理解文本内容外，更应该把"怎么说"当作教学的重点。吴琳老师和王崧舟老师都很好地使用了这个"例子"，不是在教课文，而是教语文。吴老师深知学生理解文本内容不是最根本的追求，而让学生理解新美南吉童话"文字质朴，寓意深远"的特点才是教学的本体性价值所在。一个"看"字，简简单单，却又饱含着无限的意蕴。吴老师"一字未宜忽"的处理和王老师殊途同归，他们都送给学生一把钥匙，一把开启新美南吉这座童话城堡大门的钥匙。

当下的小语届，有人迷茫于"语文课到底要教什么"，有人慨叹于"语文味"的缺失，有人依旧纠结于"说什么"和"怎么说"的抉择。其实，语文课像新美南吉童话的特点一样：简简单单，平平常常。只要我们多关注教材的本体性教学内容，关注文本的表达形式，语文课就如两位老师的课一样高效又魅力无限。

（广东省东莞市虎门镇虎门外语学校 郭武松）

雪泥鸿爪妙无痕

——特级教师王玲湘《搭石》教学片段解读

笔者曾聆听了特级教师王玲湘执教的《搭石》（人教版课标本第七册）一课，受益匪浅。整体设计大气有度，细微之处精雕细琢。王老师以其厚实的功底，朴实无华的教学特色，独具匠心地把握了语文教学的要义，重视语言的理解、积累和体验，扎实有效。同时，加强文本与生活的联系，既重语言的训练，又重情感的升华，张弛有度，节奏明快，进展有序，将人文性与工具性完美地统一起来，"简约而不简单"，巧妙而不露痕迹地展示了语文教学的"简约美"。

片段一

（课件出示语段："每当上工、下工，一行人走搭石的时候，动作是那么协调有序！前面的抬起脚来，后面的紧跟上去，踏踏的声音，像轻快的音乐；清波漾漾，人影绰绰，给人画一般的美感。"）

师：你们从哪儿体会到了这幅画面的美呢？

生：我从"协调有序"体会到美。

师：怎样的动作才是协调有序的呢？

生：就是很有顺序，配合得很好。

师：这是从字面上理解。

生：就是"前面的抬起脚来，后面的紧跟上去，踏踏的声音，像轻快的音乐"。

师：你联系下文理解了。让我们加入走搭石的人群（指一组学生：前面的……后面的……前面的……后面的……），咱们合作着读一读。

师：（指这组问）你们现在走在哪？

生：搭石上。

师：不好走啊，走得不好要掉进水里，有信心吗？

生：有。

师引读：每当上工、下工，一行人走搭石的时候，动作是那么协调有序！前面的——（生1：抬起脚来），后面的——（生2：紧跟上去）

（速度渐快）前面的——（生3：抬起脚来），后面的——（生4：紧跟上去）

（速度再渐快）前面的——（生5：抬起脚来），后面的——（生6：紧跟上去）

抬起脚来，紧跟上去，抬起脚来，紧跟上去，抬起脚来——紧跟上去——踏踏的声音，像——（生齐：轻快的音乐）

师：让我们继续走在搭石上，这边两组走前面，这边两组走后面。

师：前面的——（生组1：抬起脚来），后面的——（生组2：紧跟上去）

（速度渐快，引读三遍。）

师：没有人踩脚，没有人跌入水中，该是有人指挥吧。（生摇头）对，其实又没有人指挥，那么默契，那么有序，这样的动作就叫作——

生：协调有序。

师：原来这样的动作就叫作——

生：协调有序。

师：体会得好。你们还从哪儿体会到了画面的美呢？

生：我从"清波漾漾，人影绰绰"体会到画面的美，感受到水波和人影都很美。

师："绰"是生字，课前大家查字典了吗？

生：查了。

师：遇到不认识的字查字典，这是学习的好习惯。它在字典中有三种意思：①宽；不狭窄。②宽裕；富裕。③形容姿态柔美。

师：想一想，"人影绰绰"的"绰"是什么意思？

生：我认为是"姿态柔美"的意思。

师：不错，还有一个词语叫"绰绰有余"，"绰"又是什么意思?

生：是"宽"的意思。

师：是吗?你知道"绰绰有余"这个词语的意思吗?

生：就是很宽。

师：(微笑)老师告诉你，"绰绰有余"不是"很宽"，而是"很宽裕，用不完"的意思，知道是什么意思吗?

生：我觉得是"宽裕，富裕"。

师：理解了吗?(生点头)那么想一想，"清波漾漾，人影绰绰"在文中描绘的是怎样的画面?

生：我好像看到水清得可以看见水底的石头，一阵风吹来，水面漾起波纹，人影倒映在水面上，美丽极了。

师：体会得真形象，你是在用想象来丰富、用心来体会这两个词语，这种方法值得大家学习。

师：你还想来描绘一下，说吧。

生：我仿佛看见清清的溪水漾起了粼粼的波纹，姿态柔美的人影倒映在水中，像画一样。

师：听你这么一描述，我感受到水光、人影两相和的美!像画一样——(打开手势)请读读这两个词语。

生：清波漾漾，人影绰绰。

师：你的朗读把我带到了画前，谁能把大家带进画里呢?

师：(指举手的一生)你来读。其他同学闭上眼睛，想象画面。

生：(声情并茂)清波漾漾，人影绰绰。

师：真美!这既像是一幅美丽的画，又像是一首清丽的小诗，你看——(点击变成诗的语段，音乐起。)

每当

上工

下工

一行人

走搭石的时候

动作

　　是那么协调有序

　　前面的

　　抬起脚来

　　后面的

　　紧跟上去

　　踏踏的声音

　　像轻快的音乐

　　清波漾漾

　　人影绰绰

　　给人画一般的美感

师：谁来读一读？读出诗一般的韵律美。来，推荐一位同学。

（全班同学推荐一生读，该生读，台下响起热烈的掌声。）

赏析

　　以文本为"对话依托点"，切实提高学生的"阅读能力"。当下，很多语文教师对语文教学如何达成工具性和人文性的统一而感到困惑。事实上，解决这一问题的根本途径在于提高学生的"阅读能力"。它的内涵包括对组成文本的各种元素的理解、转换、分析、分类、推断、品析、审美、创新等。这些能力的培养，最为有效的途径就是对文本"词句"进行品读。换句话说，就是在原有认知的基础上通过对文本字词句不断地进行"同化"和"顺应"，产生更多的认知内涵和情感内涵。

　　叶圣陶先生说过，阅读教学必须引导学生推敲、揣摩，细细品味语言。可见，阅读教学的感悟关键是要通过咬文嚼字、品词酌句来实现文本、作者、学生、教师之间思想的碰撞、情感的共鸣和经验的共识。

　　上述教学片段中的那道"协调有序"的风景，在初读之后，可能学生只是基于文本，感觉到乡亲们走得很有秩序，至于是一种怎样的情景，他们没有真切地体会。教学中，教师精心创设走搭石的情境，让学生与自己逐渐加速地交替轮读。师生之间默契地"引"与"接",精妙地体现出"协调有序",如行云,似轻扶。学生在轮读中身临其境地体会"抬起脚来,紧跟上去"的和谐,体会没有人踩脚,没有人跌入水中的默契,更深入地理解了"协调有序"的意思。对"人影绰绰"一词的理解,直接出示字典里的三种解释:①宽;不狭窄。②宽裕;富裕。③形容姿态美。对照词语的三个义项,结合课文选择合适的解释,并且延伸到成语"绰绰有余"中"绰"的意思。这样,既让学生理解、积累了词语,又了解了词语的外延。接着,让学生将语言文字转化为有声有色、诗一般的画面,在想象中丰富"清波漾漾,人影绰绰"的意向,在朗读中体会语言的美感。水光、人影两相和的美在学生的眼前展开,达到语言与情感融为一体的美妙境界。

片段二

师:那么,"年轻人"和"老人"来走搭石,又是怎样的情景呢?

生:(读)"假如遇上老人来走搭石,年轻人总要伏下身子背老人过去,人们把这看成理所当然的事。"

师:哪个词语打动了你?

生:"理所当然"打动了我,家乡的人觉得是应该这么做的。

师:还有其他的吗?

生:我觉得"伏"字打动了我。

师:是的,每个同学都有不同的读书体验。我们先来看看"伏","伏"是什么意思?

生:就是"弯"的意思。

师:我们再来看看这个"伏"字是什么结构?

生:左右结构。

师:(出示字理图)左边——

生:一个人。

师:右边——

生:一条犬。

师:在甲骨文中,"犬"是人类崇拜的一种象征,弯得是那样恭敬,那样心甘情愿(展示"伏"字从甲骨文到篆书再到楷书的字理变化过程)。我们的祖先就这样造出了"伏"字。

师：现在我是那位老人，谁来做年轻人？请一个小伙子上来。

（一男生上台）

师：请你做做"伏"的动作。

（男生深深地弯下身子）

师：透过这个"伏"字，你们看出了什么？

生：敬老。

师：你们的这份美好情感也是（指板书）——

生：家乡的一道风景。

师：透过一代又一代人的"理所当然"，你们又看出了什么？

生：我觉得家乡的人一代一代都是这么做的。

生：家乡的人十分谦让，十分淳朴。

师：我注意到你的发言中有两个"十分"，也就是说，这已经积淀成山村淳朴的乡风、民风。景美情更美，这更是家乡的——

生：一道风景。

师：让我们捧起书，读课文的3、4自然段，再次去感受走搭石的美。

（生读课文的3、4自然段）

赏 析

　　将语文放入汉语的语境，本色的语文课必然要发挥文本语言的魅力。成功的教学细节无一不是由文本的文字引发，并紧紧围绕文本文字形成波澜。教师要把握住母语象形表意、模糊多义的表现规律，引导学生回到文本，回到文本文字，不仅要理解字面的含义，还要透过字面理解引申义，以及把这个词放在整体的语境中，联系上下文去体验，要注意用好这个词。利用联想、想象、思维、直觉等心理力量，让学生触摸言语本身的感情色彩，注意辨析语言的表示义、指示义、暗含义，把握语言的"精、气、神"。教师要在课堂上构建一个强大的语文文化场。在这个场中，语言文字变成一幅幅生动的画面，学生进入文本的情境场，进入语境，便产生一种特殊的意味和语意张力。这种特殊的意味和语意张力，能使学生更加深刻、真切地感悟到语言的内涵和意味。学生经历了这样一个体验、感悟的过程后,真正学懂了语言,在心中构建出属于自己的知识。

  上述教学片段对"伏"字的理解,首先利用课件出示由象形字"人"和"犬"组成的会意字"伏",再把"伏"用动漫效果逐渐变为正楷字"伏"。这样处理,不仅向学生呈现了造字方法,还通过让他们进行表演示范,再结合文本语言深入理解。"伏"字的形状和"伏"字所渗透的尊敬长者的文化含义会在学生的头脑里留下深深的烙印。更重要的是,教师从这个字巧妙地牵出文章内容,结合具体的上下文内容,创设真实情境。教师当老人,学生当年轻人,让学生体会年轻人的心理活动,再进一步发挥想象,想老人年轻时曾经怎样背其他老人走搭石,想年轻人年老时也会怎样被其他年轻人背着走搭石。学生从"理所当然"体会到敬老爱幼已经成为时尚,进而很自然地理解到这里的"风景"不单单是自然的,更重要的是"围绕搭石而让人们感受到的人性之美、人情之美、民风之美"。

(浙江省宁波国家高新区实验学校 陆青春)

尺水兴波,灵动扎实

——优秀教师王君《敬畏自然》教学片段赏析

一位优秀的教师,品味课文中的任何一句话,都能够让课堂尺水兴波,灵动而扎实。人大附中西山分校的王君无疑就是这样的老师,笔者选出她教的《敬畏自然》中的三处语言片段进行赏析,每一处都那么精彩。现展示其中一个教学片段进行分析。

片段展示

师:我们读一读第三自然段最末一个句子。

(投影展示)

谁能断言那些狼藉斑斑的矿坑不会是人类自掘的陷阱呢?

师:请用反问句的语气来读。
生:谁能断言那些狼藉斑斑的矿坑不会是人类自掘的陷阱呢?
师:请把它变为肯定句来读。
生:那些狼藉斑斑的矿坑就是人类自掘的陷阱。
师:请把它变为感叹句来读。
生:那些狼藉斑斑的矿坑就是人类自掘的陷阱啊!
师:请用无奈的语气来读。

(生读)

师:请用愤怒的语气来读。

（生读）

师：请用恐惧的语气来读。

（生读）

师：请你创造一个新句子来读。

（投影展示）

谁能断言那成片成片倒下的树木不会是……谁能断言那干涸的月牙泉的最后一滴水不会是……

生：谁能断言那成片成片倒下的树木不会是我们人类自己的尸骨呢？

生：谁能断言那干涸的月牙泉的最后一滴水不会是人类最后的一滴眼泪呢？

生：谁能断言那成片成片倒下的树木不会是人类为自己准备的棺木呢？

生：谁能断言那干涸的月牙泉的最后一滴水不会是人类灭亡之前的最后一滴血呢？

……

师：孩子们，让我们怀着敬畏的心情来读吧！

（投影展示）

谁能断言那些狼藉斑斑的矿坑不会是人类自掘的陷阱呢？

谁能断言那成片成片倒下的树木不会是人类为自己准备的棺木呢？

谁能断言那干涸的月牙泉的最后一滴水不会是人类最后的一滴眼泪呢？

谁能断言那大面积排出的废水不会是人类已经变质的血液呢？

谁能断言藏羚羊死前的咆哮不会是人类灭绝前的呻吟呢？

谁能断言城市中那漫天的烟尘不是人类自己的骨灰呢？

谁能断言那被黄沙所吞噬的道路不会是人类通往地狱的黄泉路呢？

（指导学生倾情朗读）

师：同学们，倾情朗读这些句子的时候，你的内心又涌动着什么样的情感呢？

生：害怕。

生：恐惧。

生：战战兢兢。

……

师：是啊，同学们，如果人类不觉醒、不改变，这些句子中描绘的景象就是我们人类的穷途末路啊！这恐惧、害怕也许就是"敬畏自然"中的"畏"的一种表现吧。

赏析

我们从三个角度对这个灵动而扎实的片段进行赏析。

其一，句意的理解与多样化的诵读。在这个片段中，教师没有对该句的句意作任何讲解，但学生显然已经理解得很透彻，原因何在？我想，这与多样化的诵读是分不开的。六次不同的诵读各有作用，若大致分层的话，前三次为第一层次，后三次为第二层次。第一层次重在理解句意——先读原句，进行感知；变成肯定句，初步理解句意，但感情与原反问句相差甚远；变成感叹句，在理解句意的基础上更接近原反问句的感情。三次诵读，层层深入，很好地帮助学生理解了句意。第二层次的诵读重在品味不同的感情，穷尽原句所包含的各种可能的感情，让学生的理解更加深入、全面。无讲解，无提问，六种读法很灵动，句意理解很扎实。

其二，仿写的拓展与课堂的动静。"请你创造一个新句子来读"，教师这句话引导的学习活动事实上是对原句的仿写，在仿写中拓展原文内容，在拓展中训练学生的写作能力。前面的六次诵读和此次仿写，可谓动静结合——诵读是动，课堂书声琅琅；写作是静，课堂鸦雀无声，唯有笔在纸上滑行，思维在脑中活动。现在的很多课堂，总是太热闹，教师提问或提要求，学生马上回答、讨论、诵读。整节课上，学生往往没有一分钟静下来思考或写作的时间，教师生怕静静思考或写作会给人以"冷场"的感觉。其实，课堂太热闹，思维有时会缺席，浅薄就会如影随形；课堂静下来，此时无声胜有声，因为必要的"冷场"往往是学生深入思考的体现，表面冷静，实际上思维活动却很稳定、活跃。动静结合，课堂节奏鲜明，学生理解了句意，训练了写作能力，多样的教学方法调动着学生不同的感官或器官，使他们学得兴趣盎然。

其三，情感、态度、价值观的无痕融入。新课标明确提出三维目标，前两个还容易在教学中显示并落实，但"情感、态度、价值观"这个目标该如何在课堂中显示出来呢？于是，在课堂的最后3～5分钟，很多教师往往会提这样的问题："学了这篇课文，你有什么启示吗？""今后，面对挫折时，你该怎么办？"……这是一种道德上的强加，与前面的语言品味环节有割裂感。其实，"文化熏陶、品德养成、个性发展等，都只能是在母语教育的过程中同时实现，它们自然地交融于母语教育之中，不应是凌驾于母语教育之上的外加的东西"。钱梦龙老师的这段话告诉我们：情感教育要融入语言的品析之中。在王君老师的教学片段中，没有明显的外加的情感教育，但是谁敢说多样的诵读中没有情感教育？谁敢说仿写中没有融入情感教育？在朗诵完仿写示例后，教师又问："倾情朗读这些句子的时候，你的内心又涌动着什么样的情感呢？"这很自然地让学生更贴近文本。学生的回答也表现了这种情感教育的成功。情感、态度、价值观的目标，应该灵动无痕地融入语言教学。

尺水兴波，灵动扎实，这就是王老师的课。向名师学习，是为了将来有一天自己也能上出这样的好课。

（河南省新郑市第三中学　贾会彬）

"管大"亮剑

——特级教师管建刚执教《理想的风筝》教学赏析

熟悉管建刚老师的人都亲昵地叫他"管大"。管大是笔者敬仰的老师,他的书和文章笔者大都拜读过。但笔者发现有段时间管大"变"了,"抛头露面"的"代表作"不再是拿手的习作教学,而是"指向写作"的阅读教学,并且引发了一场对阅读教学探讨的狂潮。

通过阅读一些批判性的文章,笔者对管大"指向写作"的阅读课除了好奇就是探究的欲望。在深圳,笔者有幸听到管大执教苏教版六年级《理想的风筝》一课,两堂课下来,对"指向写作"的阅读课有些感受,对管大的思想有了深入的思考。

正如管大所言,多年来,阅读教学和作文教学基本上还处于"两张皮",作文教学归作文教学,阅读教学归阅读教学,两者不能说老死不相往来,至少也是"貌合神离",因此他提出"写作本位"的阅读教学主张。可见,管大准备"革"阅读教学的"命",而"革命"需要胆识,需要"亮剑"的气魄——逢敌必亮剑,不论输或赢。《理想的风筝》无疑是管大为思想而战的又一次亮剑。

片段展示

师:《理想的风筝》这篇课文写的是物还是人?

生:写人。

师:你一般用什么写人?

生:用事情写人。(师板书)

师：把课文读通读顺，你会发现不一样的写人的奥秘（补充板书：奥秘）。

瞧，管大的开场就与众不同，他的教学目的非常明确——给学生阅读文本铺下"指向写作"的基石。接下来，也是最难设计的环节——如何引领学生读课文，并且在读中渗透"指向写作"的思想。我发现了管大的聪慧，他没有抽丝剥茧般地分析人物形象，而是简简单单地扣住"事"让学生读句子。一件事一件事地梳理，读通了，读顺了，抛出几个关键性问题，文中刘老师不服输、乐观的品质便水到渠成地出来了。比如，"写板书"这个环节：

（学生读第5自然段）

师：如果用三个字概括这个故事，是——

生：写板书。

师：很好。同学们，看老师做动作（故意慢慢地单脚蹦着转身），刘老师是这样转的吗？

生：不是。刘老师是"急速一转"，很快。

师：请一个学生来做一做这个"急速一转"。

（学生做动作，差点跌倒。）

师：刘老师为什么要"急速一转"，难道他不知道自己的腿有残疾吗？

……

赏 析

听完这个环节，笔者服了！原来担心管大的"指向写作"的课堂会不会太沉闷，会不会"工具性"太强，听后发现管大的课如此简约，每一次"读"或"说"的设计都是为"指向写作"服务的。比如，对故事的概括，就体现了一种写法指导的连续性；又如，对"急速一转"的理解，在感受人物形象的同时，为后面发现"故事的内在关联"作了铺垫。

管大在日常教学中发现"学生作文最弄不懂构思"，于是，他的"指向写作"的阅读课便关注学生对"构思"的熏陶，对"篇感""段感"的积累。

管大领着学生概括四件事后，引导学生探求写的事都是在什么情境下发生的，于是学生恍然大悟：作者写这四个故事，两个故事发生在课上，两个故事发生在课余。管大顺势质疑：这是巧合，还是作者的有意安排？至此，学生水到渠成地理解了"故事要学会分配"的构思方法，"构思"的奥妙也在学生的好奇与探究中渗透了。听课时，我坐在学生的后方，分明感受到学生那激动、兴奋的心情。

这样的课堂有效吗？答案不容置疑。正如课末管大问学生："若干年后，你们觉得会记住左边的板书（故事小标题、人物精神）还是右边的板书（写作方法）？"学生一致选择了"右边"。这正是管大想告诉学生的——高年级的学生要把阅读重点放在发现作者怎样把文章写出来上，发现其中的奥秘，如此不仅读书了，作文水平也会蒸蒸日上。

叶圣陶先生说："阅读教学教得好，便不必有什么作文指导。"管大"指向写作"的阅读课不正是最好的见证吗？

逢敌必亮剑。当下，学生理解和运用语言文字的能力不强，教师对课文言语形式关注度不够，阅读教学出现一些"敌情"。面对"敌人"，管大勇于亮剑，且不管成与败，他为理想而战的勇气值得我们尊重。

（广东省东莞市虎门镇虎门外语学校　郭武松）

让学生静静地进行语言的实践

——薛法根老师《和时间赛跑》教学赏析

语文课堂需要让学生在语言实践中提升语文能力，发展语文素养。但在课堂教学中，特别是在公开课上，为了追求教学亮点，展现别具风格的教学精彩，教学手段倾向于求新、求异、求全，教学过程如一幕精心打造的课本剧，常常让人目不暇接，心生赞叹之余，也会不禁心生疑惑：课堂学习的主人怎么变成了教师的配角？而特级教师薛法根深知课堂是为学生的语文学习而存在，时刻把学生放在课堂的第一位，把学生的语言实践放在教学的第一位。他的课堂教学少了一分华丽，多了一分朴实；少了一分浮躁，多了一分踏实；少了一分热闹，多了一分从容。薛老师的课，如一股清新的风，给人无限回味。下面笔者与大家一起来品味他执教的《和时间赛跑》中的几则片段，相信同样能引起大家的很多思考。

片段一：扎扎实实地说话

师：都读完了吗？那谁来说说作者为什么有这样三种不同的心情？

生：因为"我"的外祖母死了，外祖母生前最疼爱"我"，"我"就十分忧伤和哀痛。

师：说对了！但我们的亲人"死了"不直接说"死了"，课文中用了什么词？

生：去世了。

师：对，"去世"这个词表示对死者的尊敬。

生：因为"我"的外祖母去世了，"我"就十分忧伤和哀痛。

师：请接着说。

生：时间过得很快，"我"有点着急和悲伤。

师：恩，说得真好！能说第三句吗？

生：因为"我"20年以后受益无穷，所以"我"很快乐。

师：要等到20年以后才感到很快乐吗？（众笑）

生：因为"我"跟时间比赛，每次赢的时候"我"都很高兴、很快乐。

师：对了吧？（众生答）对了！

师：因为和时间赛跑每次都胜过时间，所以高兴、快乐。"胜"可以用另外一个字表示。（生：赢！）

师：会写吗？

生：不会。

师：有些生字，我们不抄写也能记住它，伸出手指跟老师写。"赢"字由五个字组成。第一个是"亡"，第二个是"口"，下面三个每个都要写得跟老师一样瘦。（众笑）"月，贝，凡"。这个字念——

生：赢。

师："赢"的意思就是——

生：胜利了。

师："赢"的反义词就是？

生：输、败。

师：现在请你把这三句话连起来说一说。

生："我"的外祖母去世了，"我"十分忧伤和哀痛；（师插话：真好！）看到时间过得很快，"我"感到有点着急和悲伤；（师插话：非常好！）后来跟时间比赛，每次赢的时候"我"都很高兴、很快乐。

师：说得好不好？你知道这叫什么吗？这叫进步！（掌声）

赏析

说完整的话，是语文能力的重要方面。以上片段几乎没有采用什么让人眼前一亮的手段，就是让学生先一句一句地说，再连起来完整地说，在学生说的过程中点拨个别字词的意思，教学一点也不复杂，但教学艺术正蕴含其中。因为教师在全心地帮助学生，激励学生，我们完全能感觉到教师在引导学生的时候一点点地后退，学生在说中一点点地前进，得到的是扎扎实实的练习。把课堂的说话当成一次促进学生语文能力成长的机会，这样的教学充满语文的味道，课堂也就真正成为学生的学习主场。朴素的做法中有着过人的智慧，令人回味。

片段二：踏踏实实地理解

师：父亲的这段话就像一个谜，好像有点懂，又好像说不清楚。今天我们要不要解开这个谜？（生：要！）

师：好。我们一句一句解。这段话一共有几句？这一排同学，每人读一句。（一排四位学生站起来，分别读四个句子。）

师：四位小朋友听好，如果你觉得自己读的这句话是最难理解的，就坐下。（学生都不坐下，众笑）都不坐下就是都理解，对不对？好，先来问你，第一句话是什么意思？（生全坐下了，众大笑。）

师：（指第二位学生）万事开头难，第一句话可能比较难。你这句也这么难吗？你再把这句念一下。

生："你的昨天过去了，它就永远变成昨天了，你再也不能回到昨天了。"

师：读得好！你的昨天——

生：过去了。

生：永远不能回来了。

生：被时间带走了。

师：懂了吗？

生：懂了。

师：那你连起来说说。

生：我的昨天被时间带走了，没有了，永远都不会回来了，再也不会回来了。

师：爸爸的童年——

生：被时间带走了，再也不会回来了。

师：外祖母——

生：被时间带走了，再也不会回来了。

师：父亲告诉你有一天——

生："我"也会被时间带走了，再也不会回来了。

师：换一种直白的说法，就是——

生：死了。

师：你看，昨天，童年，外祖母，将来的我，都会被时间带走。在这时间里，所有的人，所有的事物，都会被时间带走。你以前的忧伤、哀痛，都被时间——

生：带走了。

师：所以你就剩下了——

生：高兴和快乐。

师：（指第一位学生）你读的第一句话跟后面的话有什么联系？

生：……

赏 析

正确地理解文本语言，这是学生感悟语言、体验内涵、激活情感、放飞想象的前提。因此，理解是进行深入学习的基础。三年级学生的理解能力不够完备，如何站在学生的角度加以培养？薛老师没有越俎代庖，也没有回避问题，而是充分吃透学生，让学生一句一句地咀嚼，一句一句地感受，不急不躁，不慌不忙。在教师得当、适时的点拨中，学生一点点理解了句子的意思，感知句子之间的联系，读懂句子表达的言下之意、话外之音，这为接下来进一步读透文本表达的意蕴打下基础。

片段三：本本分分地朗读

（生齐读父亲的话）

师：小朋友想不想听老师读？

生：想！

师：那老师来读一读，你们听听，和你们的读有什么不一样。（教师有感情地朗读）

生：老师读得有感情。

师：你们感觉出来了什么样的感情？

生：有点忧伤。

师：你跟我心里想的一样。

生：有点哀痛。

生：十分悲伤。

生：你读出了他过完一生的漫长。

师：一生的漫长都读出来了？（众笑）同学们，老师和你们对时间的感受不一样，所以和你们读的不一样。你们觉得读得很轻松、很愉快，但老师读得很忧伤，因为老师已经40多岁了，生命所剩下的时间比你们的要少很多。明白了吧？那这段话怎么才能读得好呢？这段话有很多重复的词语，有哪些？

生：了。

师：这个"了"很重要，表示一切都过去了。

生：还有一个"再也"。

生："永远"。

师：同学们，我们把这些词语删掉，感觉一样吗？你来读一读，比较一下有什么不同？（PPT上删掉相关词语，生读。）

生：不一样。去掉"了"感觉读不惯。

师：对啊，这个"了"加上去很顺畅。

生：不通。

师：不是不通的问题，去掉后作者内心的沉重就表达不出来了。读这段时要特别注意这些词语。

（生朗读）

师：要是声音能读轻一点就更好了，"了"要读轻声。

（生读得很深情）

师：真好，真好！真像课文中的父亲。

赏析

如何让学生读出感情？薛老师的做法同样非常本分。首先，让学生听一听教师范读，学生评价教师的读，其实是把握住文本的情感方向；其次，让学生发现这段话中重复的词，删掉后与原文进行比较，其实是体悟重点词语表达的效果；最后，让学生朗读，教师的点拨非常简单，却起着四两拨千斤的作用，让学生的朗读更加投入，读出应有的感觉，如一股清流，顺势而下，如一段音乐，自然流淌，不做作，不生硬。学生就是在教师一步一步的引导下，一点点读出了课文的韵味。

　　讲授这篇课文时，像以上的教学片段还有很多，我们从中体会到的是学生一心一意地沉浸在语文学习的氛围里，安安静静地与文本进行零距离的接触，进行实实在在的语言实践。也许，我们没有看到教师过多吸引人眼球的地方，也没有看到教学中那些令人意料之外的亮色，可是，大道至简，这样的课才是真正的语文课，才能带给学生最有效的语文生命的成长。让学生扎扎实实地说、踏踏实实地理解、本本分分地朗读，一步一个脚印地向前，不为繁花迷眼，不走形式，不搭花架子，就这样一课一课地积累，唯实、唯真地进行语言实践，学生的语文何愁学不好？学生的语文能力何愁不能飞跃？学习薛法根老师的教学艺术，让教学完全回归学生实际需要，让课堂真正做到简简单单教语文，完完全全为学生，扎扎实实求发展。我们需更进一步更新教学观念，转变课堂认识，丰盈教学智慧。也许，只有这样，我们才能寻找到贴近学生的最佳课堂教学方式，走上课堂教学的回归之路、高效之路。

（江苏省苏州工业园区文萃小学　张晓华）

简化教学设计　关注学生发展

——再赏特级教师支玉恒《匆匆》教学片段

简单语文，其实质就是按照语文教学规律去做。崔峦先生认为："我们欣赏并提倡简简单单教语文，扎扎实实求发展，回归常态的语文教学。"张庆先生说："语文教学要倡简，就是读读写写，写写读读。"何国成先生说得更为形象："阅读教学，不要'深挖洞'，要'广积粮'。"意思是说，钻研教材要有度，不必太深，更重要的是积累语言。著名特级教师支玉恒老师通过执教《匆匆》一课，对他的简单语文教学观进行了诠释。他的阅读教学简化了教学设计，始终关注学生的发展。

片段一

师：同学们真精神！

生：老师真精神！

师：嗯，对得不错，能异口同声。

师：孩子们真可爱！

生：老师真……（部分同学说出可爱一词，随即引来其他人的笑声。）

师：我这么大岁数的人了，还能可爱吗？发觉不妥了吧？用什么呢？

生：老师真潇洒！

师：我倒是想潇洒，可潇洒不起来了。

生：老师真英俊！

生：老师真和蔼！

师：嗯，暂时还没有发火。孩子们，再过两年，我就70岁了，古人有"人生七十古来稀"的说法，现在"七十"已不稀了，但也算是位老人了。老人最企盼的就是——健康。

生：老师真健康！

师：同学们请坐下。（孩子们真坐下了）

师：别忙坐下，还没回答我呢？

生：老师请上课！

赏析

轻松幽默的开场白一下子拉近师生的距离，在轻松愉快的笑声中，既锻炼了学生在具体语言环境中运用语言的能力，又自然地形成和谐民主的教学氛围。在这样的氛围中开始课堂教学，教学效果是可以想象的。

片段二

师：咱们现在上课。我现在要提一个很难很难的问题，但不说是什么问题，我看谁有这份勇气？谁敢，就举起手来。（在众人迟疑中，几个学生大胆地举起了手）你是第一个举手的，你起来。（面向全体学生）一切锻炼的机会都是你自己争取来的。你犹豫了一下，就放弃了一次机会。你想想，不说远的，就说从一年级开始到六年级毕业，你要是经常这样放弃机会，一共会失去多少机会啊，可惜吗？

生：可惜。

师：人生放弃的机会多了，就会留下许多遗憾，所以一定要积极争取，没有争取的同学肯定要后悔。我的问题是——咱们今天上课的题目是什么？

生：是朱自清先生的《匆匆》。

师：没举手的同学后悔了吗？

生：后悔了。（没想到是这么简单的问题，不后悔才怪呢。）

师：对不对？当下就后悔了，希望以后不要再后悔。你敢上黑板露一手吗？

生：敢！

师：你把课题写在黑板上，看写在哪里合适？

（生到黑板前板书课题，两个字写得略向上倾斜了。）

师：写得还不错。幸好课题只有两个字，要是有十来个字，一路斜上去，你还够得着吗？写字也要讲究谋篇布局。

赏析

激励学生敢于举手，善于争取并把握机会，这不仅对本节课教学有帮助，更利于学生的成长。在幽默中中肯地指出学生板书的不足，既维护了学生的自尊，又教给了其方法。

片段三

师：现在请同学读课文，愿意读的站起来。（学生站起了一部分）站起来的同学读第一段，坐着的同学——不许读第二段。要想读必须站起来抢机会。（部分同学读完第一段后，全班同学几乎同时站了起来）好，大家一起读第二段，读完全部坐下。从第三段开始，我把话筒给谁，谁就读课文，可能是一句，也可能是两三句。（在多个学生参与读书后，教师要求齐读最后一段）

师：读得怎么样？

生：不怎么样？

师：大家都谦虚了，其实读得还是可以的。但有一个共同的缺点，你们全是用嘴读的。散文是用心写的，我们也要用心灵诵读。（板书：要用心灵诵读）用眼睛看，在心里转个圈，再用情感表达出来，这就是用心灵诵读。

赏析

激发学生主动参与，调动学生学习积极性。在轻松愉快的对话中，教给学生用心灵诵读的方法，比直接告诉学生该怎样读要有效得多。

片段四

生：（读）我不知道他们给了我多少日子；但我的手确乎是渐渐空虚了……

师：大家听，跟刚才我们"用嘴读"那一遍一样吗？

生：不一样了。

师：真聪明，学得真快。这种文章含有深深的思考意味，有叹息，甚至还有淡淡的哀愁，所以读得不能太实在，要空灵一点。大家听我读。（教师故意读得厚重而高亢）这样读还像是在叹息吗？还有一点哀愁吗？

生：没有。

师：所以要读得空一点、虚一点，以气送声。这种读法不太容易学，不过我相信我们滨海实小的同学一定行！你再读，肯定比刚才读得更好。

生：（读）我不知道他们给了我多少日子；但我的手确乎是渐渐空虚了。

师：还要读得有起伏。（师做手势，示范读。）

赏析

教师教给学生读课文的具体方法、语调及发音技巧，并用做手势的方法引导学生感悟这种读法。接下来，教师几乎都是借助手势指导学生读书。这样的指导，符合文章的情感以及表达方式。

片段五

生：（读）我不仅头涔涔而泪潸潸了。

师：你知道什么是"头涔涔"吗？（学生无言）你看看。（师用手摸自己的额头）

生：（顿悟）流汗了。

师：你知道我为什么流汗吗？

生：紧张。

师：对了，你说作者紧张不紧张啊？

生：不紧张。

师：不紧张？默默算着，八千多日子已经从手中溜去了，他能不紧张？

生：紧张。

师：他为时间飞快流逝而自己难以把握而紧张，所以头上流汗了。"泪潸潸"是什么意思？

生：就是为八千多日子从他手中溜走而惋惜。

师：所以怎么样啊？

生：所以流泪了。

师：对，有一个成语就是说流泪的，其中就有"潸"这个字，知道吗？

生：潸然泪下。

赏 析

一个手势，既解决了一个难理解的词语，又帮助学生进一步体会了作者的感情；一个"潸"字，引出一个成语。把语言文字的训练放在读书的过程中，这才是真正有效的训练。

片段六

师：朱自清先生说的是人生哲学，说的是他对生命的感悟，明白了吗？

生：明白了。

师：这就比较深刻了。但还不够，还要我们用心灵……看我写的是什么？（板书：倾诉）

生：倾诉。

师：是的，用心灵倾诉。什么是倾诉？

生：诉说。

师：诉说，那倾诉呢？全说出来。我们每个人都说，没有那么多时间。现在把你读了这篇文章后，最想说的一句话写下来。要是能写出格言、警句来更好。一句话里含有很深的道理、哲理，就叫格言。可以警醒别人的句子，就叫警句。跟谁倾诉啊？跟朱自清先生，跟你自己，跟同学、朋友，跟全世界的人说，都可以。

（接下来，学生写句子，教师巡视，并让先写好的学生把句子写在黑板上，署上自己的名字，最后教师逐一点评并作适当修改，让学生大声喊出自己的名字。）

赏析

请学生写一句话，与作者、同学及所有的人交流，进一步深化对课文的理解。让学生把句子写在黑板上，并且写上自己的名字，大声喊出自己的名字，培养学生的自信心，使他们从小产生一种成就感。发现学生所写句子的语病，立即加以修改，培养学生严谨的治学态度。这一切都是语文教学应该追求的。

总评

支玉恒老师认为，语文教学的有效性重于欣赏性。因此，他力求简化课堂教学设计，关注学生发展。全课紧紧围绕"用心灵倾听、用心灵倾诉"两个环节来组织教学，把学习的时间和空间还给了学生。教师始终跟着学情走，以学定教，在指导学生读书的过程中训练语言文字，在理解文章的过程中引导学生学会怎样理解文章，实现了语文课程标准中所提出的"阅读是学生的个性化行为，不应以教师的分析来代替学生的阅读实践"这一目标。这样让学生一辈子受用的语文教学，值得语文教师学习、借鉴。

（江苏省滨海县教育局教研室　于建宏）

面对误读，须给学生无痕的点化

——特级教师薛法根《番茄太阳》教学片段赏析

在语文课堂教学理解文本的过程中，学生难免会对文本产生这样或那样的误读。如何将学生的误读化为教学资源，在帮助学生正确理解文本的同时，深化学生对文本的解读以及对文本内涵的认识呢？在欣赏特级教师薛法根《番茄太阳》一课的教学时，笔者发现薛老师的课堂上也出现了学生的误读，但他在处理时可谓独具匠心，智慧无痕，带给笔者非常大的启示。下面不妨来看看薛老师的做法。

片段一

师：明明长大了，如果她失去了双腿，还会快乐吗？

（生摇头）

师：不会快乐，她怎么愿意把腿给别人呢？同学们，你们没有读懂这段话。

赏析

明明在与文中的"我"告别时，说等自己长大了要将腿送给"我"，教师在这里预设的问题与快乐有关，读懂快乐，也就看出学生是否真正读懂了人物的内心。但显然，学生的摇头表明他们并没有真正读懂，这时教师一般有三种处理方式：一是直接告诉学生正确的理解，二是跳过去不讲，三是作为课堂生成加以运用。这里薛老师开门见山，直接指出学生没有读懂，那么，接下来他会怎么做？

片段二

师：请看一看，作者是这么写她的："阿姨，妈妈说我的眼睛是好心人给我的，等我好了，等我长大了，我把我的腿给你，好不好？"她愿意把腿给别人，你刚才说，一般人看来，失去双腿，或者双目失明，会快乐吗？不会。请同学们看课文，注意，作者所看到的盲童明明，如果换作是你，会怎样？

生：低落。

生：悲伤。

生：就是很不舒服。

师：不仅仅是不舒服啊。眼睛看不见了。

生：很气馁，自己的眼睛会失明。

生：完蛋了。

师：完蛋是什么意思？

生：眼睛看不见了，生活没有意义了，只能摸了，看不到了。

师：只能摸了，什么都看不见了。

生：心情坠入谷底，而且眼睛失明了，好像自己成了一个废人一样。

赏析

欲扬先抑，首先让学生表达自己的想法，即一般人选择的态度，为接下来的教学进行情感铺垫，在情感对比中加深自我认识。把学生的生活体会带入课堂学习，打通文本情境与学生内心之间的内在联系。教学无声地将学生个体的思想认识和文本学习的体验架起联结的桥梁。在此基础上，接下来的学习便有了让学生真正接受的课堂心理氛围。

片段三

师：是不是？只能摸了，什么都看不见了。但是你们看看课文中的明明，她一生下来就看不见。她认识所有东西都是通过摸。看看她摸的时候，和你一样吗?她觉得完蛋了吗?课文哪些地方是描写她摸东西的?

生:(朗读)我去菜场差不多总是中午,这时摊上没什么人,那位年轻的父亲拉着小女孩的手,在面前各种蔬菜上来回抚摸,耐心地说:"这是黄瓜,长长的,皮上有刺;豆角呢,扁扁的,光滑点;番茄很好看,圆圆的……"小女孩一面用手摸,一面咯咯地笑,妈妈也在旁边笑。

师:明明和你一样吗?

生:不一样。

师:哪一点不一样?

生:她没有像我这样觉得完蛋了。

师:她本身就没觉得完蛋啊,是你自己说的。还是没说清楚,哪一点和你不一样?

生:我感觉她眼睛失明了以后,好像根本不在乎一样。

师:哪一点不一样?(众生举手)你看,这么多同学都举手了。(生环顾四周)别看别人,要看课文,读最后一句。

生:(朗读)小女孩一面用手摸,一面咯咯地笑,妈妈也在旁边笑。

师:哪一点不一样?

生:明明一边用手摸,一边笑。

师:一边咯咯地笑。如果你当时觉得自己完蛋了,笑得出来吗?

生:笑不出来。

师:笑不出来,是吗?但是明明呢,她笑得出来。她怎么会在双目失明,只能靠用手摸的情况下,还能笑得出来?站起来体会一下。(生站起来)把眼睛闭上,如果你失明了,爸爸拉着你的手,在各种蔬菜上摸,你看不见黄瓜,但是一摸觉得黄瓜是什么样的?

生:有刺。

师:唉,长长的,上面有刺。扁豆你看不见,但是你可以用手摸!

生:它们是圆圆的,不是很光滑。

师:扁扁的,很光滑。番茄看不见,但是你可以——

生:用手摸,然后感觉它们,圆圆的,尝起来酸酸的。

师:是什么让你好像看得见了?

生:是手。

师：手就成了你的——

生：眼睛。

师：明白了吗？虽然你失去了一双眼睛，但是你还拥有——

生：手。

师：一双灵巧的手。快乐吗？

生：嗯（点头）。

赏析

如何解决学生的误读，薛老师的高超之处是宕开一笔，仍然不就问题谈问题，而是让学生回到课文的具体语句上，展开与学生的智慧对话，引导学生紧扣字词来体会盲童明明的内心。从以上教学我们可以清楚地看到学生认识成长的过程，没有教师生硬的说教或是灌输，也不是离开文本进行空谈，学生对人物内心的把握是实实在在而又真真切切的。这样的引导过程，是走进文本字里行间的过程，也是学生认识开始深化的过程。

片段四

师：是啊，上天夺去了你一双眼睛，但还给你留了一双手，你能够摸到世间各种各样的事物。但是天上的太阳你能摸吗？

生：摸不到。

师：摸不到太阳的时候，明明快乐吗？读！要读关键的句子。

生：（朗读）明明好奇地问："阿姨，太阳是什么样的？"

师：你看，虽然是一个盲童，但别人说到太阳的时候，她还有一颗什么样的心？

生：好奇的心。

师：多好呀，有一颗好奇的心。再往下读。

生：（朗读）我想了想，说："太阳有热度，很大很圆，早晨和傍晚是红色的……"我忽然想到明明根本不可能知道颜色，就住了口，不知道该怎么说下去。明明的爸爸挑了一个大大的番茄放在明明手上，说："太阳就是这样的，你摸摸看。"明明一边用手摸一边笑："真的吗？太阳像番茄吗？那我就叫它番茄太阳。"明明咯咯的笑声银铃样清脆，一串一串地追着人走。

师：快乐吗？

生：快乐。

师：她为什么看不见太阳，依然那么快乐？

生：因为她有一双灵巧的手。

师：手也不可能摸到天上的太阳，她为什么依然快乐？

生：因为她有一颗好奇的心。

师：她有一颗好奇的心，心就成了她的？

生：眼睛。

师：看不见阿姨是怎样走路的，她快乐吗？

生：依然快乐。

师：为什么？

生：她可以用耳朵听。

师：读课文。

生：（朗读）有一次，明明突然问我："阿姨，你是用双拐走路的吗？"我一愣，这聪明的孩子，她一定听出了我拐杖的声音。

师：这时候，她的耳朵就成了？

生：嗯，眼睛。

师：明白了吗？同学们，当明明失去她的双眼的时候，她可以用手去摸，于是手就成了她的眼睛。当看不见阿姨是怎样走路的时候，她可以用耳朵去听，于是耳朵就成了她的眼睛。她看不见天上的太阳，也摸不着天上的太阳，但她有一颗好奇的心，于是心也就成了她的眼睛。这样的人，她感觉到生活是什么样的？

生：美好。

师：什么样的？

生：快乐。

师：什么样的？

生：充满希望。

赏析

继续挖掘人物的内心世界。这时，薛老师巧妙地整合课文内容，帮助学生自我进行发现，更进一步认识到明明的快乐。凭借课文的相关语句，前后贯通，拓展思考，真正体会到一名盲童所具有的发自内心的快乐。但这时教师依旧没有回到开始学生误读的问题上。一切都只是在蓄势，正因为有了这样充分的准备，积淀起学生的情感共鸣，学生的误读才会水到渠成地走向正解。

片段五

师：明白了吗？所以，虽然明明是个盲童，但她依然（用手指着板书：快乐）快乐。好，现在，你来读读课文的倒数第二自然段，如果有一天她失去了双腿，她还会快乐吗？自己读，读了以后告诉老师。

（生自由朗读，师巡视指导。）

师：谁来告诉大家？她如果真的献出了她的双腿，还会快乐吗？

生：她会快乐，因为她把自己完好的身体捐献给了残疾人。

师：什么？把自己完好的身体捐献给残疾人？你的话怎么让人有点听不明白，你能说明白吗？

生：她把自己的双腿捐献给另外的人，她应该会感觉很快乐。

生：我觉得明明应该会快乐，因为她把自己的双腿奉献给了别人，这样别人就会走路了，她肯定会快乐的。

师：是啊。

生：我觉得明明会快乐的，因为她把那份爱心传递给了别人。

师：传递爱心的人，别人快乐，自己更快乐。

赏析

教师没有再作任何提示，学生却能够完全认识到盲童内心的快乐是真实的，也是明显的。因为有了对课文中盲童内心快乐产生原因的深入理解，学生的认识才会入"文"三分。薛老师对学生误读文本所进行的引导、点化，帮助学生继续深入文本学习，促进情感体验的升华。这样的课堂教学是朴实的，也是扎实的，更是高效的，对学生的文本误读也起到无痕点化的作用。这体现了薛老师精湛的教学艺术，前瞻的教学思想。

　　薛法根老师的教学可以启发我们，面对学生的误读，要放弃功利化的思想，静下心来走进学生的思维深处，与学生一起走进文本，再次体悟，寻找细节，收获共鸣，让学生在不知不觉中打开思路，生成新的认识，感悟正确的见解，和文本紧密相融。同时，面对学生的误读，正是我们引导学生继续进行文本对话的最佳时机。把准学生误读的成因，通过有效的引导，层层推进，环环相扣，重视对学生学法、读法的点拨和渗透，注重学生学习的过程，借此让学生收获语文素养的全面提升。于无痕之中落实语言实践，促进情感认识，让误读成就语文课堂教学中一段美丽的精彩。这是薛法根老师这则教学案例带给我们最重要的思考。

（江苏省苏州工业园区文萃小学　张晓华）

感悟亲情　抒写真情

——特级教师王崧舟作文教学《亲情测试》片段赏析

笔者欣赏了特级教师王崧舟的一堂作文教学实录——《亲情测试》，感到回味无穷，不仅深深地被王老师那种锐意革新、大胆探究的精神感动，也被他大气、睿智的教学艺术感染。教学中，王老师以游戏的形式，引导学生与亲情对话，丝丝入扣，层层推进，渐入佳境，让学生的灵魂一次次受到撞击，对亲情的感悟逐渐加深，感受逐渐真切，作文课成了一次生命体验的过程。整个教学过程丝毫没有说教的痕迹，全然是师生真情的流露，心灵的表白，作文成了感悟亲情、抒写真情的精神与语言同构共生的过程，给人一种荡气回肠的艺术享受。

片段一：创设情境，激活倾吐欲望

师：他们是你最爱的五个人，所以你写下的不是几个汉字，也不是几个符号。当你写下他们的时候，也许你会看到他们的眼神，想起他们的表情，也许他们的音容笑貌、故事、细节都会在刹那间呈现在你的面前。所以，你的内心会有一种感受——这五个最爱的人——一种什么感受会涌上你的心头？好的，写完的请举手。（大部分学生举了手）好，谢谢。还有几位，我们稍等片刻。

（后写完的几位学生陆续举手示意）

师：好，已经写完的请举手。

（所有学生均完成）

师：我来问一下。（对一生）跟大家说说这个世界上你最爱的五个人。

生：我写的是，妈妈、爸爸、婆婆（外婆）、外公，还有姨妈。

……

生：我最爱的五个人是，第一个是妈妈，第二个是爸爸，第三个是婆婆，第四个是公公（外公），第五个是老师。

师：老师？哪位？

生：陈老师，我们的班主任。

师：请坐。（看了一下该生的作文纸）他写的是陈老师。老师应该感到幸福啊，我虽然并不了解陈老师，但是就凭你们能够把他列入最爱的五个人，那他一定是一位非常优秀的教师。我再请一位。（对另一生）来，请你说。

……

师：对不起，这都是我的错。但这是一个规则。是的，你最爱的人可能是六个，可能是八个，可能是十个，对吧？所以你难以抉择。但是你还是写了五个，所以你的内心有点杂乱。这是你的真实感受。（对大家）来，这是他的感受，说说你们各自的感受。

（举手的学生多了）

生：写下了这五个人之后，我心里对他们充满了感激之情。

师："充满了感激之情"，肺腑之言呐，真好。

生：我写下这五个人之后，感觉心里有股暖流流出来。

师：真好。一股暖流在心头涌起，然后流向全身，流向每一个细胞。是吧？真好，诗一样的语言。

……

赏析

作文教学中，教师要善于创设对话情境，把学生带入真实或虚拟的场景、氛围之中，以激起学生对话的兴趣，激活他们倾吐的欲望。这个片段中，王老师营造了一种温馨的亲情情境，通过让学生写自己最爱的五个人，并说说在写下五个人时心里的真实感受，让学生体会到拥有亲情的幸福和温暖，为下面的亲情体验游戏奠定了情感基础，生发、滋长了他们表达的欲望。

片段二：体验亲情，唤醒言语生命

师：是的，这五个人不是五个名字，更不是五个符号，他们就活在你的生活中，活在你的心中。他们给你温暖、给你阳光，是吧？就是这种感受。（稍停）现在请你拿起笔，听清楚要求——在五个最爱的人中，请你划去一个。

（学生表现踌躇，很多人难以下笔。）

师：我来问一下。（对一生）孩子，请你站起来。你把谁划去了？

生：（低沉）我把我的姨妈划去了。

师：为什么？

生：因为我觉得她现在并不经常跟我接触。在我小的时候，她经常带我，但是现在不是经常接触，所以我把她划去了。

师：这不是理由，因为王老师看到你在掉眼泪，为什么？

生：（沉默片刻）因为我觉得他们每一个人都很爱我。

……

师：请拿起笔，再划去一个。

（学生更为踌躇）

师：（对另一生）孩子，你来说一说。

生：我划去了奶奶。我觉得奶奶还是很爱我的，虽然接触少了一点，但是每次我回她们家的时候，她总是给我拿好吃的，或是给我买一些好看的衣服，给我生活上的关爱。但是在剩下四个人里抉择，我只好选择了奶奶。（哽咽）

师：你难受？为什么？

生：（抽泣）因为我实在无法作出抉择。

师：说的是真话，我理解。（对另一生）来，孩子，你来说。

……

师：然而，你的眼泪告诉我，你清清楚楚，明明白白。（对众）很对不起大家，老师让大家难过了。但这是一个规则。有的时候，人生就是这样，你最不愿意舍弃的人，最割舍不下的人，可能在一个细雨绵绵的早晨，也可能在一个大雪纷飞的黄昏，突然就离你而去，而且永远不再回来。人生就是这样。尽管这个规则非常地残酷，但是我还得继续下命令。请你拿起笔，注视着自己的笔尖，然后在剩下的你最爱的人中，再划去一位。

……

赏析

丰富的情感体验，是学生写作的心理基础。余秋雨先生说过，作文是"生命与生命之间的表达与沟通"。这个片段中，王老师从情感体验入手，让学生在虚拟情境中失去亲情。虽然是游戏，但每划去一位亲人，就意味着失去一位亲人的关心与呵护。随着与亲人情感深度的递增，学生每次失去亲情后的体验变得愈加沉重、痛苦。在交流对话中，王老师启发他们谈划去的理由，说说划去这些亲人为什么流泪、难受等，深深触动了学生心灵深处那份沉睡的生命意识。此时此刻，学生的言语生命渐渐被唤醒，语言表达的潜能也渐渐被发掘出来。

片段三：引导想象，流淌真情实感

师：其实，我跟你一样，也很难受、很难过。因为当你流泪的时候，我的心中也在做一个非常艰难、非常痛苦的抉择。但这是规则。现在请你放下笔，（稍等）深深地吸一口气。然后，静静地看着最后的两个人。这两个人是你在这个世界上最爱最爱的人。看着他们，仿佛他们的声音会在你的耳边响起，他们的面容会在你的眼前出现。你曾经跟他们在一起度过的每一年、每一天，甚至每一分、每一秒，此刻都在你的心头涌现。（学生中有人伏到桌面哭泣）一个画面，一个故事，一个细节，这一切都是你最爱的这两位给你的。好，请你拿起笔。（稍等）把两位全部划去。（学生凝视稿纸，慢慢地、艰难地划去剩下的两个词。）

（教师将话筒递给一个孩子）

生：（流泪）我心里面有一种很失落的感觉。

师：（板书：失落）你有话对他们说吗？

生：我想对他们说：我爱你们。（低下头去）

师：够了，四个字，伴着眼泪在飞。

生：我心里真的很难过。（哽咽）

师：你仿佛有种什么感觉？当这五个人全部被划去，特别是最后两个人被你突然划去的时候，你仿佛来到了什么地方？

生：（眼泪夺眶而出）地狱。

（教师板书：地狱）

师：跟地狱紧紧连在一起的是什么？（稍等）是黑暗，是恐惧。（板书：黑暗，恐惧）（对该生）是的，你没说，但是我能理解你的感受。

……

师：孩子，你跟大家说一说，最后你把谁划去了？

生：我最后把妈妈划去了。

师：把妈妈划去。当你把妈妈划去的时候，你的脑海里浮现的是关于妈妈的怎样的画面？是跟你在一起的哪段生活场景？

生：（声音嘶哑）我想到了妈妈在我开心的时候，陪我一起笑；在我伤心的时候，抱着我一起哭；然后，教我怎么去面对困难。

师：孩子，请你永远记住妈妈留给你的这些细节——当你高兴的时候，妈妈曾经跟你一起笑过，笑得那样开心，那样爽朗；当你难受的时候，流泪的时候，妈妈抱着你，陪你一起难过、一起哭。这就是你的妈妈。

（学生用纸巾拭泪）

……

师：好，请同学们趴在桌子上。（静默半分钟）这20分钟，残酷，痛苦。我们仿佛一下子从一个阳光灿烂的早晨，跌入了凄风苦雨的夜晚；仿佛一下子从鸟语花香的春天，走进了冰封大地的冬天；甚至仿佛从天堂掉进了地狱——短短的20分钟。因为在这个世界上，有五个你最爱的人，在这一刻被你一一划去了。

（学生频频拭泪）

赏析

"情者文之经。"情感是作文的动力，只有情深，才能文美。赞可夫说："只有在学生情绪高涨，不断要求向上，想把自己独有的想法表达出来的气氛下，才能产生出使儿童的作文丰富多彩的那些思想、感情和词语。"

作文教学就是要让学生寻找到一种内在的驱动力，让他们情绪高涨，需要倾诉，有话要说。高明的教师善于捕捉学生心灵震撼的那一瞬间，激活思维，尽情表达。这个片段中，王老师让学生把自己最爱的亲人划去，并问学生有什么话想对他们说，再想象挚爱亲人的一个画面、一个生活场景或一个细节，进一步点燃学生的情感火花，使他们情绪激昂、激动。一句句真挚的发自内心的话语喷涌而出，文思泉涌。王老师就抓住了"那一瞬间"，点拨学生倾诉自己的心声，学生的思维也就变得灵动。这展示的是学生的想法，传输的是学生的心声，流淌的是学生的情感，内容也就变得鲜活、丰富。作文的过程就会成为学生语言建构和精神滋养的过程。

片段四：赏析评点　实现智慧共享

师：请大家抬起头。孩子们，这一切根本就没有发生过呀！他们依然在你的身边，依然好好地活着，你为什么要那么伤心地哭？你想过吗？（有学生举手）不着急，请把手放下。我相信，这一幕会在你的心中留下很深的印记。那么，就请你拿起笔，再换一页稿纸，用你的文字把刚才发生的那一幕原原本本地记下来。从上课的第一分钟开始，老师说了什么，你做了什么，在你做的过程中，感受到了什么，想到了什么？你的同桌，你的伙伴，你要好的朋友，其他的同学，在这个过程中，他们在说些什么？他们有一些什么样的表现？当你面对这五个最爱的人的时候，当你一次又一次地将他们划去的时候，你的手，你的笔，仿佛……当最后两位被你划去的一刹那，你脑海里出现的又是怎样的画面，怎样的故事？孩子们，把所有的这一切都用你的文字记下来。给大家15分钟。好，开始。

（学生开始习作，教师巡视。）

（18分钟后）

师：好，孩子们，时间到了。请把手头的笔都放下，好吗？20分钟的那一幕，几乎让每一个孩子都掉了眼泪的那一幕已经过去了。但是我说它没有过去，因为它留在了我们另一张洁白的稿纸上，留在了每一位同学用自己的心声、文字记录下来的稿纸上。尽管不堪回首，但还是让我们再回一次首。（对一生）来，孩子，请你上来。

师：我请她再带着大家一起回首刚才的那一幕。请大家放下笔，放松，凝神，然后倾听。好的，请你开始。

（生读略）

师：（让此生留在讲台上，对另一生）孩子，你鼓掌了，是吧？你为什么鼓掌呢?

生:因为我觉得她讲得太好了,我有同感。

师:有什么同感?

生:同感就是她觉得,她在来这儿之前,跟家长们,跟她的亲人还是欢声笑语的,像飞在天堂里一样,而仅仅20分钟以后——

师:(对第一个学生)你说过这种话吗?说过?很好。

生:仅仅20分钟以后,她又像坠入了地狱一样。我觉得我也有这种感觉。

师:她还有几种感觉,你还记得吗?她说坠入了地狱,后面还有好几句写她感觉的话,你还记得吗?

生:好像她后来又飞向了天堂。

……

师:好,我们请她再读一遍。(对众生)你们要做什么?可以做什么?

生:(齐声)写下来。

师:对。不用我说,你们都明白了。拿起笔,你们可以记录。也许,那是一种在你心里却说不出来的感觉;也许,你有了那种感觉,也找到了属于你自己的文字,但是当你听到了她刚才的这一番话之后,你突然觉得她的感觉比你更加细腻,更加准确,更加深刻;也许,是在刚才的过程中你自己不曾感觉到的,其实不是不曾感觉,而是这种感觉被你埋得很深,然而听她那么一说、一读,这种感觉就像泉水一样从地底下汩汩地涌了出来。你可以记。准备。

(第一个学生再读后,师让学生修改自己的习作。)

赏析

好的作文是改出来的。学生写好作文之后,王老师采用倾听的方式,对学生的习作进行赏析、点评,实现智慧共享。这实际是对他人作文语言推敲的过程,就是取长补短。在学习和吸纳别人文章中精彩语句的过程中,学生会在不知不觉中提升鉴赏能力。这个过程具有重新建构意义的功能。在赏析对话中,学生的思维相互碰撞、语言相互融合、情感相互滋养、思想相互生成,尽情地发挥自己的创造力,找到自己表达的感觉,激活自己表达的潜能,更好地展示自己独特的写作个性,作文也一定多姿多彩,更有活力。同时,学生对亲情的理解能相互补充，相互启迪，有利于提升他们的认识和感悟。

感 想

　　作文教学的本质是一种对话活动，这种对话不仅是言语交流的过程，也是情感互动、思想契合、智慧共享的过程。这堂作文课中，王老师运用巧妙的教学设计，有效地引领学生与亲情进行了深度的对话，引发学生的真情实感。教学中，从"写下"到"划去"，王老师指导的角度不同："写"重在整体感知拥有的幸福；"划"重在细致体验失去的痛苦。而在"划去"的环节中，每一步指导的侧重点都不相同，如划去后说理由、想画面等，将亲情体验与语言表达有机地结合起来。学生得到的心灵震撼和润泽也是多方面的，他们懂得了亲情的珍贵，懂得了珍惜与感恩，在学写作文时也在学做人。我们深深地感受到王老师充满诗意的教学境界，感受到作文也能成为学生的精神家园！

（江苏省如东县马塘小学　刘剑华）

在诵读中贴近文本

——优秀一等奖获得者都温中《乡愁》教学片段赏析

2011年河南省中学语文优质课大赛中，都温中老师以《乡愁》一课感动了所有评委和听课教师，无可争议地获得初中组第一名。课堂上有教师引导学生在诵读中贴近文本这样几个精彩的片段。现解析如下。

片段一：诵读，感情与技巧的统一

师：下面我们重点品味第三小节。我们先把第三小节读一下。

（生齐读）

师：第三小节的结尾和其他几个小节相比，有什么不一样？

生：其他小节最后两行的最后两个字分别为"这头""那头"，而只有第三小节的最后两个字是"外头""里头"。

师："外头"和"里头"的距离有多远呀？

生：无限的距离，是生死的间隔。

师：我们想象一下——母亲在坟墓里静静地长眠，外头站着凄苦的诗人，我想这世界上最遥远的距离莫过于咫尺之间却阴阳两隔了。那贴着邮票的家信再也无法让母亲知道了。

师：我们怎样把这种沉痛的感情通过"外头""里头"读出来呢？大家读一读，体会一下，看看怎么才能读出来？

（生自由读）

师：请一个同学把后两句读一下。

生：我在外头／母亲在里头。（学生读得一般，不出色。）

师：请坐。同学们，在朗读这一小节的时候，老师建议你用一字一顿的方法来读，比如说（范读）——我在外头，母亲在里头。大家跟着我读。

（教师两次范读，学生两次跟读。）

师：我们请一个同学把第三小节读一下。

生：后来啊／乡愁是一方矮矮的坟墓／我在外头／母亲在里头。

师：请坐。我觉得这位同学在处理一个字——"啊"的时候，读得非常好。读这个字的时候，我们可以先吸一口气，然后再慢慢地把它吐出来。大家体会一下——后来啊——把这一声叹息中的酸楚读出来。大家自己读一下，仔细揣摩一下。

（生自由读，教师适当指导。）

师：我们把这一小节再读一下。

（生齐读）

赏 析

这是一个精彩的诵读教学片段。对于诗词教学来说，没有诵读是不可想象的；而如白开水般让学生一遍遍重复读也不可取。如何在诵读中品味语言，分析情感，则能显出一个教师的功力。都温中老师在这方面做得很好，他指导学生诵读，把诗歌感情和诵读技巧完美统一。

感情层面。都老师首先引导学生关注第三节诗的特殊之处："外头""里头"。然后追问二者的距离，学生答出这是"生死之间"的无限距离。这两个问答透过字面深入诗歌深处，让我们一下子体会到作者的痛楚。接着，都老师进行了抒情阐发，使学生进一步体会作者沉痛的心境："母亲在坟墓里静静地长眠，外头站着凄苦的诗人，我想这世界上最遥远的距离莫过于咫尺之间却阴阳两隔了……"这种阐发为课堂营造了悲伤的氛围，也为下面的诵读奠定了良好的感情基础。

技巧层面。理解感情并不意味着学生一定能读好，果然，学生的诵读没有传达出诗人的感情。在这个时候，教师在诵读技巧上的指导至关重要。第一步，都老师指导大家诵读时要"一字一顿"，并作了精彩的示范。一个教师，如果只是指导方法而不进行示范，作用是有限的；而都老师则用示范给学生树立了榜样。第二步，他让学生跟着教师一句句学着诵读。我们可以看出都老师是一个负责任的教师，不厌其烦地引导学生诵读。第三步，都老师及时发现学生诵读的优点，对"啊"的诵读进行了解析和指导，从而让学生的诵读再上一层楼。总之，在这个小环节中，学生在诵读技巧上有了长足的进步，也加深了对感情的理解。

到这里，这个教学片段在指导诵读上把感情和技巧巧妙融合，引导学生贴近文本，层次清晰而细腻，几近完美。然而，更精彩的还在后面。

片段二：诵读，穿插拓展后的升华

师：（深情地）矮矮的一方坟墓把儿子与她生死相隔，而坟墓里睡的这位母亲就是余光中的母亲。他最挚爱的母亲啊，这位母亲不仅生他、养他，更是带着他一路逃难。当日寇的铁蹄践踏南京的时候，这位坚强的母亲带着年仅九岁的余光中从南京逃到上海，再逃到中国香港，又经越南进入昆明，经历了千辛万苦，最后才来到重庆。就是这样一位母亲，在战乱的年代里，还让他坚持求学。而现在，母亲静静地躺在矮矮的坟墓里，再也听不到外头儿子的呼唤了。

师：在坟墓的外头，余光中先生写过很多诗歌呼唤他的母亲，老师选了两首小诗。我们来读一下。

师：（配忧伤的音乐读余光中的《招魂的短笛》）柳树的长发上滴着雨，/母亲啊，滴着我的回忆，/魂兮归来，母亲啊，/来守这四方的空城。

生：（配忧伤的音乐读余光中的《今生今世》）今生今世，/我最忘情的哭声有两次，/一次，在我生命的开始；/一次，在你生命的告终。/第一次，我不会记得，/是听你说了；/第二次，你不会晓得，/我说也没有用。

（此生的诵读感动全场。听课学生和教师忍不住鼓掌。）

师：读得真好。我们能感受到多年之后站在母亲矮矮坟前的诗人内心的痛楚依然是那样清晰。带着这种感受，让我们再把第三小节齐读一遍。

生：（配乐深情齐读）后来啊/乡愁是一方矮矮的坟墓/我在外头/母亲在里头。

赏析

在赏析第三节的时候，都老师停下来，进行了两次穿插拓展。这让课堂有了不一样的深度和温度，从而让学生对第三节的诵读有了不一样的感受。

第一次是相关背景的拓展。教师深情地说起诗人母亲带着诗人逃难的经历，突出那种艰难，突出艰难中母亲对幼儿的爱和期望。学生和诗歌之间是有隔膜的，教师的背景拓展在一定程度上打破这种隔膜，使学生离诗歌更近了，离作者更近了。

第二次是相关诗歌的拓展。引入同一诗人的同一类作品进行拓展，能帮助学生更深入地理解文本主题、意蕴。都老师引入余光中两首怀念母亲的诗歌，不在于比较，而在于深化理解，烘托气氛。课堂效果如何呢？两首诗读完，尤其是一个女生含着泪花把第二首诗读完，全场都被感动，很多人潸然泪下，课堂情感达到最高潮。

两次拓展之后，教师趁热打铁，让学生"带着这种感受"诵读第三小节。这次诵读中，学生真正把全部感情投入了进去，它是穿插拓展后的感情升华。余映潮老师说："朗读，对我们进行着审美熏陶，进行着情感陶冶，进行着气质培养。"这样高超的朗读，我们终于在都老师的课堂上感受到了。

在诵读中一步步贴近文本，最终使"其言若出于吾之口""其意若出于吾之心"（朱熹语）。愿这样的诵读在我们的课堂上能经常出现。

（河南省新郑市第三中学　贾会彬）

无痕拓展，让教学走向智慧

——特级教师王文丽《手术台就是阵地》拓展教学管窥

《手术台就是阵地》这篇课文主要讲述国际主义战士白求恩大夫不远万里来到中国，参加了中国人民抗日战争的动人事迹。在一次战斗中，白求恩大夫在形势越来越危险的情况下，把手术台当作阵地，忘我地为伤员做手术，坚持工作了三天三夜。课文语言质朴简练，但因故事发生的年代久远，生活在当下的学生如何能凭借文本读懂白求恩，走进白求恩的心灵世界？著名特级教师王文丽老师在教学这一课时，非常巧妙而又不着痕迹地在教学过程中进行拓展教学，既很好地帮助学生打通了与文本在时空上的隔阂，引领学生真正走进文本，走进人物的精神世界，又深化了学生对文本的学习，促进学生语文素养的提升，让语文与学生的心灵真正融合。下面撷取几则最能代表王老师拓展教学艺术的片段，与大家共同赏析。

片段一：无痕拓展，有效导入

师：白求恩就是我们要学习的这篇课文《手术台就是阵地》的主人公。有谁知道白求恩是个什么人呢？

生：他是个医生。（板书：医生）

师：从题目上看，他还是个什么人？

生：他还是个战士。（板书：战士）

师：让我们一起来看这样两张照片。（出示照片；教师读旁白）这是白求恩在加拿大的故居，尽管时间已经过去了100多年，但是我们仍然可以看出这是一幢精致甚至豪华的二层楼房。而这是白求恩在中国居住的地方。同学们，当这两张照片并列呈现在你眼前的时候，你最想问的是什么？

生：白求恩在加拿大住的房子那么好，为什么他要到中国来住这种土房子呢？

生：白求恩为什么放弃了那么优越的生活，来到中国呢？

师：是呀，我想这也是很多人想要知道的一个问题。

赏析

白求恩究竟是一个怎样的人？这需要学生走进文本加以细细探究。可是，如何才能最大化地调动学生主动走进文本的兴趣呢？王老师在一开始以一组看似简单却有"四两拨千斤"效果的补充照片资料，帮助学生了解当时的实际情况。两幅照片的反差和对比，把学生的所有好奇心全部激发起来，也激起学生走进文本的欲望。一切就是这样自然，拓展完全与学生的学习需要融合在了一起。课外相关图片、文字的运用，只有与学生的内在学习动因相联系，课堂才会因学生主动学习的强烈需求而充满活力。

片段二：无痕拓展，深入品悟

生：情况那么紧急，但是白求恩还在镇定地做手术，说明他非常勇敢。（教师板书：勇敢）

师：我听出来你在强调"镇定"这个词。"镇定"是什么意思呢？

生：冷静。

生：镇静、坚定。

生：临危不乱。

师：你们说得都对！那么，请再认真地想一想：白求恩凭借什么才能如此镇定呢？

生：凭借他的医术高超。

师：你从哪里找到的依据？

生：课文中描写到"敏捷地从伤员的腹腔里取出一块弹片，扔在盘子里"，这就说明他做手术熟练。

师：（板书：医术高超）你很会发现，也很会表达。

生：我觉得他还凭借着对工作的负责才如此镇定。

师：（板书：负责）请你说说看。

生：环境那么险恶，他都镇定地做手术，因为他觉得自己是个医生，而医生必须要救死扶伤。

师：救死扶伤是医生的天职，但是白求恩完全可以待在后方的医院里救治伤员啊。同学们，你们知道吗？白求恩来到中国后做了一个调查，他发现战士们的死亡率太高，往往不是因为伤势过于严重，而是因为得不到及时的救治。伤员从战场上抬下来，再抬到后方医院往往要经过几个小时、十几个小时，甚至几十个小时，很多年轻的生命就这样因为失血过多而死亡。于是白求恩决定，一定要把医院建在前线，这样战士们就能得到及时救治。说到这里，你们再想想看，白求恩的镇定还源自什么呢？

生：源自对战士的爱。

师：那是对生命的敬重。（板书：爱）

师：一个"镇定"让我们读懂了这么多，请你们再来读这段话，我相信一定别有一番滋味在心头。（指导学生有感情地朗读）

赏析

语文学习离不开对关键词句的品味和感悟。以上教学，王老师抓住"镇定"来引导学生层层深入，感受从"镇定"一词中表现出来的人物的精神、品质。学生从词语本身进行理解，也联系文本内容进行感悟，对白求恩究竟是一位怎样的医生和战士有了一定的了解。这时教师宕开一笔，让学生思考，是什么让他如此镇定，从而揭示人物的内心。就在学生能结合文本说出理解后，教师适时、恰当的课外资料拓展又把学生的认识推向一个新的高度，这就是白求恩内心对战士的爱，也是人物的精神源泉所在。可以说，正是适时而又无痕的拓展，水到渠成地丰富了学生对人物内心的认识，真正与人物精神相契合。拓展深化了学生对文本的品味，也优化了语言学习感悟的过程。

片段三：无痕拓展，激情升华

师：同学们，在多年后的今天，在很多人已经淡忘了白求恩的今天，我们借助《手术台就是阵地》这篇课文走近了白求恩，了解了白求恩，认识了白求恩。我想，总有一些往事是不能忘记的，总有一些人是要我们铭刻于心的。让我们来看一组白求恩生前的照片，想一想：我们究竟不能忘记什么？

（播放教师编辑好的课件，以图片掠影的方式展示白求恩生前的生活、工作情况，教师配乐并进行深情旁白。）

（定格最后一张照片特写）

师：同学们，从这张照片上看，白求恩有多大岁数了呢？

生：我觉得有七八十岁了。

生：我觉得应该是六七十岁。

师：（眼含热泪）可是，他牺牲的时候只有49岁。是什么原因使他看上去如此苍老呢？

生：（哽咽、流泪）是劳累。

生：而且是过度的劳累。

生：当时条件很艰苦，我想有时候一定还吃不饱。

师：是呀，能够吃上一顿刀削面就是改善伙食了。

生：我觉得还有一个原因，就是总在前线工作，精神非常紧张。

师：既要尽职尽责地做手术，又要躲避炮火的轰炸和敌人的袭击，同时又可能吃不饱、过于劳累，即便是铁人，也难以承受啊！

生：我觉得白求恩真是太了不起了！（流泪）一个外国人，凭什么要这么帮助我们中国呢？我觉得他不仅仅是我们的亲人，更是我们的恩人！（热烈的掌声响起）

师：（在黑板上端正地写下两个大字——恩人）同学们，在白求恩面前，我觉得再多的语言都显得苍白。我唯愿你们在这节课上对他的认识能够化作一颗种子，种植在自己的心田。接下来，我想请同学们在纸上写几句话，写出你内心最想说的话。

（出示投影：我们不能忘记_____，不能忘记_____，我们还不能忘记_____，更不能忘记_____。）

（在《怀念白求恩》歌曲的陪伴下，完成写话练习，大约5分钟后，指名汇报。）

生：我们不能忘记白求恩那花白的头发，不能忘记他在手术台旁弯腰的身影，还不能忘记他把所有的一切都留给了我们中国，更不能忘记他对我们作出的贡献。（掌声）

……

赏 析

文章不是无情物，语文学习离不开学生情感的全部投入。在具体教学时，我们应结合文本的具体内容，让学生的情感在学习中步步高昂，不断升华。在这篇课文的学习中，在细致品味课文中白求恩救治伤病员的相关语句中，学生的感动在渐渐积聚，正等待更进一步的触发。这时王老师跳出课文，进行拓展教学，让学生一边观看白求恩的生前照片，一边听自己的旁白介绍，使他们对人物拥有了更多鲜活的认识。人物在学生的心中变得可感可触，这时再加上前面对人物品质的充分感知，学生情感的阀门一下子打开，泪水中表达的是对白求恩发自内心的敬仰。接下来，在《怀念白求恩》音乐声中的写话，既是学生写的训练，更是学生内心情感的宣泄，因而学生方能情动辞发，句句动人心扉。

应该说，王文丽老师的这一课，正是因为无痕地拓展教学，让课堂对话生动而又扎实，细腻而又充溢着语文的味道。文本融入学生的内心，文本内涵与学生的心灵真正相融。从以上几则拓展教学片段中，可以感受到王老师对教材深入而透彻的解读，对相关文本资源准确而恰到好处的运用，能够管窥王老师独到而令人赞叹的教学匠心，体现了王老师过人的教学智慧，值得我们认真揣摩，在课堂教学实践中实现对自我的不断超越。

（江苏省苏州工业园区文萃小学　张晓华）

理解与运用融合　课内与课外并重

——特级教师吉春亚《"凤辣子"初见林黛玉》精彩教学片段赏析

笔者有一次到北京小学参加"追求'实'与'活'的语文教学"研讨会。会上,有机会欣赏到特级教师吉春亚老师执教的人教版第十册《"凤辣子"初见林黛玉》一课。两个月后,笔者与吉老师应邀赴河南讲学,再一次欣赏了她执教的这一课。课上得非常精彩,两个教学片段给笔者留下很深的印象。

片段一：感受精彩

师：大家认为"凤辣子"漂亮吗？

生：漂亮！

师：怎么漂亮？找到句子,读给大家听听。

生：我从"头上戴着金丝八宝攒珠髻,绾着朝阳五凤挂珠钗；项下戴着赤金盘螭璎珞圈；裙边系着豆绿宫绦双鱼比目玫瑰佩；身上穿着缕金百蝶穿花大红洋缎窄裉袄……"看出她漂亮。

师：（纠正"攒"字的读音,并要求学生把这个字的读音注在书上；解释"攒"就是"绕在一起"的意思）从穿着怎么就看出她漂亮了？谁来补充？

生：我是从她的衣着打扮看出她漂亮的。

师：怎么就漂亮了呢？

生：她戴的东西都是很独特的。

师：很贵重的,对吧？好,我们一起读这一段,我读画横线的语句,你们读下面的内容。（课件出示外貌描写这段话）

这个人打扮与众姑娘不同，彩绣辉煌，恍若神妃仙子：头上戴着金丝八宝攒珠髻，绾着朝阳五凤挂珠钗；项下戴着赤金盘螭璎珞圈；裙边系着豆绿宫绦双鱼比目玫瑰佩；身上穿着缕金百蝶穿花大红洋缎窄裉袄，外罩五彩刻丝石青银鼠褂，下罩翡翠撒花洋绉裙。一双丹凤三角眼，两弯柳叶吊梢眉。身量苗条，体格风骚，粉面含春威不露，丹唇未启笑先闻。

［在师生合作读的过程中，教师及时纠正字音——"朝（zhāo）阳""绾（wǎn）着"，并提醒大家语速快点；随机对"朝阳五凤挂珠钗""豆绿宫绦双鱼比目玫瑰佩""缕金百蝶穿花大红洋缎窄裉袄""翡翠撒花洋绉裙"等衣饰作简要介绍；解释词语"绾着"。］

师：外表怎么漂亮？谁来说说？

生：一双丹凤三角眼，两弯柳叶吊梢眉。身量苗条，体格风骚，粉面含春威不露，丹唇未启笑先闻。

师：怎么漂亮？找出关键的地方说说。

生：她的身材很苗条，体格很风骚。

师：体格很"风骚"，意思是？

生：就是体格细嫩。她是粉面含春威不露，丹唇未启笑先闻。

师：她的脸色是？

生：白里透红。

师：真是漂亮啊！曹雪芹运用对仗的描写方式，把"丹凤眼、柳叶眉、身苗条、体风骚、粉面含春、樱桃小嘴"所有这些写美女的词句，都用在王熙凤身上了。让我们再来读读，把这种漂亮读出来。（学生齐读）

师：这漂亮的外貌背后还藏着点什么呢？

生：藏着她的威严。

师：从哪里看出来的？

生：粉面含春威不露。（教师板书：藏着威严）

师：这藏着的威严从前面也能看出来。从"三角眼"中你读出什么了？

生：感觉她很有心计，很奸诈。

师：对，三角眼的人很凶。

生：感觉她很严肃，很正经。

师：不是很正经，有威严在里面。"吊梢眉"，眉毛吊在那里，你感觉到了些什么？

生：好吓人。

师：好凶的一个人呀！对呀，我们品着品着，发现这富贵的衣饰、漂亮的外貌背后藏着的是威严。曹雪芹真了不得，借外貌描写就折射出了人的性格。

赏 析

书（文）主要是读（包括朗读和默读）懂的，而不是靠教师问、学生答，教师讲解、学生坐着弄懂的。古人云："书读百遍，其义自见。"对于阅读教学，"读"的重大意义远不止这些。有人这样概括朗读与讲解的关系：讲解是分析，朗读是综合；讲解是钻进文中，朗读是跃出纸面；讲解是推平、摆开，朗读是融贯、显现；讲解是死的，如同进行解剖，朗读是活的，如同赋给作品生命；讲解只能使人知道，朗读更能使人感受。正因如此，教育先哲才讲："阅读总得'读'。""提高语言能力必须以朗读、精读、熟读、多读为基础"。正是这样，当代有识之士才强调："阅读教学，'读'是根本，是认读能力形成的基础，是概括能力形成的捷径，是感悟能力形成的灵魂，是探究能力形成的法宝。"

在上面品味人物外貌描写这个教学片段中，吉老师没有采用什么花样的教学手段，主要就是凭借"朗读"这个阅读教学中最便捷、最有效的训练方式，通过自读与指名读、引读与品读，引导学生在"读"中感受与理解、体会与领悟，并以"读"的方式带动"说"和"议"，展现各自的理解与领会。这当中，吉老师又特别重视掌控课堂上学生"读"的层次：先是指导学生"读进去"，感受这段外貌描写所呈现出的"凤辣子"的人物特点——富贵的衣饰、美丽的相貌背后深藏着的是威严；再引领学生"读出来"，领会作者的表达顺序，借助外貌描写揭示人物性格特点的表现手法。

既"读进去"，又"读出来"，这样的阅读教学才是完整的。唯有如此，才会将指导理解与欣赏并学习运用语言文字结合起来，从理解语言文字入手，再过渡到学习运用语言文字，进而实现以理解促进运用、以阅读带动表达的良好愿望。

片段二：品味精彩

师：我们通过品味"凤辣子"初见林黛玉时的语言，感受到她"放诞无礼"的背后是在显示自己的权威；"热情周到"的背后是在炫耀自己的身份，讨好老祖宗贾母，讨黛玉喜欢，讨在场的老祖宗嫡亲的孙女们开心；"能说会道"的背后，隐藏着的是她的八面玲珑，见风使舵。作者更"辣"，借助语言描写，便活脱脱地把"凤辣子"这个人物形象展现在我们面前。

师：《红楼梦》里有这样的记述："凤辣子"管理的是荣国府上千号的人马，同时又协理着宁国府。在协理宁国府时，发生了一件事情，头天有个奴婢迟到了，求她饶过。（出示《王熙凤协理宁国府》片段，请同学来读一读。）

那人道："小的天天都来的早，只有今儿，醒了觉得早些，因又睡迷了，来迟了一步，求奶奶饶过这次。"

师："求奶奶饶过这次"，这二奶奶王熙凤，炫耀地位、八面玲珑、藏着威严，这时候会说什么话呢？请讨论一下。（学生讨论）

生：我想她会说：饶过你这回，那下回呢？饶过你这回了，但下回再也不准了。如果再有下一次，看我怎么收拾你！

师：讲一点点情理。

生：不能饶过你，如果每个人都像你这样子，那还怎么办？如果人人都像你这样迟到，那还了得！所以，这回不处罚你是不行的！

师：这是威严在里面了。说起王熙凤的管理能力，人们描述她是"百个男人都不如"。

生：我们可是富贵府，你可不能违反富贵府的规则。拿下去，宰了。（众生笑）

师：更厉害了，还要把她给宰了，极具威严。还有吗？王熙凤还会说什么话？

生：我是不会原谅你的！如果我原谅了你，我的威严何在？

生：罢了罢了，这次饶过你吧，我不是那么小气的人。

师：曹雪芹是怎么写的呢？

（出示原文，教师绘声绘色地范读。）

凤姐冷笑道："我说是谁误了，原来是你！你原比他们有体面，所以才不听我的话。明儿他也睡迷了,后儿我也睡迷了,将来都没了人了。本来要饶你,只是我头一次宽了,下次人就难管,不如现开发的好。"顿时放下脸来,喝命:"带出去,打二十板子!"一面又掷下宁国府对牌:"出去说与来升,革他一月银米!"众人听说,又见凤姐眉立,知是恼了,不敢怠慢,拖人的出去拖人,执牌传谕的忙去传谕。那人身不由己,已拖出去挨了二十大板,还要进来叩谢。凤姐道:"明日再有误的,打四十,后日的六十,有要挨打的,只管误!"

师:这曹雪芹笔下的王熙凤——

生:可怕得很。

生:冷血无情。

师:她可是方方面面考虑得周到啊!处罚有理由,杀一儆百,教育别人,还牢牢掌握了自己的权力,绝不撒手。这就是曹雪芹笔下的——

生:(齐)"凤辣子"。

师:这"凤辣子"到底是个什么样的人,我们今天的学习只是一个开始。她就像一团谜,吸引了亿万读者。你想要真正地了解这个人,就得走进《红楼梦》。(出示《红楼梦》中的人物图片,配以背景音乐,教师解说图片上的贾宝玉、林黛玉、薛宝钗等主人公形象。)

师:同学们,就让我们走进《红楼梦》这本巨著,去感受曹雪芹笔下人物描写的绚丽多姿吧!

赏析

教学是一门科学,更是一项艺术。说它是艺术,就语文学科而言,在我看来,至关重要的就是课堂上如何创设所需的教学情境,以充分调动全体学生主动参与的积极性;如何让每个教学环节具有尽可能大的思考、想象与实践空间,以最大限度地激发学生的创造潜能;如何正确运用教材,让文本发挥多种效能;如何让课堂教学更灵动、更有味道,使每一节课都能上到学生心里,乃至成为促进学生终身发展的美好记忆。

在品味人物语言描写这个教学片段中,吉老师尽显高超的教学艺术。结合文中的语言描写，深刻感受王熙凤在权贵面前极尽炫耀又八面玲珑、时时不忘讨好对方的人物特点后，教师首先创设想象情境，让学生联系上文，说说面对因睡迷了偶尔来迟并请求饶过的奴婢，这位八面玲珑又深藏威严的王熙凤会说什么——这就激起所有学生积极参与的意识，既发展了学生的想象力，又锻炼了学生的语言表达能力。

在学生尽情猜想并尝试情景描述之后，教师才出示原著中王熙凤面对眼前这个下人所讲的一段话，并配以绘声绘色的范读——这样两相对照，就让学生既全面感受到"凤辣子"多面的人物性格特点，又深切领悟到这部名著的语言魅力，以及作者曹雪芹借语言描写来淋漓尽致地刻画人物特点的极高造诣。加之教师随后的悬念设置、书中人物图片展示和极富感染力的语言激励，学生就被领入《红楼梦》这部鸿篇巨制，以欲罢不能的高昂热情，去独自阅读和欣赏这部光辉灿烂、影响深远的古典名著。

教是为了学，为了使学生能更好地学，更自觉、主动、快乐地学。这既是教学的出发点，也是教学的归宿；既是教学预设的着力点，也是课堂上教师一切努力的向心点。既重视指导理解语言文字，又重视教学生学习运用语言文字，并使二者有机融合、相互促进；既重视教读、精读，又重视激励和组织学生自读、博览，并使二者有机结合，彼此带动，这样耗时、低效的语文教学，就会迎来柳暗花明的春天。

（特级教师，北京市密云教研中心　杨德伦）

让教学真正走向学生

——优秀教师张丹《画家与牧童》教学片段赏析

在第八届全国青年教师阅读大赛中，内蒙古自治区张丹老师所执教的《画家与牧童》获得特等奖。《画家与牧童》讲述了唐朝著名画家戴嵩在朋友的邀请下帮朋友作画，在众多观众的称赞声中，一个小牧童却指出画家画错的故事。课文称赞了牧童实事求是、不盲从的品德，同时也赞扬了画家勇于承认错误、谦虚向牧童学习的精神。作为一篇二年级下册的课文，如何引导低年级的学生进行学习呢？张丹老师根据低年级学生的学习特点，把学生放在课堂的主体，让教学真正走向学生。下面选取其中几个精彩片段和大家分享。

片段一：讲学生真正不会的

师：说戴嵩著名，那戴嵩的画技也一定非常高超。文中有一个描写他作画的句子，自己快来读一读吧。

生：他一会儿浓墨淡抹，一会儿轻笔细描，很快就画成了。

师：这个句子中，有没有你不理解的词语啊？

生：我不知道"浓墨淡抹"是什么意思。

师：浓墨淡抹，还有吗？

生：我不知道"轻笔细描"是什么意思。

师：谁知道这两个词语是什么意思？能用自己的话说说吗？

生："浓墨淡抹"是很浓的墨水涂上去，"轻笔细描"就是比较轻一点，在上面描。

师：好，请坐，这两个词语是指我国国画中的绘画技巧，代表了两种不同的画法。我们来欣赏这幅画，请一位同学上台指一指哪里是"浓墨淡抹"，哪里是"轻笔细描"？（学生上前指出）

师：现在，你知道这两个词语的意思了吗？

生：知道。

师：有时候，借助生动的画面就可以帮助我们理解词语的意思！让我们再来读读这两个词语，把它们积累下来。"浓墨淡抹"，读。

赏 析

语文课离不开教师的讲，但课堂中究竟需要讲些什么？可能每一位教师会有自己的不同理解和思考，其中有一点毋庸置疑，就是要从学生的学习实际出发。讲学生真正不会的，这是有效教学的起点。以上片段，让学生说出自己不懂的词语，教学紧扣学生疑问展开，让课堂切实为学生的语文学习服务。贴近学生实际进行教学，这源自教师对学生的深入研究，并在此基础上选择恰当的教学策略。老师的"讲"与学生的"学"有机地形成一个整体，这是课堂"以学生为本"的最佳体现。

片段二：教学生真正有用的

师：请注意红色的字"夹"。它在这里读一声"jiā"，请跟我来读，jiā。

生：jiā。

师：夹在。

生：夹在。

师：尾巴是夹在后腿中间的。

生：尾巴是夹在后腿中间的。

师：请你学着我的样子把拼音标在它的上面，这样再读课文的时候就不会读错了。在第五自然段。（生标拼音）

……

生：戴嵩是一位著名的画家。

师：这个句子真完整，请坐。（板书：著名）

师：谁能用自己的话说一说什么是著名呢？请你来说。

生：就是特别有名的人。

师：看，我们帮助它找了一个意思非常相近的词语，这有助于我们理解这个词语的意思。

赏 析

崔峦先生在第七次小语研讨会上强调，阅读教学要由内容分析的教学转向策略为导向的教学。学习方法的渗透，是帮助学生学会学习、学会阅读的重要着眼点。针对二年级学生的特点，张老师在课堂中看似无心、实则有意的小结引导，其实质是把策略贯穿于教学中，让学生于无痕之中收获着语文学习方法，从而准确地体现教材的"例子"功能。有心插柳，方能让"绿柳成荫"，教学生真正有用的，从课堂的每一个细节开始，帮助学生掌握学习的方法。这需要对学生终身学习的关注，也需要教师教学理念的进一步升华和创新。

片段三：给学生真正需要的

师：如果此时你也是围观的人，看到这惟妙惟肖的画作，你也情不自禁地想来夸赞，会说些什么呢？

生：我会说你画得太棒了。

师：如果我就是戴嵩，你对着我要怎么说？

生：你画得太棒了。

师：说出了你由衷的感受，还有吗？还有想夸奖我的同学吗？

生：您画的这两头斗牛可真丰富。（学生都笑了）

师：有点儿小问题，如果把"丰富"换成另外的词就更好了。能换成什么词？帮帮他。

生：美妙。

师：可以。还能换成什么词？

生：漂亮。

师：漂亮。同学们，课文中商人和教书先生在夸赞的时候用了"绝妙之作"这一形容画作精美的词语，如果我们在夸的时候，也能用上类似的词语，

那我们的语言就变得更加生动和形象了。我来给大家推荐几个词语。先跟我来读一读。(师引生读:活灵活现、栩栩如生、惟妙惟肖)

师:这三个课外词语能帮助我们把句子说得生动!你想来试一试吗?这样吧,自己先想一想,再在座位上练一练,和同桌同学互相说一说,一会儿我们找同学来说。开始吧。(生练习说)

赏析

以上教学可谓真正站在了学生的学习起点。二年级的学生词汇有限,所以在说话时,词已尽而意尤未达,教师这时候的适时补充,既能让学生的说话效果更上一个平台,又能促进学生对近义词语的理解,还让学生这时的主动积累事半功倍,真可谓一石三鸟。课堂中能明显地感受到学生的成长,让学生在原有基础上得到一定的提高,给学生真正需要的帮助。这是扎实的教学,也是回归学习根本的教学。

片段四:练学生真正明白的

师:这个词中的"抹"字是我们今天要学习写的一个字。请你观察这个字在田字格中的占位,说一说我们在写的时候要注意些什么,请你来。

(生说这个字的书写要领)

师:对了,虽然很长,但是不能顶天立地,上下都要留有空余。同学们,伸出你的小手和我一起来写写这个字。这是一个左窄右宽的字,请同学们注意提手旁,第一笔横要写在左半格横中线的上边;第二笔竖钩要写得长而直,但不要顶天立地;第三笔提请同学们注意,起笔的地方要比横靠左一些,写在横中线的下面。右边期末的"末"上横长下横短,和提手旁横的位置一样高,第二横在横中线上起笔,稍稍向右倾斜一点,竖要和提手旁的竖钩一样长,注意写在竖中线的右边,左边撇右边捺。好了,同学们,请打开你的课文纸认真地把这个"抹"字写一遍,注意写字的姿势。

(学生书写"抹"字。师生点评,并再次书写。)

师:我们再来读一读这个词语,读。

生:浓墨淡抹。

师：课文中还有两个带有提手旁的字需要我们来写呢！第一个是"拱"字，第二个是"挤"字。如果你能用上刚才写字的方法，认真地来书写，你的字一定会工整和美观，写一写。把"挤"和"拱"各写一遍。

（生书写：挤、拱）

赏 析

写字能力是语文能力的重要方面。在全国大赛上，张老师仍能将写字作为教学的一个环节来进行，这是对学生语文素养的真切关注。更值得学习的是，以上教学中，让学生寻找"提手旁"字在书写上的要点，实实在在地帮助学生知其然，并知其所以然。学生的练习是在真正明白之后进行的，这是及时巩固，也会有在原有水平上的提高。记得一位哲人说过，如果追寻的是错误的方向，那么努力越多，就会错得越多。让学生弄懂、弄透书写的秘诀，找准正确的方向，这时的练习才能取得预想的最佳效果。

想学生所想，一切从学生实际出发，让教学真正走向学生。张丹老师的这堂课，值得我们深刻领悟和借鉴。

（江苏省苏州工业园区文萃小学　张晓华）

点评语精彩多变让人醉

——优秀教师李哲峰《作点辩证分析》中点评语赏析

欣赏第七届"语文报杯"全国中青年教师课堂教学大赛中李哲峰老师的课堂视频，不禁沉醉在李老师精彩多变的点评语中。笔者上课的点评语往往是"不错""很好""很精彩"，太笼统，而李老师的点评语则具体明确，往往能起到激励学生、调动课堂气氛的作用。下面，我试着分类赏析。

片段一：联系生活点评

课堂开始时，李老师出示了三句话："一个好校长就是一所好学校。""没有教不会的学生，只有不会教的老师。""知识改变命运。"然后问："哪一条语录你最认同，或者勾起了你情感的共鸣。请你来谈一谈。"学生回答后，李老师有这样的点评。

（生赞同"没有教不会的学生，只有不会教的老师"一句，说理由。）
师：很有自己的看法，看来当老师的要小心了，冬烘先生是当不得的。
……
（生赞同"一个好校长就是一所好学校"一句，说理由。）
师：很有自己的思想，我相信，如果她要任校长，一定是个好校长。

赏析

李老师的点评首先肯定学生的回答："很有自己的看法（思想）。"然后，联系生活来谈自己的感受——第一次，他联系教师职业说："看来当老师的要小心了，冬烘先生是当不得的。"这句话表面是警示教师，实际上是对学生分析透彻的赞扬。第二次，他联系学生自己进行鼓励："我相信，如果她要任校长，一定是个好校长。"这句话同样表达了对学生分析的赞扬。

李老师这一类点评语的流程是：首先总体肯定学生的回答，然后联系生活进行点评。一般教师的点评往往只停留在总体肯定上，使得点评笼统而单薄。联系生活（包括教师、学生的生活）点评，表示教师真正认真倾听了学生的谈话，这让师生对话得以真正进行，激励了学生，避免了枯燥感，让课堂有了不一样的风姿。

片段二：引用评价

在学生谈了自己最认同的语录后，李老师又引导学生质疑这些经典语录："完全正确吗？有没有什么问题？"于是，课堂有了这样的对话：

生：（质疑"知识改变命运"一句，认为要有"能力"）也就是说，一个人可能有着非常丰富的知识，但是他也要具备一定的生存技能才能改变他的命运。

师：还要有能力，清华大学校长不是说嘛——"能力比知识还重要"。

赏析

李老师的点评首先重复了学生的观点，表示肯定，然后引用清华大学校长的话对学生的话进行佐证："能力比知识还重要。"引用评价显示出教师渊博的知识，丰富了学生的回答，开阔了学生的眼界。

引用评价不是一般教师能熟练运用的，需要教师有深厚的积淀，主要是读书方面的积淀，这能在一定程度上给学生做读书方面的榜样。在笔者狭窄的阅读视野中，我认为著名特级教师董一菲的引用评价尤其值得称道。在第五届"语文报杯"全国中青年教师课堂教学大赛中，她讲的《我的空中楼阁》，引用评价恰当而精彩，营造了诗意的课堂。董一菲的《〈边城〉教学实录》也是如此，她在评价中的旁征博引让人惊叹。每个语文教师都应该丰厚自己的积淀，从容自如地运用引用评价。

片段三：追问点拨评价

课堂上，学生的回答不可能永远正确，如果永远正确，那么这节课就没有了价值。既然学生出错是正常的，那么，教师的点评语就必须有点拨、引导、更正或深化的作用。李哲峰老师的课堂上就有这样一个片段。

生：（质疑"没有教不会的学生，只有不会教的老师"一句）俗话说，师父领进门，修行靠个人。好老师世界上当然有很多，但是有一些学生他们自己不想学，没有学的愿望，再怎么教也成不了才。

师：它（这条语录）忽视了什么？只强调老师了，忽视了什么？

生：忽视了学生自己学习的主观愿望。

师：主观愿望，主体性，不能主客倒置了，还忽视了学生的客观差异。学生的智商、情商各不相同。孔子有三千弟子，其中七十二圣贤。但反过来一想，三千弟子怎么只有七十二圣贤呢？优秀率怎么只有2.04%呢？孔子上课的时候也有睡觉的学生——他是一颗豆芽菜，你怎么也不能把他培养成参天大树。

赏析

学生的质疑当然是有道理的，但这个质疑是感受式的，缺乏最后一步的升华，所以教师要及时追问点拨："它（这条语录）忽视了什么？只强调老师了，忽视了什么？"这次学生的回答自然会在第一次回答的基础上有了概括和升华："忽视了学生自己学习的主观愿望。"教师又进一步拓展、升华，先从理论上阐述学生智商一定有高低，然后又以大教育家孔子为例子进行分析，有理有据，让人信服。这一看似平常的点评语中，既有教师的引导，又有教师的总结和升华。语文课应该多一些这样的追问点拨评价，如此学生才能有更快的进步。

片段四：结合内容评价

在"小试牛刀"环节中，三个学生展示了自己的作品，其中，第三个学生展示后，教师是这样评价的：

师：写的是长处和短处之间的关系，而且他特别强调全面发展和特长发展的关系，在发展特长的基础上全面发展，全面发展也要以个人特长以及个人的潜质为出发点。——（结合板书）他限制了这样一个范围，同时，你要有这个条件才能发展，有这个潜质才行。

赏析

教师的这个评价当然是肯定学生的回答，但是他没有简单地说一个"好！"或说一句"太棒了！"而是结合学生的习作内容剖析习作到底好在何处。在评价中，教师还不忘结合学生总结出来的方法（板书），从更高的层面上指导。如此，学生不仅知道了这位学生的习作好，还知道了为什么好，更强化了运用方法写作的意识。所以，我们在上课时绝不能一个"好"字结束，还要结合学生回答的内容说说为什么好。

片段五：多角度评价

"小试牛刀"环节中，李老师对前两个学生习作的评价语也很精彩，但是这两个评价并不是从一个角度，而是从多个角度来说的。

师：（评价第一个学生的习作）同学们，你们看，她特别强调的是不同的人或不同的动物应该发展不同的特长，而不是说大家都发展一种特长，不同的对象要发展各自的特长。不但如此，请大家看她的篇幅，在短短10分钟内（写的）可不止100字，大概有300字，写得还很整齐。文思敏捷，下笔千言，倚马可待。

……

师：（评价第二个学生的习作）材料还很丰赡，所以她的论证非常有力。不但如此，同学们看她刚才用的句子，口吐莲花，流光溢彩。听得出来，这是一个兰心蕙性的女孩子。

赏析

这两个评价特别精彩。第一个评价中首先评价习作内容，然后赞扬小作者的字数和卷面——"在短短10分钟内（写的）可不止100字，大概有300字，写得还很整齐"，最后做了总体评价："文思敏捷，下笔千言，倚马可待。"第二个评价首先肯定了习作材料的丰赡，然后赞扬了习作语言的文采——"口吐莲花，流光溢彩"。最后，也做了总体评价："听得出来，这是一个兰心蕙性的女孩子。"每个评价都包含三个角度，层次分明。李老师的评价语也可以说是"口吐莲花，流光溢彩"。听这样的评价语是一种享受，被李老师多角度赞扬的学生能不高兴吗？能不更积极地学习吗？

多角度评价，需要教师有深厚的积淀和敏捷的思维。教师需要细心倾听学生的回答，并迅速在脑海中进行多角度评价的构思。那么，我们应该从哪些角度进行评价呢？从李老师的评价语中，我们或许可以得到这样的启示：可从内容角度评价，可从艺术层面评价，可赞扬学生的人格和优点。当然，也可从联系生活的角度进行评价。

片段六：激励性评价

在李老师的课堂上，有几处是激励性的评价。

（"生活导入，思维预热"环节中，没有学生对"一个好校长就是一所好学校"质疑。）

师：看来第一句话是正确的了，没人反驳。

……

（"小试牛刀"环节，第一个学生展示后，没有学生再站起来展示。）

师：哪位同学再展示一下？哦，没了。我们也需要反面教材的呀。

……

（第二位学生和第三位学生展示后）

师：同学们发言非常积极，也比较踊跃，答得也很好。但我最大的遗憾是，30多个同学里居然找不到一个反面教材。

赏析

这三处点评语很有味道，其中，前两处是在"激"学生。我们都在课堂上遇到过学生不愿主动发言的情况，往往束手无策。李老师则不一样，他的激励评价语非常厉害:"看来第一句话是正确的了,没人反驳。"——第一句话当然不是完全正确,李老师不能这样小看我们的智商,于是,有学生站起来发言了。他的第二句激励评价语更加厉害——"我们也需要反面教材的呀"。我们这个班里当然没有反面教材,很多人写得很精彩,于是,接连有两个学生站起来展示。李老师抓住学生不服输的心理,进行了巧妙的激励,让人叹服。第三次评价更绝,李老师居然表示很遗憾:"但我最大的遗憾是,30多个同学里居然找不到一个反面教材。"这是遗憾吗?当然不是,这是从反面高度赞扬学生,哪个学生不希望听到这样的赞扬呢?抓住学生不服输的心理,根据当时情况适时地进行激励性评价,这是李老师成功的原因,也是其他语文教师应该学习的地方。

片段七:引导学生评价

若一节课仅仅由教师一个人评价,可能也会显得单调。于是,李哲峰老师引入了同学之间的评价。

("小试牛刀"环节中,第一个学生展示片段后。)

师:我找个同学来评论一下。

生:说得很好。

师:具体好在什么方面。

生:她的评论很全面,没有像材料中很片面地发展某一方面。

师:……

……

(第二个学生展示片段后,听课教师鼓掌。)

师:是反面教材吗?从教师的掌声中看出,绝对不是。同桌来评价一下。

生:我觉得这不是一个片段,而是一篇整体文章的概缩,有论点,有论据,有史料的论证,都很全面。

师:材料还很丰赡……

赏析

一个学生回答问题,其他学生不能只当听众,他们也要认真思考,参与到评价中来,知道同学回答得是好是坏,从而获得更深刻的启示。李老师深谙这一点，他总是引导其他同学来评价："找个同学来评论一下。""同桌来评价一下。"李老师对学生的评价要求还很高。当学生笼统地评价"说得很好"时，李老师及时跟进："具体好在什么方面？"让学生把评价具体化。这样李老师在引导评价的同时，也告诉其他同学：评价一定要具体明确，学习别人的优点不能一"好"了之。

片段八：幽默性评价

在李老师的这节课上，除了以上评价语之外，教师还用幽默性评价来调节气氛，拉近与学生之间的距离。

（教师念完下水作文后，学生热烈鼓掌。）

师：哎呀，从同学们热烈的掌声中，我发现，同学们不但语言表达能力强，语文素养高，更关键的是审美能力强！（笑声，掌声。）其实，老师只是抛砖引玉……

赏 析

苏联著名教育家斯维特洛夫认为："教育家最主要的，也是第一位的助手是幽默。"幽默能愉悦身心，活跃课堂气氛，让学生紧张的神经放松下来，从而更高效地学习。但是，我们课堂上的很多幽默往往不是真正的幽默，只是"贫嘴"，笑过之后索然无味。真正的幽默能让人思想拐弯后发笑，"出于事实本身的可笑"（老舍）。李老师对学生掌声的幽默性评价是真正的幽默，明夸学生"审美能力强"，暗赞自己下水作文写得好，让人在回味中开怀大笑。当然，李老师只是开个玩笑，他很快就很真诚地说："其实，老师只是抛砖引玉……"这让人感觉到，教师是一个有情趣的人，是一个真诚的人。我们的课堂也需要这样有情趣的语文教师，需要真正的幽默。

点评语也能飞扬精彩，让人沉醉。在分析李哲峰老师点评语的同时，笔者又一次获得了许多有益的启示，真心希望每一个教师的语文课堂上都能飞扬着精彩的点评语，升华着内容，激励着学生，活跃着气氛。

（河南省新郑市第三中学　贾会彬）

少与多：让学生由学会走向会学的艺术
——特级教师薛法根《哪吒闹海》教学片段赏析

课堂教学如何由关注文本内容向关注学习策略转变，从而帮助学生学会学习，这引起越来越多教师的重视。但是，语文学习是充满情趣的，对于学习策略如果只是抽象地讲，枯燥地用，死板地记，那语文学习的过程将不能唤醒学生的学习愿望，语文学习也就不能与学生的生命成长有机地融合在一起。特级教师薛法根所执教的《哪吒闹海》一课，能够真正将"教教材"转变为"用教材教"，发挥出教材的例子功能，在教学中时时将学习策略作为教学的根本，让学生由学会走向会学，展现了他过人的教学智慧和高超的教学艺术。下面撷取其中两个片段，与大家共同赏析。

片段一：取"少"

师：读完《哪吒闹海》这个故事，我们可以用几句话把它清清楚楚地说出来，这叫概述。其实不管多么复杂的一件事，都可以用三句话概述。哪三句话呢？第一句：哪吒为何闹海？第二句：如何闹海？第三句：闹了又如何？请你根据这三个问题，概述一下这个故事。

（生练习概述）

师：谁有这个本事？

生：东海龙王父子称霸一方，兴风作浪，哪吒决心治一治他们。（师插话：第一句）他来到海边，一摆混天绫，搅得水晶宫都摇晃起来；（师插话：这里用分号，继续）他一扔乾坤圈，一下子就把夜叉给砸死了；（师插话：还是用分号,继续)他一抖混天绫,就将三太子逼出了原形。(师插话:句号。这是第二句)从此,老百姓又过上了太平日子。(师插话:这是第三句)

师:谁还有本事说得不一样?

生:哪吒决心治一治胡作非为的东海龙王父子,(师插话:第一句简洁明了)便带着乾坤圈和混天绫来到大海边,他就是那么轻轻一摆、一扔、一抖,便打死了夜叉和龙王的三太子。(师插话:了不起!将三闹用三个"一"概括,的确有本事!这是第二句)从此,东海龙王再也不敢胡作非为,老百姓又过上了太平日子。(师插话:第三句)

师:有个小建议,两次用到了"胡作非为",重复了,可以换一个词语。

生:从此,东海龙王再也不敢兴风作浪了。

师:这样就完美了!谁还有本事概述?

(生概述,略。)

师:这三句话,为何闹?是原因。如何闹?是经过。闹了又如何?是结果。把原因、经过、结果说清楚,就把这个故事说得——

生:完完整整。

生:清清楚楚了。

简 析

概括能力是语文能力的一个重要方面。如何把长话进行短说,这是三年级学生面临的一个难点。难就难在如何取舍,学生总是觉得这也重要,那也重要,结果概括时或是眉毛胡子一把抓,或是以偏概全,没有突出要点。薛老师以三个问题作为引子,一下子把学生的注意点高度集中起来,为学生的概括作好铺垫,让三年级的学生能一下子找到概括课文的门道。在实践交流中,学生的概括既精彩,充满趣味,又有条有理,层次分明。这其实也是将概括的方法渗透在学习的过程中,教师最后的总结帮助学生进行了有效的升华。这样的取"少",是智取,更是巧取,学生在不知不觉中掌握着学习的方法,体验着学习的乐趣。

片段二：添"多"

师：怎样把一个故事讲得精彩呢？老师有一个法宝。

生：什么？（好奇）

师：概述的时候，我们把一个故事变成三句话；现在讲故事的时候，我们要把一句话变成三句话。有了这个本事，你就能把故事讲得栩栩如生了。我们一起来练一练吧！就看这一句："夜叉从水底钻出来，只见一个娃娃在洗澡，举起斧头便砍。"怎么变成三句话呢？

生：（齐读）夜叉从水底钻出来。

师：（板书）只见——

生：只见一个白白胖胖的娃娃在洗澡。

师："白白胖胖"，多好玩啊！这叫"形象"！夜叉看到后，（板书）就大喝一声——

生：你敢到海里洗澡，看我把你收拾了！

生：你敢在海里洗澡，我一定要把你杀死！

生：你敢在这里洗澡，一定是活得不耐烦了！

师：这句话说得真好！因为哪吒把水晶宫搅得不得安宁，天翻地覆，这不是找死吗？

生：你居然在龙王面前洗澡，你不想活啦？（众大笑）

师：谁在龙王面前洗澡啦？（众又大笑）

生：夜叉大喝一声，哪里来的小娃娃，居然在龙宫前洗澡，你不想活啦？还把我们的水晶宫弄得摇晃起来。

生：夜叉大喝一声，哪里来的小娃娃，竟然敢在水晶宫门前撒野？你活得不耐烦了！

师：大喝一声，"呔！"（众大笑）加一个"呔"字，就有声有色了！

生：夜叉大喝一声，呔，你这个小娃娃，在龙王的地盘上撒野，看我不把你收拾了！

生：夜叉大喝一声，呔，你个小娃娃，把我们的龙官搅得天翻地覆，我看你是不想活了！

师：（板书）哪吒转身一看，只见——

生：（继续练说）……

师：谁有本事，把一句话讲成三句话？

生：夜叉从水底钻出来，只见一个白白胖胖的娃娃在洗澡，便大喝一声："呔，你这个臭娃娃，居然敢在龙王的地盘上撒野，看我不把你收拾了。"哪吒转身一看，只见一个红毛的怪物凶神恶煞地盯着他，便笑着说："哈，哈，你想打我？还嫩了点。"夜叉一听便火冒三丈，暴跳如雷，举起斧头便向他砍去。（掌声）

（生讲述故事，略。）

师：一句话讲成三句话，这就叫具体、生动、形象！如果一个故事，把每一句话都变成三句话，好听不好听？

生：（齐）好听！

师：课后，我们要努力把一句话变成三句话，这就是讲故事。

简析

讲述故事力求精彩，"添油加醋"无疑是一种非常好的方法。由几个字的扶到整句话的放，学生说得有滋有味。故事在学生的讲述中生动起来，鲜活起来。在讲述的过程中，切实感受到什么才是真正的"具体、生动、形象"，既让学生把这则神话故事说精彩，也让学生内化讲精彩的方法。寓法于学的过程之中，学生一边在进行着实实在在的语言实践，一边在强化学习的策略，教学立足在学生的成长需要之上，也就更加具有生长力、生命力。如何帮助三年级学生开展富有实效的语言实践，更加灵活地掌握学法，薛老师的做法发人深省。

以上两则片段，取少，是概括学习的需要；添多，是讲述学习的需要。这其实在启发我们，教学首先要根据学习实际，采取切实可行的教学方法，立足实际，崇尚简单，做好学生学习的引路者、服务者，让学生学得有趣，学得有效，学得扎实，这离不开教师的全部智慧投入。其次，为何而教，这决定教学的出发点与归宿。把学生的成长作为唯一的价值追求，让学生成为课堂学习的主人，这样教学才真正关心学生学习的需要。帮助学生由学会走向会学，让学生在课堂上得言、得意、得法。还学于生，指向学生的教学，一切从学生视角出发的教学，这样的课堂才拥有生命。再次，语文学习是充满生机，也是灵活生动、饱含浓浓韵味的过程。那么，教学也应是丰盈、厚实、引人入胜的。时时跟随学生的脚步，用心倾听学生的声音，善于运用课堂的即时生成，点拨，激励，升华，把情意融入其中，把能力与方法蕴含其中，更把儿童的快乐与智慧的成长包容其中，这样的教学才能时时感受学生的"在场"，感受语文学习的无限魅力。

少与多，从字面上看，仅是一组反义词，而在薛法根老师的课堂上，却体现了深入钻研教材，紧扣文本学习特点，引导学生由学会向会学的教学艺术。大气，简约，智慧，朴实，灵动，这样的教学过程，难道不值得我们细细研究吗？

（江苏省苏州工业园区第二实验小学　张晓华）

智慧布白,让课堂生成精彩

——特级教师薛法根《槐乡五月》教学片段赏析

布白,也称留白,是指在艺术作品中为了更充分地表现主题而有意识地留出空白。借用这一概念,语文课堂教学同样讲究布白。语文课堂智慧地运用布白艺术,将增强语文学习的趣味和韵味,促进学生思维和语文能力的发展,并让课堂不断生成精彩。著名特级教师薛法根深谙其道,在教学《槐乡五月》一课时,就巧妙进行课堂布白,让课堂学习一路与精彩同行。下面撷取其中若干片段,与大家共同赏析。

片段一

师:老师非常高兴,同学们读得很好。看来,同学们都有良好的预习习惯。本来要求大家一起读的,看来现在不需要了。不过,老师有更高的读书要求了,你们知道吗?

生:我觉得应该是要读出感情。

师:课文怎样才能读出感情?

生:应该是全身心投入。边读边想象课文的情景,把段落的美读出来,好像人就在其中似的,这样才能把书读得像置身其中一样。

师:如临其境,边读边想象,这是一种读出感情的很重要的方法。

生:要读出感情,一定要深入感觉到课文美在哪里。

师:对,要找到一种感觉。真不错。

生:我觉得要完全沉入进去,让自己完全融入课文的内容里。

师：你真了不起，人家是想象，你是要融进去。

师：你们都很聪明。老师的要求你们都猜到了。今天，老师请大家做到四个字：边读边想，边读书边想象，课文描绘了怎样的画面，怎样的情景？要在脑海里浮现出形象。要思考并理解课文写了些什么，首先要读懂，这样才能想得生动、形象。读时要注意哪些词、哪些地方能给你带来甜美快乐的感觉。现在就请大家用心读书，边读边想。

生：自主朗读。

赏 析

以上环节是最普通的自读课文，按照以往的习惯教学思维，教师提出要求，学生带着要求读书。薛老师却另辟蹊径，即在自读前进行布白，给出空间让学生调动头脑中已有的读书方法，在交流中相互分享。通过学生的讨论，明确更高要求的读书需要做到哪些。学生的发言让人惊叹原来他们有如此好的方法积累。巧妙的布白把课堂还给学生，帮助学生获得更多学习方法的内化。最后，教师进行概括，发挥主导作用。应该说，这样的布白指向生成，同时也切实提高了课堂教学效益。

片段二

生：我有个问题。书上说：她们飘到哪里，哪里就会有一阵清香。这里为什么用"飘"，不用"走"呢？

师：这个问题有意思。红旗能飘，树叶能飘，小姑娘怎么能飘呢？哪个同学知道？

（生冷场）

生：用"飘"很美。和前面的"篮儿"一样是借代。

师：你再读一些小姑娘的句子。

师：大家明白了，其实这里的"飘"就是走的意思，但是为什么要用这个词？想想怎样的走才叫"飘"？老大爷老大娘能飘吗？显然不合适。到底什么样的走能用"飘"呢？

生：我觉得"飘"应该是走得快的。

师：对呀，老大爷老大娘走路慢吞吞的，是飘不起来的。跑的、快的，才能用"飘"。

生：像燕子一样走。

师：那是飞。

生：像燕子一样轻快。

师：对，又轻又快，这种感觉就是"飘"了。还有什么感觉？看前面两句话："衣襟上别着槐花，发辫上带着槐花。"

生：老师，我还想补充刚才同学所说的。"飘"说明她们心里很快乐。

师：痛苦的时候飘得起来吗？对了，脚步轻快，说明心里是非常快乐的。从这个"飘"可以读出小姑娘的快乐心情。刚才提出这个问题的是谁，现在懂了吗？再来读读这个句子，把快乐的心情读出来，注意这个"飘"。

生：读句子。

赏析

应该说，薛老师的教学完全体现了他一直以学生为本、课堂为学生成长服务的理念。这一环节的布白，是教师紧紧扣住学生的提问进行的现场生成。教师顺着学生的提问，接着把"皮球"踢给学生：红旗能飘，树叶能飘，小姑娘怎么能飘呢？哪个同学知道？这个问题强烈地激起学生思考探究的欲望，需要每一个学生"跳一跳"才能够摘到"果实"。在文本、师生、生生的不断对话中，学生不仅深入推敲这个字的意思，明白"飘"背后表达的意蕴，同时也对文本进行了细致的品味。教师智慧地布白，留下思考的时空，促进学生品悟文字的精准，带给课堂动态的生成，也带给学生一段美妙的学习过程。

片段三

师：课文学到这里，你来打个比喻，五月的槐乡似什么？五月的槐乡像什么？五月的槐乡如什么？你能把它比喻成一个美好的事物吗？

师：想不出来，拿出笔来写一写。写一句也行，两句、三句都行。（学生动笔写）

生：五月的槐乡似一幅画，五月的槐乡像一首诗。

师：能不能具体些，似一幅怎样的画，像一首怎样的诗？

生：似一幅雪白的画。

师：那就什么都没有了。

生：我写的是，似一幅活的画。

师：像一首怎样的诗？

生：一首美丽的诗篇。

师：不错，一首美丽的诗，优美的诗。

师：(对第一个生)你加上两个词再说一遍。

生：五月的槐乡似一幅活的画，五月的槐乡像一首美丽的诗。

师：很好。其他同学还有吗？

生：五月的槐乡像一颗明珠，似绿水上漂着的一只小船。

师：像一颗宝石，像一艘小船，表达了你的喜爱。

生：五月的槐乡似春天美丽的花园，像孩子们的天堂。

师：多好呀，像快乐的天堂。

生：五月的槐乡是槐的世界，是香雪海，是令人如痴如醉的画。

生：五月的槐乡似孩子们的乐园。

师：走进这个乐园，所有的孩子都能体会到槐乡的美，体会到那种独有的乐趣。

赏 析

  记得于永正老师说过，语文课堂一定要挤进写的时间。薛老师让学生通过写比喻句的方式，进行课文的总结升华。课堂里有学生写的过程，也有教师在对话中帮助学生提升写的能力的过程。其实，这是教师在课尾的布白，把动笔写的时间留给学生，把课堂的读和写真正落实到位。让学生的情感在写话交流中得到宣泄，课堂流淌着浓浓的语文的味道、情感的味道和诗意的味道。教师布白，带来的是学生的精彩，也给课堂注入了清新的空气。谁能否认，教师智慧地退后，把时间真正还给学生的课堂，是多么富有生机和活力啊！

  智慧布白，智慧课堂，无限生成，无限精彩，薛法根老师的课堂，值得我们细细品味，深入学习。

（江苏省苏州工业园区文萃小学　张晓华）

课堂智慧地涵养学生成长

——特级教师薛法根《大江保卫战》精彩片段赏析

著名特级教师薛法根的课朴实、大气、简约，平和之中处处蕴含着过人的智慧，常常令人回味无穷。下面撷取薛老师所执教的《大江保卫战》的精彩片段，与大家一同赏析。

片段一：悄悄唤醒内心感悟

师：谁会唱《国歌》？

（生唱《国歌》，掌声。）

师：你听了这首歌有什么感觉？用一个恰当的词语形容一下。

生：雄壮，好像看到义勇军战士在枪林弹雨中勇往直前的情景。

生：……

师：这首歌雄壮豪迈，振奋人心。那么，谁会唱《小燕子》？

（生唱《小燕子》，掌声。）

师：你听了这首歌又有什么感觉？用一个恰当的词语形容一下。

生：很甜美，感觉小燕子很可爱。

生：……

师：《国歌》是豪放之美，而《小燕子》是柔美。音乐讲究乐感，语文讲究？

生：语感。

师：对啊！读一读课文中的这些词语，你有什么感觉？用一个恰当的词语形容一下。

（出示词语：第一组，日夜兼程、堤坝鏖战、劈波斩浪；第二组，气壮山河、惊心动魄、铮铮铁汉。）

生：（读词语）我感觉很有气势，很有力量！

生：（读词语）我感觉气壮山河，震撼人心！

师：所以，朗读时应该声高、气满，节奏明快，刚劲有力！你再读一次！

（生读得很饱满，掌声。）

师：感觉如何？

生：大声读才能表现那种气壮山河的气势。

师：你找到语感了！大家一起像她那样读一读！

（生齐读，很有气势。）

师：这篇课文中还有很多这样的词语、句子，用心读一读，体会一下这种气壮山河的气概与精神。（生投入地大声朗读，教师巡视。）

赏 析

如何让学生读好词语，薛老师的高明之处在于让学生由乐感迁移到语感，他并没有纠结于词意或读的技巧指导，只是让学生凭内心的感觉来读。这似乎没有指导，可课堂效果却出奇得好。应该说，教师把指导润物无声地渗透在教学之中，由歌曲的感觉悄悄地唤醒学生对词语的自我感悟，搭起学生情感与词语朗读的桥梁，因而能够让学生沉浸到词语中去，声情并茂地用声音表达自己对词语的理解。同时，以词串的方式来分组出示，增强教学效果，优化积累过程，并让学生带着读词语的感受走进课文。这样的教学高效地引领着学生的语文学习，并智慧地促进学生的成长。

片段二：无痕揭示写作秘密

师：四百多名官兵，"一声令下"，就成了"一条长龙"，就成了一道钢铁长城！你再读读下文，还有类似的地方吗？

…………

师："一声令下""一条长龙""一个念头""一道人墙"，同学们，你发现什么没有？

生：都有一个"一"。

生：四百多人就像一个人一样。

生：表现战士们的齐心协力。

师：对啊，四百多名官兵凝聚成了一股力量，这力量足以撼动天地，挡住滔滔洪水！这段中还有这样的"一"吗？

生：有一副对联是"风声雨声涛声，声声震耳；雨水汗水血水，水水相融"，这是人民子弟兵在这场惊心动魄的大决战中的真实写照。

师：从没有"一"的地方读出了"一"，有眼光！

生：战士们高声喊道："狂风为我们呐喊！暴雨为我们助威！巨浪为我们加油！"这是战士们的一声呐喊！

师：作者就是通过六个"一"，表现了四百官兵如一人，凝成一股绳，无坚不摧，勇往直前！好好体会一下这六个"一"，读一读！

赏 析

课文是如何写出解放军战士的精神的，如果由教师来一步步地分析，既无形中肢解了课文语言的整体美，又不能真正让学生理解作者的用义。薛老师另辟蹊径，让学生来感悟语言，寻找体现解放军官兵精神的语句，边交流边引导学生发现作者在描写中体现的"一"，揭示出课文中的"六个一"。这一方面引导学生理解文本内涵；另一方面，更重要的是，找到打开语言密码的钥匙，即知道作者是如何写的，既关注语言内容，又关注语言形式。这样无痕却深刻的教学过程，实在令人感叹薛老师教学艺术的高超。

片段三：有效渗透学习策略

师：老师听了你们的朗读，也想读一段。（生掌声）不过，不是第四自然段，而是第五自然段。（师动情地朗读第一句）看来读得不太好？

（生鼓掌）

师：谢谢同学们的鼓励！这一句写什么啊？

生：战士们奋不顾身驾着冲锋舟救群众。

师：这里没有群众啊？

生：这里"飞向漂动的树梢，飞向灭顶的房屋，飞向摇摇欲坠的电杆"就是说战士们到这些地方去救群众。

生：群众被洪水围困在漂动的树梢上，灭顶的房屋上，摇摇欲坠的电杆上。

师：啊，你看到了吗？

生：看到了。

师：读书需要透过语言文字表面的意思，读到隐藏的、没有直接告诉你的那层意思：救群众！继续往下听。（师读第二句，生掌声。）这一句写的是什么？

生：人民子弟兵从洪水中救出了幼儿教师周运兰和小江珊。

生：不仅仅救了这两个人，还有像她们一样被洪水围困的群众。因为这里有一个省略号，说明还有很多人被救了。

师：（对第一个学生）救群众！你听了有什么启发？

生：我只看到了表面的意思，没有想到还有其他的意思。

师：认识到这一点就是进步，要善于从字里行间读到隐含着的意思，这是不容易的。再往下听。（师读第三句）这一句写什么？

生：救群众。

师：这里没有写救啊？

生：哪里有洪水，哪里就有军旗飘扬；哪里有危险，哪里就有军徽闪耀。军旗、军徽就是代表解放军；哪里就是代表解放军到这些地方救人。

生：这里没有说到哪里救，其实就是哪里有被围困的群众，就到哪里救。

生：救群众的意思是藏在句子里的。（掌声）

师：你们越学越聪明了。继续！（师读第四句）这一句写什么？

生：（齐答）救群众！

师：这一小节的4句话，每一句都是写救群众，不是重复了吗？你再读一读，想一想……

赏析

薛老师的教学看似简单，却如曲径通幽，渐入佳境；犹如一杯清茗，愈品愈有味。崔峦先生说，语文教学要将对文本内容的学习转向对学习策略的学习。笔者以为,策略的学习同样需要艺术。机械地灌输,不仅不能让学生学有所得,也会让语文课失去应有的韵味。一句巧妙的点拨,一次真心的鼓励,一回有效的迁移,就是在语文课上一遍遍地渗透、内化、运用学法,把学习语文的策略慢慢转化为学生切实的能力,为学生终身学习打下扎实的基础。

  课堂智慧在哪里?薛老师的课能够启发我们,关注学情,吃透教材,立足学生语文素养的提升,为学生的终身学习服务。也许,这是创生教学智慧的起点,也是有效进行语文教学的前提。

(江苏省苏州工业园区文萃小学 张晓华)

有境界，自成高格

——特级教师靳家彦、于永正两则教学片段赏析

片段一

著名特级教师靳家彦在教学《陶罐和铁罐》一课时，有这样的教学设计，让学生仿照课文，根据自己的认识编一则寓言，先想好要告诉别人一个什么道理，再创编一个故事，说明这个道理，给人以启迪和教益。大约写了15分钟，学生进行交流。最后一个学生的交流过程是这样的：

生：老师，我读读我写的这篇可以吗？

师：可以，题目是什么？

生：《梅花和雪花》。

生：（读）美丽的小花园里，种着几株梅花。梅花不畏严寒，静静地开放，飘过阵阵幽香。下雪了，晶莹的雪花飘飘洒洒，那么洁白，那么可爱。梅花看了看，傲慢地问雪花："你有我香吗？"雪花也不服气，讥笑梅花："等到你变得像我一样洁白再和我说话吧！"这时，走过来一只大狗熊……

师：停！这么美妙的意境怎么出来个大狗熊呢？改成"这时，一位诗人踏雪寻梅而来……"

生：这时，一位诗人路过这里，听到他们的对话，停了下来，对梅花说："你有雪花白吗？"梅花说："不如她白。"诗人又对雪花说："你有梅花香吗？"雪花说："没有她香。"诗人说："不要用自己的长处去耻笑别人。"

师：结尾不太好，我建议你用这首诗结尾，你看好不好？

板书：梅雪争春未肯降，
　　　骚人搁笔费评章。
　　　梅须逊雪三分白，
　　　雪却输梅一段香。

赏析

由以上教学不难看出，这是课堂的真实教学情境，是顺着学情自然而然产生的精彩生成。应该说，这首诗在这里与学生的写话无痕地衔接在一起，并起到画龙点睛的作用。教师的境界，让课堂拥有了浓郁的底蕴，有了只有语文课堂才有的味道。

片段二

无独有偶，在全国著名特级教师于永正执教的《第一次抱母亲》中，在帮助学生理解"重担"和"翻山越岭"一词时，也有这样的让人印象深刻的片段。

师：谁来读第二段？后面的女同学。

（生读第二段，师板书：重担。）

师：多好！一个比一个棒！请坐下。同学们，歌德说：会读书的人用两只眼睛，一只眼睛看着书的文字，另一只眼睛看到纸的背后。也就是说，要读懂文字所包含的意思。当我们用两只眼睛去读"重担"这个词的时候，它仅仅指那一百多斤重的担子吗？母亲肩上挑的到底是什么？请你们静下心来，默读，一边读一边思考，要和生活联系起来，会理解得更加透彻。

生：是为了养活一家人。

师：是的，她挑起了一个家庭。

生：挑起的是母爱。

师：是的，她用自己所有的爱把一个家庭承担了下来。还有吗？

生：所有的负担。要照顾孩子，还要关心老人，要劳动，还要去挣钱。

生：责任，是必须承担的责任。

师：必须承担的责任，是的，这就叫用两只眼睛看。同学们坐好，听我说，"哺乳三年娘受苦，移干就湿卧娘身"，说的是母亲抚育子女的艰辛；"儿病恨不将身替，调理汤药不离身"，说的是孩子生病时母亲的焦虑和照料；"昔孟母，择邻处，子不学，断机杼"，说的是母亲为子女教育的巨大付出；"慈母手中线，游子身上衣。临行密密缝，意恐迟迟归"，说的是儿女即将远行时母亲的牵挂。同学们，这就是母亲肩上担子中的东西。她挑的担子是子女、家庭和社会的一部分。这就是她挑起的责任，重大的责任，是大半边天啊。母亲是用80多斤的身体承受着这么重的担子啊！（讲到这里，师把"重担"和"89斤"这两个词用线连在一起）这就是母亲，我们的母亲。当我们这样理解了"重担"之后，再来看"翻山越岭"，还仅仅是"翻过一道道山，跨过一座座岭"吗？请你静静地默读，想好再发言。

生：很艰辛地翻山越岭。

师：这个"翻山越岭"指的是什么？

生：越过一道道难关。

师：是。还有吗？

生：人生的坎坷。

师：是啊，坎坷的人生，不易啊。

生：克服一个个磨难。

生：走出一个个黑暗。

师：人生中有无数黑暗，无数曲折。

生：走出生活中的大山。

师：这是诗。走出生活中的大山。好，当我们这样理解"重担"的时候，对"翻山越岭"的理解也和刚才不大一样了。这是母亲带着全家走过艰辛曲折的道路，是生活中的大山。同学们，这样读书，就是"煮书"，就是真正用心去读，用两只眼睛读。

赏 析

以上是于永正老师教学两个词语的过程。歌德对如何读书的点拨，引导学生学会从文字的背后读出理解；古人诗句中母亲抚育儿女的真实写照，唤起学生的情感共鸣；"煮书"这一读书方法的渗透，帮助学生学会读书。每一环节的设计无不体现了于老师对语文教学的独到思考。古今中外的诗词名言，皆能为我所用，恰到好处，这也体现出于老师深厚的人文教学底蕴。有了这样的底蕴，这节课才能让人感受到于老师炉火纯青、形神兼备的境界。

  其实，如果细观每一位名师的课，我们会发现正是名师所具有的底蕴，打造了属于他们的教学境界，才让他们的课堂出神入化，令人叹服。当下，我们的课堂教学追求教学设计的新意，教学现场的灵动，教学效果的高效。很多教师确实把每一篇课文研究透彻，重视教法选择，关注学法渗透，希望能够带给学生一次次难忘的语文学习之旅，让学生的生命与语文共成长。这样的出发点无疑是正确的。可是，对照名师的课堂，我们是不是还要想一想，如何让我们的课堂更有境界？这需要我们做一位有底蕴的语文教师。有底蕴，自有教学境界，课堂上也许才能够真正实现我们想要的样子。对此，我们不仅需要思考，还需要行动。从今天开始，从每本书的阅读开始，从每次的专业学习开始，从每节课的教学开始，让我们一起向有底蕴的语文教师迈进。让我们时时记得，语文课有境界，自成高格。

（江苏省苏州工业园区文萃小学 张晓华）

第 2 篇

主题创新

"趣"字当先 "活"字为法

——浙江省青年名师陆青春漫画作文教学赏析

在教学过程中，笔者发现学生描述画面内容并不难，难就难在由漫画引发联想，由此及彼，由表及里。其存在的主要问题有：不能从漫画标题入手洞察主题；不能从漫画画面入手挖掘主题；不能从漫画画注透视主题；不能从生活实际入手感悟主题。漫画作文其实是对小学生写议论文的一种启蒙。如果不打好小学生漫画作文写作的基础，将来他们到了初中写作议论文就有一定的难度。问题找到了，但我们始终找不到解决的办法。在一次省级教研活动中，笔者听了省级语文教学名师陆青春的课后，茅塞顿开。

片段一：营造浓厚气氛，激发审画兴趣

（一）漫画加故事，吊足学生胃口

师故事引入：1947年年初的一个夜晚，大雪纷飞，北风呼啸，张乐平顶着刺骨的寒风从报馆回家，走到弄堂口，看到雪光映照的昏暗墙角里，有三个骨瘦如柴的流浪儿。他们紧紧地依偎在一起，上身披着破麻袋片，下身穿着破烂不堪的单裤，围着一个小铁罐点火取暖。为了不使这几块拣来的煤渣熄灭，三个孩子轮流向罐头盒里吹气。第二天清晨，当张乐平外出时，发现昨晚的三个孩子中两个冻死了。远处积雪的马路上，一辆收尸车在缓缓地行进着。一只只僵硬的小手小脚伸出车外，随着车的颠簸，凄凉地颤动着……

"这是什么世道！"张乐平的心在悲泣呼号。经过痛苦的思索，张乐平开

始创作《三毛流浪记》。不朽的流浪儿形象三毛,终于向人们走来了……

(二)欣赏大师漫画,进一步感受漫画特点

(1)欣赏丰子恺的画。

师:(出示画作)这是中国另一位漫画大师——丰子恺的作品《向后转》。

(2)欣赏华君武的作品。

师:(出示画作)这是中国著名漫画家华君武的作品《与落叶齐飞》。

(3)欣赏埃·奥·卜劳恩的漫画。

师:(出示画作)这是德国著名漫画家埃·奥·卜劳恩的漫画《父与子》。

(三)仔细观察,谈自己的发现

师:请选择其中一幅,用自己的话描述你看到的画面,然后说说从漫画中感受到了什么?

(根据学生说的,板书漫画的特点:讽刺、教育、幽默。)

师:看了这几幅漫画,它们都有什么共同点呢?

师:(小结)是呀,漫画非常诙谐幽默,却发人深省。我们看漫画不仅要看到一幅幅生动的画面,更要思考画面所蕴含的意义。

赏 析

这一教学过程,基于学生爱听故事的天性和爱读漫画的特点,引起他们的生活体验和共鸣,因势利导,拓展视野,循序渐进地提升学生的读图能力。学生对漫画不再是单纯的"读图喜好",而是有了一定的理解和体悟。由于漫画都是对现实生活的直接反映,抓住了生活中的"热点",把生活中的人或事通过讽刺性、教育性或幽默性的图画转化为艺术美。就像著名漫画家方成所说的:"漫画是艺术品,也可以挂在墙上供人欣赏。"这就让学生不知不觉地爱上了漫画。有了浓厚的漫画氛围,原先惧怕写作文的学生,对选材自由的漫画作文产生兴趣,感触到浓郁的生活气息。学生就能丢掉过去的思维习惯,在课堂上跃跃欲试，觉得心里有话可说，笔下自然就有文可写了。

片段二：指导解读漫画，学会有序表达

有了对漫画的初步理解，带着探究漫画的浓厚兴趣，带领学生走进语文书中的漫画，进行细致的观察和描述，便是水到渠成的事情。课堂上，教师是这样引导的。

（一）获取画面信息

师：同学们，我们语文书上的这幅漫画也很有意思，自己看看，仔细观察：图上主要有哪些人和物？他们之间有什么关系？同桌交流所看到的画面。

（二）描述画面

师：你们看清图上画了哪些事物吗？

生：漫画上有一大片森林，一个人在树林里砍树，一只啄木鸟在啄他的脑袋，还说这段木头里一定有虫。

师：你能将看到的事物说得更具体些吗？比如，这个人的外貌怎么样？他是怎样砍树的？啄木鸟说话时的心情如何？

生：这是一片茂盛的树林，有个叼着烟、长着榆木脑袋的人挥舞着斧头砍向一棵参天大树，大树已被砍出了缺口。一只啄木鸟停在他的肩上，奋力地啄他的榆木脑袋，愤怒地说："这段木头里一定有虫。"

师：好一个榆木脑袋，形象地点出了此人的不开窍。要把画面描述得精彩，还需要展开合理的想象。谁再来说说这幅漫画。

生：在一个寂静的森林里，突然传来"咔、咔、咔"的声音，十分像锯床腿的声音，听着就让人难受。这是怎么回事呢？原来是一个嘴里叼着香烟的人挥舞着一把斧子在砍伐树木。他睁大贪婪的双眼，仿佛想将这树林的树全部砍完，据为己有！这时，从树上飞下来一只啄木鸟，落到了砍伐树木的人的肩膀上，用它那有力的喙啄了一下砍伐树木的人，一边啄一边愤怒地说："这段'木头'里一定有'虫'。"

生：一个嘴里叼着烟的人，气势汹汹地走向树林，手里握着一把大斧头。他走到一棵树前，挥着斧头砍起树来。他吐着烟圈，得意地说："太好了，这下可以把这些树木拿去卖钱了，我可以把钱拿去买香烟、买酒，哈哈哈哈！大棒了！"突然，一只啄木鸟扑打着翅膀，飞快地朝这个砍树的人飞来，停在他的右肩。啄木鸟用它锋利的嘴狠狠地啄了一下那个像木头似的、长长呆呆的脑袋。啄木鸟一边啄着，一边说着："这段木头里一定有虫子！"

生：有一个拥有长木头脑袋的人，嘴叼香烟，全力挥动斧头，用力地砍伐树木。他的身后，已经有不少大树躺在了地上。一根根大树桩露出一道道清晰的年轮。突然，一只啄木鸟从远方飞来，站在这个人的右肩膀，说："这段木头里一定有虫，我要把它啄出来。"这人名叫王强，是一家木材厂的员工。他得知大树能卖个好价钱，居然起了贪心，偷偷上山砍树。王强听到啄木鸟的叫声，竟然一把抓住了啄木鸟，恶狠狠地说："哼！你这只蠢鸟！说我脑袋里有虫，你脑袋里才多得是虫！还想阻止我砍树，就凭你这只蠢鸟，门都没有。"说着，他打死了鸟，更加肆意地狂砍起来。

生：这幅漫画画的是一个嘴里叼着香烟的人，正用力挥舞着斧子砍树。这时远处飞来一只啄木鸟站在他的肩膀上，用力地啄着他那木头似的头说："这段木头里一定有'虫'。乱砍滥伐只会让地球越来越虚弱，最终灾难还是会降临到你们人类头上的。"

师：同学们不仅观察得细致，而且想象非常丰富，既说到了图画所呈现的内容，又丰富了故事情节。

赏 析

叶圣陶先生说："口头为语，书面为言。文本于语，不可偏指，因合而言之。"任何一种语言都分为"语"和"文"两部分。"语"的表现是听说，实质是语言思维的运用。"文"的表现是读写，实质是语言思维的书面表达。学习语言的规律是先"语"后"文"。口头语言是基础，只有在切实进行口头训练的基础上才能发展学生的书面表达能力。所以，引导学生先说一说，能为接下来的习作打好基础。课堂上，教师不仅要引导学生学会仔细观察，看清画面上的事物，更要学会找出事物之间的内在联系，找出画面主角，进行合理推测和想象，使静止的画面"动"起来，变成一个有血有肉的故事。这就需要教师在课堂上不断引导，让学生交流他们想到的故事。学生的交流，既是表达自己的思想，也是给其他学生一个参考的范例，帮很多写不具体、写不生动的学生拓展思维，补充语言素材。

片段三：把握画面主旨，表达真情实感

（一）因势利导，引发联想

漫画人人爱看，但内涵却不见得人人都懂。这时需要教师的几句点拨，帮助学生看清画面的意图，引导他们阐述自己的想法。

师：刚才有一只啄木鸟说的话与众不同，它说："这段木头里一定有'虫'。乱砍滥伐只会让地球越来越虚弱，最终灾难还是会降临在你们人类头上的。"其他同学猜猜，啄木鸟为什么会这样说呢？

生：乱砍滥伐导致大片树木被砍伐。树木减少，无法涵养水源，造成了水土流失。要知道，森林的消失，也是黄河断流的重要原因。而黄河断流，严重影响当地人们的用水。

生：地球上不断出现沙尘暴、洪水、泥石流的现象。为什么现在这些灾难越来越频繁呢？主要还是我们人类破坏环境的恶果。毁灭森林就是其中之一。

生：人类生活所需要的水资源、森林资源、大气资源，本来可以再生。可如今，被人类破坏得已经很难修复了。应该让砍伐者看看破坏森林的危害。

生：俗话说："善待地球，就是善待自己。"如果那位王强叔叔还在的话，我一定会对他说："叔叔您好，我是来自城市的学生。我觉得您的行为让我们害怕，让地球母亲感到难过、伤心。您应该知道，大地不属于我们，我们属于大地。像您这样随便乱砍滥伐，地球母亲终究会毁灭。到那时，我们人类将随之消失在地球上。"

（二）补充资料，丰富素材

（教师出示收集的有关森林资源的材料，引发思考：由此，你又想到了什么？）

思考：森林资源是地球上最重要的资源之一，是生物多样化的基础。它不仅能够为生产和生活提供多种宝贵的木材与原材料，能够为人类经济生活提供多种物品，更重要的是，森林能够调节气候，保持水土，防止和减轻旱涝、风沙、冰雹等自然灾害。它还有净化空气、消除噪音等功能，是天然的动植物园，哺育着各种飞禽走兽，生长着多种珍贵林木和药材。森林可以更新，属于再生的自然资源，也是一种无形的环境资源和潜在的"绿色能源"。联合国环境规划署报告称，有史以来，全球森林已减少一半，主要原因是人类活动。

（三）"因画生情"，由此及彼

师："这段木头里一定有虫……"这"虫"到底是什么呢？

生：这虫是那些利欲熏心的人。他们不肯脚踏实地地工作，只为了谋取利益便随意破坏森林。

生：这虫是所有破坏森林资源的人，他们不知道森林资源的重要性，只图眼前利益。

师：这幅漫画中，作者要批判的就是那些只图个人利益、随意砍伐树木、破坏环境的人！到这里，漫画对你还有其他启发吗？

生：我知道画家不仅是批判那些利欲熏心的人，更是提醒我们，善待地球就是善待自己，拯救地球就是拯救未来。

师：你真的是画家的知音啊。

生：我知道作者正在向人们呼吁保护树木，保护生态环境，但存方寸地，留与子孙耕。如果我们现在乱砍滥伐，毫无节制地利用地球资源，其实是自我毁灭！

师：同学们不但看懂了画面内容，更理解了画面蕴含的道理。请你们借助漫画写个故事，记得不仅要写清楚看到的，还要把联想到的、体会到的都写出来。

（四）类比学习，引导方法

师：这次习作是看漫画写作文。漫画的特征是引人开怀，发人深省，启人心智，也就是通过漫画来告诉我们一定的道理。那么，我们可以用上哪些写作方法呢？课文《只有一个地球》中有一段告诉我们：但是，同茫茫宇宙相比，地球是渺小的。它是一个半径只有六千三百多千米的星球。这里用了——

生：作比较、列数字的说明方法。

师：在群星璀璨的宇宙中就像一叶扁舟，又用了——

生：打比方的说明方法。

师：还有，地球所拥有的自然资源是有限的。拿矿物资源来说，用了——

生：举例子的说明方法。我们在写作时也可以用上举例子、打比方、列数字、作比较等说明方法，还可以用上比喻、拟人等修辞手法，一定要联系生活实际思考问题。

赏析

从片段一、二看，学生对森林资源的重要性肯定有一定的了解，但是他们的了解是零碎的、不系统的。适当给学生补充相关知识，能为学生写作提供有力保障，让学生说有所"据"，言之有"序"。

从片段三、四看，由直观画面引发学生对这类想象的思考，并能对事情进行评价，是这次习作的目的。学生已经由表述故事内容迁移到体会漫画所表达的意义，用自己的话发表评论，其实已经是议论文的雏形了。

由画悟意　个性表达

——以六上第四单元"漫画作文"为例谈小学漫画作文指导策略

漫画是一种雅俗共赏的视觉艺术，它不仅有画面的可视形象，而且有诙谐机警和隽永的语言，妙趣横生，发人深省，在高雅和逸趣昂然的气氛中，使学生在深沉的微笑中得到启迪。同时，它又能激发学生想说的冲动，调动学生想写的欲望。漫画也为学生提供了一个活生生的习作体验环境，提供了取之不尽的习作源泉。

笔者认为：漫画作文教学过程中，首先要让学生懂得什么是漫画，漫画的作用是什么。这是非常重要的，否则难以激发学生读漫画、说漫画、评漫画、写漫画的兴趣。教师出示具有讽刺意义或者表扬意义的漫画，让学生充分地读漫画，可以一个人静静地读漫画、想内容，也可以同桌大声地读漫画，交换对图画的理解，并且说说漫画的图意、内涵。只有这样，才能让学生掌握什么是漫画。

漫画作文教学的主要内容是作文，而不是读、说漫画。因此，教师在指导学生读漫画和说漫画的基础上要引导他们写漫画。怎么写是关键，主要突出三层意思：第一层是写漫画的表面意思，即画了什么，要求写出画面里的人物语言、神态以及与相关事物的关系特征；第二层是写漫画背后的意思，即这幅漫画会令人想到什么，要求学生凭借生活阅历和时事背景，懂得漫画中夸张的意思，理解画面上仅有的几句话的含义；第三层是写出漫画家画这幅漫画的用意，即他到底为什么画，从中引导学生关注生活、关注社会热点。如果学生能够达到写作的这三层意思，那他不仅达到了漫画作文的要求，同样也遵循了漫画家的意图。

我们把人教版小学语文三篇漫画作文作一个比较（如下表）：

学　段	漫画内容	漫画呈现的形式	作文训练的形式	写作能力达成目标
人教版课标实验教材第九册五年级（上）第四单元习作训练	《文明只有一步》	多幅漫画（组图）	写作方法可以多种多样：可以直接写漫画给自己带来的启示；也可以根据画意编一个故事，让读故事的人自己去体会漫画的含义。	侧重培养学生的观察能力、想象能力、语言表达能力，也注意到学生判断是非等思维能力的训练。
人教版课标实验教材第十一册六年级（上）第四单元习作训练	《这段木头里一定有虫……》	单幅漫画（一个人）内容简单	在看懂漫画内容的基础上写出你的理解和感受。	注重学生观察能力、理解能力的训练，开始关注学生的评价与创新能力的培养。
人教版课标实验教材第十二册六年级（下）第一单元习作训练	《假文盲》	单幅漫画（一群人）内涵丰富	把这幅漫画的图意以及你的想法写下来，题目自己定。	开始培养学生对漫画的鉴赏能力，归纳、演绎等推理能力的训练，进一步培养学生的发散思维与求异思维能力。

可以看出：到了五年级上学期，漫画作文才出现。为什么到这个学段才出现漫画作文呢？因为这一学段的学生言语活动形式已经由家庭、学校伸向社会，人际联系逐渐成为他们的主导活动。他们需要对周围的人、事及社会现象作出自己的判断，形成自己的看法，即具备一定的议论能力。漫画作文既提供了一定议论写作的情境，又不同于一般的看图作文。它不是简单地把图意写下来，而是要写自己从图画中得到的启示。当然，小学第一篇漫画作文《文明只有一步》，其写作训练主要是描述画面内容和依据画面内容想象的故事情节，可以在文章结尾写点议论性的文字，表明自己从中得到的一点启示。毕竟漫画内容只是人与生活小环境的关系，又加上这是一组漫画，事情的主要经过和结果基本固定，学生编写故事的难度不大。写作训练侧重培养学生的观察能力、想象能力、语言表达能力，也注意对学生判断是非等思维能力的训练。

到了六年级上学期，漫画的呈现方式出现明显的变化，是以单幅图提供的画面。这样的单幅图，画面内容不可能十分完整、具体，也不可能交代清楚事情的发展变化过程，更不可能再现动作的连续性。所以，学生必须根据画面所提供的事物（也许是故事的开端，也许是故事的结局，也许只是故事发展过程中的一个细节）生发开去，放飞想象的翅膀，丰盈画面内容及画外意蕴，让漫画内容与画面外的现实生活相符。不过，这一学期编者呈现的画面仍是一幅带有浓郁故事性的漫画。我们可以引导学生依据画意，作一些推想：图中的这个人为什么要砍树？砍树之后做什么？后来，他的生活发生了什么变化？这个森林发生了什么变化？等等。写作时，我们要告知学生可以"借助漫画写一个故事，只不过写的故事中要表达'珍惜资源，保护环境'的意旨"。学生弄清漫画的主要内容以后，写作过程中必定要对画中的人、事发表自己的看法，作出自己的主观评价。所以，议论的训练涵盖在文章的写作之中。六年级上学期的这篇漫画作文明显比五年级上学期的《文明只差一步》多了创新意识的渗透，议论的层次也更高。虽说单幅图人物不多，内容也不复杂，但它所反映的是人与大环境的关系，解读和诠释单幅图比多幅图的难度明显加大，自主发挥的空间也更大。学生对故事结果的预测呈现多种不确定性，获得的理解和感受也是多元的。

第三次漫画作文出现在六年级下学期第一单元，训练间隔时间明显短了很多。这次编者提供的漫画完全不同于上述故事性的漫画，纯粹是画家从实际生活中取材，通过夸张、比喻、象征的手法，来批评、讽刺或揭露生活中那些仪表堂堂、生活优越但公德意识较差的一类人群。画面反映的是人与人的社会关系，写作训练要求学生将画的图意与现实生活联系起来，并从个别现象推及一般的社会公德建设状况，又从一般的社会现象联系自己或周围人的做法。议论的训练自然上升到归纳性推理和演绎性推理上来，这是议论文写作必须具备的两种思维能力。它为学生进入初中独立写作议论文和写作独立的议论文打下基础。这次单幅漫画作文有意识地架构起议论文写作的模式，要求学生通过已有的生活经验，对漫画反映的社会生活现象作出判断，达到对现实生活现象本质特征和联系的认识，从而培养学生对漫画的鉴赏能力，加强归纳、演绎等推理能力的训练，进一步培养发散思维与求异思维能力，形成正确的人生观、价值观和社会道德责任感，铺就人生的底子。

怎样引导学生走近漫画，欣赏它独特的幽默，让学生受到智慧的启迪和高尚情感的感染呢？

一、漫画作文与阅读教学的联系

小学课本中，不仅有议论文《为人民服务》《真理诞生于一百个问号之后》等课文，还有大量的借物喻人的文章。这些都是指导学生写好漫画作文的基础。教学漫画作文，要善于借助这些素材为学生铺设台阶。

二、漫画作文要"趣"字当先

为激发学生学习兴趣，一上课，教师要让学生展示自己收集的不同风格的漫画，先给学生以视觉上的享受，调动学生的学习热情。具有强烈讽刺性和幽默性的漫画，对学生的视觉和心灵具有很强的冲击力。打开一幅幅生动有趣的漫画，生活的气息就会扑面而来，学生喜闻乐见，兴味盎然。当学生畅所欲言说图意、说联想，还没有意识到是在学习时，教师已经在学生不经意间，引导他们进入读懂漫画的学习过程，达到"润物细无声"的境界。

三、漫画作文要"真"字为重

漫画作文不但符合现代语文教育思想，而且符合学生的心理特点和认知结构特点。实践证明，漫画作文这种训练方式，避免了传统作文过分求同、比较单一的弊端，符合小学作文教学从内容入手的基本原则，也体现了小学作文要以儿童的实际生活为内容，提倡说真话、抒真情的现代作文教学观。漫画特有的"口吐真言"的表现形式，对于培养学生说真话、写真事的作文风格，培养学生的观察力、想象力和创新能力具有得天独厚的作用。六年级学生已有一定的生活感受和生活阅历，但大多是经验性、零碎的片段。通过漫画作文，使学生对生活的认识有一个从感性到理性的飞跃，领悟到生活的本质，有话可说，有情可抒。

漫画作文要达到"真"，首先要注意在选材上选自己熟悉的材料，这样才能做到旁征博引，思路开阔，才能写得深、写得透。其次，注意思维方式的运用，如逆向思维法，即从与材料内容或题目相反的角度去思考，一反传统看法，想出与之相对或相反的观点。再如联想引申法，即由此及彼、由表及里地联想类似事理,切不可就画谈画。总之,要灵活地采用不同的思维方式处理不同的材料。

四、漫画作文要"活"字为法

漫画是反映现实生活的窗口,讲究"以形写神"。形,即用线条构成的画;神,即画面背后的思想内涵。因此,我们理解画面不仅要看清画面上的人物、环境、事件和画面的主次布局,更重要的是,理解画面的寓意和深刻含义。所以,看完后不要一笑置之,要在这个基础上产生广泛联想,表明自己对此的想法和态度,确定文章中心。也许,你会由画面产生更多的想法。同时,注意所写内容一定要与画面有关。

首先,仔细观察漫画,弄清画面的含义,抓住画面的主体。漫画作文中,画面的主体往往是人物。要从画面中人物的形体、相貌、服饰等,弄清人物的性别、年龄、身份;从人物的表情、动作,推测人物的思想面貌,以及他在干什么;还要观察周围环境,弄清事件发生的时间、地点以及和事件有关的物品。

其次,根据画面内容,进行合理想象,使画面"动"起来,从而形成一个完整的小故事。画面上有人物,有景物,有色彩,但没有声音,也不会动。漫画作文则要求借助图画提供的形象,联系自己的生活经验进行合理想象,把图上的人物写活,把事情的来龙去脉交代清楚。写人、记事、写景、状物不仅要有色,而且要有声;不仅要有事物的静态,而且要有事物的动态;不仅要有人物的外貌、神态,而且要有人物的语言行动及人物的思想感情。总之,要把静止的画面"活动化",把平面的事物"立体化"。但想象不是盲目的,要有目的,绝不能脱离画面,任意发挥。

最后,认真安排内容,谋篇布局。写作时,要按照从整体到部分、由远到近等顺序,做到言之有序;抓住重点,突出中心;在语言表达上,既要有连贯的叙述,又要有形象的描写,达到生动、形象表达画面内容的目的。完稿后,再对照漫画反复阅读,认真加以修改。这样,一篇好的漫画作文就产生了。

通过以上步骤指导学生解读漫画,使学生学会欣赏漫画,以后碰到其他漫画作品就触类旁通、迎刃而解了。但是,如果只是到这一步还不行,还应掌握写作方法。

一是善于悟意。所谓"悟意",就是领悟漫画的深刻寓意。不管写哪一类漫画作文，把握寓意都是第一关。怎样"悟意"呢？首先，理解画面意义，正如阅读文字材料先要读懂文字的表现意义一样，审读漫画同样要摸清画了什么内容。其次，联系现实生活思考，看看漫画有哪一方面的隐含意义。漫画的画面意义与现实生活是有直接联系的。

二是善于选点。所谓"选点"，就是确定写作的立意点，不是泛泛而议、面面俱到，而是抓住一"点"，深入钻研。前面说过，一幅漫画的寓意可以多角度理解，在审读的时候，理解的角度固然越多越好，以便打开思路；但在确定写作内容时，必须选取某一角度而"不及其余"。否则，文章内容驳杂，头绪众多，是不利于表达的。

三是善于引发。所谓"引发"，就是由此及彼地加以联想与引申，在画面意义的基础上联想到另一层新的内容。我们知道，在漫画作文中，有一类漫画作文，必须运用联想的法宝，进行由此及彼、由表及里的思考。

实践证明，漫画作文避免了传统作文过分求同、较为单一的弊端，符合小学作文教学从内容入手的基本原则，也体现了小学作文要以儿童的实际生活为内容，提倡说真话、抒真情的现代作文教学观。从学生习作看，不仅图文并茂，题材广泛，而且内容新颖，表达流畅。借助漫画特有的"口吐真言"的表现形式，培养学生说真话、写真事的作文风格，培养学生的观察力、想象力和创新能力，正是我们进行漫画作文教学实践的意义所在。

（浙江省宁波国家高新区实验学校　陈佳美；
浙江省宁波国家高新区实验学校　陆青春）

自然融入　各臻其妙

——特级教师贾志敏《母亲的鼓励》中的"写字"教学赏析

《义务教育语文课程标准（2011年版）》把写字教学摆在突出的位置，要求在整个小学阶段的语文课中，每天都要安排10分钟在教师指导下随堂练习写字。不少专家、学者在报刊上纷纷撰文支招、献策，看上去很像那么一回事，但真到课堂用起那些招儿、策略，却又不是那么回事。这让一线的小学中高年级教师感到很纠结。笔者看到贾志敏老师在浙江杭州"千课万人"活动中展示的《母亲的鼓励》一课，其中对写字教学的安排设计，让人眼前一亮。

片段一：在多个教学环节中自然融入写字训练

在《母亲的鼓励》这节公开课上，贾志敏老师是怎么安排写字的呢？

1.课前几分钟，贾老师与学生不是像通常那样用语言来沟通，以活跃课堂营造教学氛围，而是用笔的书写来进行。贾老师把别的教师习惯于用课件展示的内容——三组生字、新词和一张涉及整理课文内容的表格，一丝不苟地写在黑板上。

赏析

这无疑吸引所有学生的关注。学生平时习惯了课件展示，此时会带着一种新鲜、好奇的心理注视贾老师在黑板上的一笔一画。课未始，学生已对写字有了一种特别的印象，心头油然升起的是向教师学习把字写好的美好愿望。这就是身教胜于言教的最好诠释。

2. 在新课导入环节，贾老师又直接从写字入手："听你们老师介绍，咱们班同学的字写得特别漂亮。告诉我，谁写得最好！"

赏析

这个导入语与教师课前写字的热身活动衔接得天衣无缝，一下子把写字从教师的示范转入学生的操作中来，而且是以"夸字写得特别漂亮"来推波助澜，进一步调动、激发学生产生把字写好的欲望，并有暗暗与教师比一比的念头。

3. 当两个学生在黑板上书写时，贾老师要求其他学生注意观察书写的笔顺与结构。学生写完后，又及时引导大家进行评议：写得好在哪儿？哪些地方可以改进？

赏析

这不仅使学生公认写得好的两名学生有展示自己的机会，也使他们和大家一道明白怎样才能写得更好。这样的写字让学生觉得有追求、有动力，从而看得见进步。而且，看上去强调的是写字，实际上又自然地进入导入内容。

4. 在后面的教学环节中，贾老师又在课文补白性的随堂练笔中落实写字训练："拿出笔来，听写几句话。只有听清楚，才能正确地记录下来——我只读一遍。"学生听写之后，贾老师通过检查了解学生的听写情况与效果。与前面安排的写字不同，在此环节中，贾老师提高了写字要求：一是写与听紧密联系，先听清再写对；二是写的内容较多，有几句话，还涉及写的速度要快。

赏析

一般来说，随堂练笔的"写"往往关注的是写的内容精彩情况，很少有人顾及写字本身。贾老师把练笔后一半的内容相异的部分留给学生自由发挥。用听写的方式推出补白中前半部分相类的句式，让所有学生都经历了一次认真书写的过程，从而一次练笔中兼顾了写字与写文的不同训练。

片段二：巧妙发挥写字在阅读教学中的作用

阅读教学中，写字一般是集中安排或随文安排，只与学词、学句有一些关联，结果往往游离于理解课文内容和形式之外。贾老师能把写字融入阅读教学，妙就妙在写字在阅读教学的不同环节都发挥了独到的作用，从而体现出高超的教学艺术。

1.在课前交流的时间里，贾老师以写字赢得了学生的关注，所写的内容成为进一步学习字词和概括课文内容的平台。一是字词学习中，凭借板书的三组生字、新词，贾老师重点指导了难读的字"捺"；强调了"好动"的"好"的读音及相关意义，充分体会"妈妈"的读法与用法；通过多种方法，理解新词"破天荒、两鬓斑白、悲喜交集"的意思。这让需要讲解的对象一清二楚地显现在学生面前，并深入他们的脑际。

赏析

如果教师不是照着黑板上写的字词各个击破，只是一读或一说而过，字词学习中需要强调的内容往往也就随着声音的消逝而消逝。在概括文章内容中，凭借幼儿园、小学、初中三个阶段中"教师的话"和"母亲的鼓励"的区别比较，贾老师"请同学们按照表格提示的内容，用自己的话来说一说"，从而顺利地引导学生从整体上把握文章内容。这里，教师所"写"的表格提示与学生所填的相应内容，共同指明初步概括课文内容的方向。学生在此基础上，把课文语言转化成自己的语言，就是在概括内容的语文实践中学习语言文字运用，在较高的层次上达成教学目标。

2.导入新课时，首先让学生推荐全班写字最好的学生在黑板写下"母亲"和"鼓励"两个关键词；随即，贾老师以"母亲"为中心组织言说交流，要求"学着教师的说，也说一两句诗意的、深情地赞颂母亲的话"。经过由写到说，贾老师在不知不觉间引出课文的主人公——母亲以及所值得赞颂的品质。

赏析

这种导入自然、简洁，却有未成曲调先有情的效果。更重要的是，学生所写的另一个关键词"鼓励"的拓展运用是体现在结课之时。当黑板上所写的其他字词相继擦去，贾老师仅留下"鼓励"再次组织学生交流，并以亲身经历唤起学生对母亲爱的情感，启发学生表达出"鼓励"的相关情境与功效。这就为引领学生深入理解课文打下基础，并与围绕"母亲"组织的学习互相照应。

3. 体会课文重点内容时，贾老师没有对明白如话的课文内容作过多的分析，而是抓住语言表达中的"疏漏"——缺高中阶段家长会上的情况，安排了"给课文来一个'补白'"，使写字再次成为一种必需。贾老师安排的补白与众不同，是在于听记句子这种独特的形式。由于贾老师强调"只读一遍"，这促使学生迅速从幼儿园、小学、初中三个时期家长会上教师对母亲所说的话中抽取相类的表达形式，内化成自己的语言范式，用来接纳、消解教师听写的句式，以达到"教师只读一遍也能写正确"的要求。

赏析

这里看上去只是一次写字训练，实际上是教师引导学生及时快速总结课文中有规律的语言表达，在无形中起到发展学生书面表达能力的作用。同时，又为接下来的自由表达母亲怎么再次鼓励孩子进行铺垫和限定，使学生的想象补写有话可说又不漫无边际。这有利于学生在交流补写内容时可以对照标准进行比较与鉴别，从而明白自己的优势与不足。贾老师能把补白式的随文练笔打造成课堂教学的亮点，与安排学生听记句子有关。它是教学环节中的一次成功过渡，引导学生从文本语言的此岸向自我语言的彼岸迸发。

总评

在《母亲的鼓励》的教学中，贾志敏老师安排的写字教学实实在在，他不是为写字而写字，而是让学生做到提笔都是练字，从不同方面提高学生的写字水平。这源于贾老师把写字教学的相关要求润物无声地化入教学的各个环节，达到平中见奇的效果。特别是贾老师写字教学如盐入水一般地融入阅读教学的整体氛围，使阅读教学显得更有味，也更入味。他的新课导入新颖别致又简明扼要，课堂练笔恰到好处又突出重点。这些正是贾老师课堂教学艺术炉火纯青的一个侧面，最值得我们一线教师揣摩学习。

（安徽省枞阳县浮山中心学校　方德佺）

比较阅读：文本解读的金钥匙

——以多位名师教学个案为例

吕叔湘先生认为："一切事物的特点，要跟别的事物比较才显示出来，语文也是这样。"比较法作为语文教育研究和语文课堂教学的方法之一，近年来备受关注。那么，对于新课程理念下的比较阅读教学，在具体的教学实践中，我们应该以什么方法来推进，使其不断完善和深入发展呢？现将一些语文名师及笔者在阅读教学实践中的探索研究整理如下，以供同行参考。

一、增删法

即在阅读文本中增加或者删去某些词语、句子、语段等，以便与原文进行比较探究的方法。

特级教师韩军执教《大堰河，我的保姆》时，有这样一个细节：

师：再看这句，听一听我读得对吗？"我被生我的父母领回到我自己的家里"……

生：老师多加了一个"我"字。

师：有什么不一样吗？

生：加上"我"，表示对父母的家有感情，不加，表示不喜欢父母的家。

（教学实录选自《韩军与新语文教育》，北京师范大学出版社，2006年4月第1版）

韩老师巧添一个"我"字，引导学生在比较中轻而易举地体会了作者蕴含在文字间的无奈之情。

如学习《黄果树瀑布》一文，笔者发现原文有"后来，我发现人甚至可以绕过瀑布，抵达它的后面"这句话，于是请学生去掉"甚至"一词，再读一读、比一比，发现有何不同？学生很快明确，"甚至"一词写出了作者发现可以抵达瀑布后面的惊喜之情。这种增删字词的比较训练，有利于培养学生的炼字能力。冯骥才的散文《珍珠鸟》的尾段是："我笔尖一动流泻下一时的感受：信赖，往往创造出美好的境界。"我们可以引领学生删去尾段，与原文尾段比较，哪一种结尾更好。学生通过探索研究，自会悟出原文尾段具有画龙点睛之妙用，同时引发读者对"信赖"深入思考。这样，学生不仅深刻领悟了作者的写作意图，同时又获得了写作方法的启示。

思考

笔者认为，采用增删法进行比较探究，学生不仅提高了炼字炼句的能力，而且加深了对课文内容的理解，深刻领会作者蕴含在字里行间的情感，也习得了遣词造句的方法和技巧。

二、置换法

即将阅读文本的某个词语、句子，换成另一个意义相近的词语、句子，或者改变语段的顺序，与原文进行比较探究的方法。

例如，阮翠莲老师执教公开课《在烈日和暴雨下》时，设计了这样一个环节。

师：下面请同学们默读课文第12段，看一看暴雨是怎样蹂躏祥子的。请同学们找一找本段文中哪些动词用得准确生动。

生：（讨论后明确）"裹""砸""横扫""拽""浇""挣命"。

师：请同学们分别找出这些动词的近义词，并跟这些动词比较一下，品一品这些动词好在哪里。

生："湿裤子裹住他的腿"，一个"裹"字写出雨量之大，如果换成"粘"字，就没有这种效果。

生："上面的雨直砸他的头和背"，"砸"突出雨点大而有力，祥子所受痛苦之深。如果换成"敲",感觉雨点就小了很多。

生:"拽"写出祥子拉车之艰难,如果换成"拉",艰难的程度难以表现。

师:老舍先生不愧是著名的语言大师,用词准确、形象、生动,充满了感染力……

(教学实录来自《30年教学理论与实录精华》,华夏出版社,2010年6月第1版)

学生通过找动词、换动词,于比较中见优劣,对文章语言进行了精彩的品味与赏析,习得了赏析名家名篇的具体方法。

朱自清先生的散文名篇《春》的结尾三段依次是:

春天像刚落地的娃娃,从头到脚都是新的,它生长着。

春天像小姑娘,花枝招展的,笑着,走着。

春天像健壮的青年,有铁一般的胳膊和腰脚,领着我们上前去。

笔者把这三段任意交换一下顺序,请学生与原文比较是否可以?经过比较探究,学生就会明白,原文用了比喻的修辞,把春天分别比作娃娃、小姑娘和健壮的青年,依次体现出春天新、美、壮的特点。这三个比喻句是按照春天的成长顺序排列的。如果交换顺序,就不符合逻辑了。

思考

采用置换法进行比较探究,可以有效地制造矛盾,打破学生的思维定式,激发学生的探究兴趣,使学生不仅知其然,更知其所以然。同时,引领学生品味精美语句,较好地训练学生的炼字炼句能力,提高他们写作中语言表达的准确性和严谨性。

三、图表法

即将阅读文本中的相关内容或关键性词语摘抄下来,通过画图或列表进行比较探究的方法。

例如,学习契诃夫的小说《变色龙》时,为了让学生更好地认识主人公奥楚蔑洛夫警官的形象,许多教师不约而同地选择比较法作为主要教学方法。首先让学生从文本中找出奥楚蔑洛夫警官对狗咬人事件处理的相关"判词",并提炼关键性词语,然后画出奥楚蔑洛夫对"罪犯"小猎狗的态度不断变化的曲线图。这样学生可以一目了然地看出奥楚蔑洛夫警官的态度随着狗主人的变化而变化。其次,得出奥楚蔑洛夫警官是一个见风使舵、媚上欺下、趋炎附势、狡诈善变的家伙,其"变色龙"的卑劣灵魂也就显而易见了。

教授《读书的三种姿势》一文时,为了让学生走进文本,感知内容,明了三种读书姿势各自的优劣。笔者让学生自读课文,完成如下表格。

读书姿势	优点	不足
躺着读		
坐着读		
站着读		

学生结合文本,填充表格后,课文的主要内容就直观明了地呈现在他们眼前。经过对三种读书姿势优点与不足的比较探究,学生就会悟出作者所倡导的读书之道就是站着读,即读书应当主动探究,要有怀疑、批判精神。

思 考

图表法可以将事物的特点和它们之间的异同,直观、形象地呈现在学生面前,同时又给学生留下清晰、深刻的印象。

四、假想法

即引领学生凭借自己的阅读经验和写作经验,假想出与阅读文本相关的某些内容,进而与原文进行比较探究的方法。

学习徐迟的游记散文《黄山记》,笔者故意没有让学生预习课文,而是出示一个命题作文"黄山记",请学生列一下写作提纲。然后,才让学生阅读课文,比较自己的作文构思与原文有何不同。从学生展示的作文提纲中可以看出,他们习惯于采用游踪的顺序,记叙并描写自己在黄山的所见所闻所感。通过比较探究,学生认识到原文开篇的独特之处:作者用拟人化手法和丰富的想象描绘出大自然创造黄山胜景的过程,化静止的介绍为生机勃勃的动态展示。作者立足于宇宙之间,视野开阔,把黄山描绘的场面宏大,又给人举重若轻之感。

莫泊桑的小说《项链》的结局是:主人公玛蒂尔德用 10 年青春还清了债务,才得知那挂项链是假的。小说到此戛然而止,给人意犹未尽之感。为了引领学生认识世界短篇小说巨匠莫泊桑如此结尾的匠心独具之妙,笔者让学生展开丰富的想象,续写小说。学生有的写玛蒂尔德要回了真项链,欢天喜地地换回几万法郎,生活有所改善;有的写玛蒂尔德精神受到严重刺激,从此精神失常;有的写佛来思节夫人要把真项链还给玛蒂尔德,而她慷慨地一笑置之,不愿收回……然后,让学生将自己续写的结尾与原文进行比较探究,就体悟出原文的结尾更高妙。因为原文荒诞可笑的结局,出人意料,又在情理之中,极具幽默讽刺效果,耐人寻味。

思 考

笔者认为,采用假想法进行比较探究,不仅培养了学生的联想和想象能力,而且加深了学生对课文的理解和认识,同时又使学生获得写作方面的启示,即文学创作若能适当采用留白艺术,就会产生"言有尽意无穷"的奇妙艺术效果。

五、勾连法

即在阅读文本时,就文本中某个知识点勾连出与之相关的已经学过的知识或者课外知识,并进行比较探究的方法。

例如,董蓓菲老师执教公开课《迢迢牵牛星》时,设计了一个讨论题:请学生将课文与秦观的《鹊桥仙》比较,体会"牛郎织女"的形象。并用多媒体展示秦观的《鹊桥仙》,引导学生从主题、风格、语言、表现手法四个方面进行比较探究。学生含英咀华,见仁见智,表现了较好的审美品位;课堂亮点纷呈,阅读走向高潮,收获了理想的教学效果。

(案例来自《30 年教学理论与实录精华》,华夏出版社,2010 年 6 月第 1 版)

学习李清照的《声声慢》尾句"这次第,怎一个愁字了得?"笔者借机引导学生走出文本，收集古诗词中写"愁"的名句。学生就会尽其所能，集思广益，收集了李煜的"问君能有几多愁，恰似一江春水向东流"、李白的"白发三千丈，缘愁似个长"、李清照的"只恐双溪舴艋舟，载不动许多愁"以及马致远的"夕阳西下，断肠人在天涯"等经典诗句。再把这些写愁名句进行比较，进而探究它们的异同。作者尽力将看不见、摸不着的"愁"化作具体可感的形象，而又同中存异：李煜用"一江春水"比喻愁之多；李白用"白发三千丈"比喻愁绪之长；李清照用"船载不动"形容愁绪之重；马致远用"断肠"生动形象地写出天涯沦落人的羁旅愁思。这种动手收集材料，进而比较探究的训练，较好地培养了学生的积极动手能力和信息处理能力，使学生深刻领会到诗歌意象的生动形象性。

思 考

笔者认为，勾连法不仅深化了学生对文本知识的认识，而且促使学生温故知新，拓展阅读视野，不断向纵深发展。

当然，比较阅读的方法绝不止五种，还需要我们在具体的教学实践中不断探索研究。古人云："授人以鱼，仅供一饭之需；授之以渔，则终身受益无穷。"教给学生科学有效的阅读方法，可以使学生在自主的阅读活动中有章可循，一定程度上避免学生在文本表面滑行、思维并未深入的阅读现象。当然，教无定法，法无定式，比较法亦然。这就要求教师能根据具体教学内容、教学目标，灵活选择比较的具体方法。

正如列宁所言："任何比较都不会十全十美……我们提醒读者注意一下这个大家知道的但是常常被人忘掉的真理。"比较阅读作为文章解读的一种方法，作为培养学生探究能力的一条途径，并非完美无缺、放之四海皆准的真理。她也有自身的局限与不足，只有与其他文章解读方法有机结合，才能收到理想的效果。

（山东省枣庄市第十五中学东校　陈聪）

创意无限的"说明书"

——福建名师何捷非连续性文本读写联动教学解析

第一次接到邀请要执教一节"非连续性文本"的阅读课,对笔者无疑是一种挑战。笔者查阅了前辈的案例,发现此类文本的阅读指导课显得比较单薄。其一,形式上单一。已有的案例基本上是三步走:提供文本给儿童,进行自主阅读;随后是"答题"阶段;进而是讲评阶段。设计者意图通过这样的反复训练,在量的积累上提升阅读品质。其二,收效甚微。每一节指导课针对某一种文本,如说明书、广告词、解说语等课堂容量偏小,学习效率不高。其三,无法拓展,不能真正提高儿童的阅读或写作能力。最后,此类训练依旧演变成"短文分析"一类的练习,只不过此时的"短文"长相怪异一些而已。

如何突围呢?笔者想到了自己热爱的写作,不如将非连续性文本的阅读和习作教学相结合,让儿童通过教学达成"从读学写,读写迁移,读写融合"的学习高效。这只是设想,如何实现呢?首先是教学素材的积累与准备。"非连续性文本"是我们既熟悉又陌生的事物,可以说生活中随处可见,信手拈来不成问题。但有意思的是,儿童对其真正做到了"熟视无睹"。这就要求教学素材要具有典型性,起到代表性作用;要有新颖性,能一下子引起儿童的关注;要有兼容性,有利于向习作拓展延伸。其次是环节的设计。既然是读写联动,读为先,写在后,所以读要充分,要读出名堂,注重采用不同方式的读促进阅读效果。而且,要设计好读与写之间的粘连点,让整节课既不至于脱节,又不至于"糊"在一起,让整节课的教学线性顺滑,没有提升与递进。最后,写作的训练点要生动有趣,让儿童通过写加深对非连续性文本的阅读感受,提高对此类文本的阅读能力，还能够在写的过程中形成对非连续性文本文体大致特征的再认识，在运用中亲近，在实践中提高。

基于此，我们决定将此课的设计分为两部分：一是非连续性文本的阅读训练；二是仿写训练，读写联动。其中，设计非连续性文本——药品（保健品）说明书的阅读训练，意在有效提升儿童阅读此类文本的能力，教学有针对性地服务于生活，设计切中并符合语文课程标准中关于非连续性文本阅读的指导要义。随即的拓展写作训练部分，让儿童模仿说明书这种特殊的形式进行，争取让儿童练得有新意，有乐趣，有效果。

教学目标：
（1）看懂药品说明书。
（2）模仿写"关于我的说明书"。
（3）在练习中逐渐形成阅读、写作要面向生活并服务生活的务实读写意识。

适应学段：第三学段。

课时设定：2课时。

片段一：谈话导入

师：平常大家生病吃药时，是怎么吃的呢？

生：爸爸妈妈让我怎么吃就怎么吃。（众笑）

生：我听医生的，医生让我怎么吃就怎么吃。其实，爸爸妈妈也是听医生的。（众笑）

师：我明白了，这叫"遵医嘱"。确实应该这样。不过，有时候在家会偶发一些常见病，例如肚子疼、牙疼、不消化、拉肚子……人吃五谷，常有头疼脑热，一时找不到医生，也到不了去医院的程度，这时可以在家长的指导下服用一些常用药。服药前，你们觉得要做些什么？

生：还是听爸爸妈妈的话。（众笑）

师：确实够听话的。不过，爸爸妈妈该听谁的话呢？这时候，大人会看一份神秘的东西——药品说明书。大家见过吗？

生：没见过。

师：所以说是神秘的东西嘛。其实，它一点儿也不神秘，每一种药品的包装盒里都配有药品说明书，看懂它，倘若今后有些小毛病就可以自己来解决了。这也证明了你的成长。所以说，今天这节课是人生中的重要一课哦。

赏析

谈话导入，让课堂气氛变得平和、舒缓。同时，所谈话题与学生的生活息息相关，能有效勾起学生的回忆，为接下来的主体教学环节打好铺垫。教师在这个环节特别注意儿童的学习心理，言语上营造神秘感，也起到良好的激发兴趣的作用。

片段二：看懂药品说明书

开胃消食片说明书

主要原料：山楂、麦芽、陈皮、鸡内金、白扁豆、白糖等。

主要功能：改善肠道功能，促进消化，保健肠胃。

成分含量：每片含黄酮 0.39 毫克；钙 45 毫克。

适宜人群：消化不良者。

服用量：每天三次，每次六片。

服用方法：饭后温开水送服。

保质期：18 个月。

生产日期：2002 年 10 月 15 日。

批准文件：卫食健字（2002）第 0592 号。

贮藏方法：阴凉干燥处。

（一）通读，摄取完整信息

师：不看不知道，看了全知道。药品说明书没那么神秘。请看我为大家带来的一份真实的药品说明书。（幻灯片展示）请大家从头到尾逐一阅读，看看你们都能从中提取到哪些信息。

（生全体速读课件）

生：我发现这里写着药品的成分，还有功能、原料等。

生：还有生产日期、批准文件、贮藏方法等。

（其余补充发言略，共同归纳此说明书上的10个项目。）

师：看药品说明书，首先要注意一个"全"字，看得完整。（板书：全）也许一个不起眼的缺漏将会引发严重的后果。所以，建议大家第一步要按照说明书内容出现的顺序来读，从头到尾连贯着读。

（二）速读，提取有效信息

师：不同的人看同一份材料，会有不同的结果，因为每个阅读的人的需要不同。让我们做个游戏，以不同的身份再次快速阅读这份说明书，看看你都提取了哪些和你身份相关的有效信息。（幻灯片展示）

"我"是一个需要服药的孩子的父亲；
"我"是一个药品检测人员；
"我"是一个病患的小孩；
"我"是偶然间发现这瓶药的人。
也可以自定义身份。

生：如果我是一个需要服药的孩子的父亲，主要看说明书中的"主要功能""适宜人群""用法用量""保质期"这些信息，因为我要给儿子服药，不能让他吃错药、乱吃药。

师：很好，这是一个称职的父亲。

生：我要是一个药品检测人员，就看药品的"批准文号""保质期"。我不吃药，只检查药是不是假药，有没有过期，所以只需要看这两个部分。

生：我现在就是一个患病的小孩，要看的和那个做父亲的一样。（众笑）不过，我最好也看看其他项目，这样比较放心。（众笑）

师：真难得，比一个当爸爸的还细心。

生：我是偶然发现这瓶药的人，只要看"保质期"就好啦。一是因为现在我不需要吃药，其他不需要看；二是发现了看看有没有过期，过期就处理掉。

生：我是制药的人，主要看药品的成分。

……

师：真不错。不同身份就有不同的阅读目的，快速阅读后提取最为有效的信息,这是一种能力,也是一种素养。(板书:各取所需)希望大家在日常生活中不断进步,也希望大家留心这些看似不起眼的"说明书",让它成为生活的好助手,伴随你们快乐、平安、顺利地生活。

(三)细读,综合运用信息

师:光说不练可不行,接下来请大家练笔。请根据幻灯片中的要求,再次细读这份药品说明书,看看你们是活学活用还是纸上谈兵。(幻灯片展示)可以当作问答题一样,逐题回答,也可以像平常写作文一样,将这些内容串联成一段话。

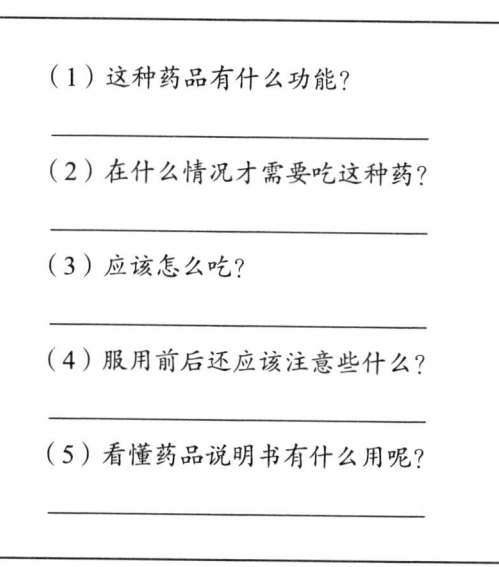

附:学生习作

平常吃药的时候,说明书被我们抛弃在一边,一切听医嘱。但是,如果你今天看到了这篇文章,请不要再将它遗弃,因为看懂说明书,对你来说是个不小的挑战!

我眼前的这份说明书是开胃消食片的。这种药是用山楂、麦芽、陈皮、鸡内金、白扁豆、白糖等做的,主要用来改善肠道功能,促进消化,保健肠胃。你知道在什么情况下吃它么?比如:我们一家三口去吃自助餐,大吃特吃牛肉串、羊肉串等。突然,我感觉肚子又痛又涨,出现了消化不良的症状,此时就应该吃一片开胃消食片。于是,我拿出一次应当食用的量——六片,冲好温水，待到吃过饭后，连同温开水一起服下。

　　太好了，经过药物的治疗，我们已经痊愈。但是，吃剩的药品该如何保存呢？按照说明书上的贮藏方法，放在阴凉避光处妥善保存，再看看保质期到何时，如果快过了保质期，应当尽早处理。

　　俗话说得好：“是药三分毒。”为了避免激发药物的毒性，我们应当了解药物的信息。比如：应该吃多少？怎么吃？保质期过了没有？有没有批准文件？是否出现药品说明书上列出的症状？有没有禁忌？如果你没有注意到这些信息，就有可能吃到过期药、假药、毒药！而这些信息，说明书上都写着呢。我认为，看懂药品说明书，不仅能够帮助我们更好地了解药品本身，往大了说，还能帮我们捡回一条命。

　　师：很好，能将阅读的信息变为这段话，说明你不是个书呆子，懂得活学活用。（板书：活学活用）确实，阅读并切实读懂说明书，就能为生活服务，学以致用。

赏析

　　这部分教学设计很有针对性，分为通读、速读、解读三种不同方式。不同目标、不同功效地读，这是由非连续性文本的性质决定的。非连续性文本中的信息不是连贯呈现，而是零星、发散式地分布。通过不同形式，有针对性地读，才能提取有效信息并进行梳理、整合，阅读才有效。非连续性文本的这一特质在这个环节的设计中得到很好体现。同时，此教学环节已经开始了从读到写的过渡，读懂是为了写清。读与写紧密结合，学生在不断获取信息后立刻进行言语实践，将信息进行转化、加工、运用。这样读写结合下的教学更为扎实，学生练习也能收到实效。

片段三：仿写"另类说明书"

（一）了解语言风格

　　师：请你们谈谈，类似说明书这样的文本，在语言上有什么特点呢？
　　生：我觉得很简单、简洁，该说的就说，没有一句废话。

（师板书：简洁）

生：没有用比喻、排比等修辞手法。

师：为什么不用呢？

生：用了反而说不清楚。

师：我明白了，就是表达清楚这个特点吧。（板书：清楚）其实，只要是清楚的表达，用上这些修辞手法也无妨。这就是写作的魅力，没有固定的方法，只要清楚表达，什么方法都算是好方法。还有吗？

生：它还很实用，每一篇都教会我们一些东西。

师：（板书：实用）很好，这样的文章和大家平时写的作文不大一样，讲究的是语言的简洁、表达意思的清楚以及写作内容的实用。这就是"说明书"这一类文本的语言风格。

（二）尝试新写法

师：平时大家都写过自我介绍一类的文章，接下来就让我们写一种另类的自我介绍，将其写成说明书风格的习作。你们会发现，形式的变化将带来非凡的写作感受。

（幻灯片展示）请听听教师的解释吧。这里的"品名"，请填写你的姓名；"品相"，请介绍自己的长相；"色泽"，介绍自己的肤色；"重量"，相信你一定能猜到；"体型"，就是介绍自己的体型；"功能"，就是介绍自己的个性特点，或者所具备的能力，能做些什么等；"特长"，顾名思义；"注意事项"，请你自己作交代，比如你有什么小习惯、坏

"我"的说明书

品名：＿＿＿＿＿＿＿＿＿＿＿＿

外观描述

品相：＿＿＿＿＿＿＿＿＿＿＿＿

色泽：＿＿＿＿＿＿＿＿＿＿＿＿

体型：＿＿＿＿＿＿＿＿＿＿＿＿

重量：＿＿＿＿＿＿＿＿＿＿＿＿

特色介绍

功能：＿＿＿＿＿＿＿＿＿＿＿＿

特长：＿＿＿＿＿＿＿＿＿＿＿＿

注意事项：＿＿＿＿＿＿＿＿＿＿

相关信息

生产商：＿＿＿＿＿＿＿＿＿＿＿

生产日期：＿＿＿＿＿＿＿＿＿＿

特别说明：＿＿＿＿＿＿＿＿＿＿

脾气等，都可以在这个项目中填写；"生产商"，就是你的父母，这一栏留给他们；想必你也猜到了"生产日"就是介绍你的生日。

附：学生习作

品名：林雨馨

外观描述

品相：乌黑的头发上扎着一条水红色的皮筋，有"两双"水灵灵的大眼，可惜其中"一双"是眼镜哦。一个扁得不能再扁的鼻子，一张呈月牙形的嘴巴，外加两只小巧的耳朵，凑成活泼可爱的我。

色泽：黄里带微白。

体型：超级苗条，都快成筷子了，所以该产品又称"超级瘦猴"。

重量：像小鸟一般的重量——30千克。

特色介绍

功能：该产品与众不同，善于绘画。有一次，画了一个长发穿裙子的小女孩，得到了美术教师的称赞。

特长：写作和弹钢琴，多篇"大作"已在《福州日报》等报刊上发表；在教师的帮助下，钢琴弹得越来越好，曾经现场演绎《北风吹》，获得众人好评。

注意事项：该产品生气时，请不要和她讲话，不要离该产品太近，否则就会遭到"灭顶之灾"；如果该产品做作业心不在焉，作业上的错误会比天上的星星还多。

相关信息

生产商：该产品的妈妈是教师，善于教书，教龄长达20年，桃李满天下，对该产品每次的检验，合格分数要求在90分以上，最好是95分以上，十分严格；爸爸喜欢玩电脑，电脑是他的第二生命。

生产日期：2月17日。

特别说明：该产品在生产时也许出了些故障，右大腿接近膝盖的地方有一块红色的微型中国地图（胎记）。一次，一位老人无意中发现了该产品身上的"中国地图"，看了又看，还不停地说道："好啊！真好！以后肯定是栋梁之材！"这几句话让该产品高兴了好几天。如果你想见识该产品，一定要认准"中国地图"商标哦！

师：请你来介绍一下，这样幽默的"说明书"是怎样炼成的？和大家分享你的经验吧。

生：我是一边写一边笑的，这种形式太有趣了，说明的居然是自己，感觉很特别、很新奇，写起来就不累了。

师：看来写作兴趣很重要，有兴趣就不累。还有秘诀吗？

生：我觉得只要简单改变一下作文的形式，就会让文章个性十足，能在众多同题作文中脱颖而出。

师：这句话简直可以说是写作宝典。写作前，要做哪些准备呢？

生：写作之前，可以多找一些真的产品说明书看一看，对说明书有更多的了解，也许写起来会更顺手；填写完之后，还可以看一看，自己尝试着增添一些项目，让产品说明书与众不同，内容更加完整、精彩。当然，要对自己比较了解，有一些细节写起来才更吸引人。

师：模仿就是重要的一步，向生活学习，向生活要素材就是一种有效的学习方法。你真善于学习。多阅读，常写作，读写结合，越写越好。

（三）拓展延伸

师：请大家谈谈，这两节读写联动的课，给了你们什么启发？

生：有一些文章很实用，例如今天的说明书很特别，也算是一种文章吧。

师：其实，像这一类的文章在生活中很常见，还有各种账单、清单、图表、图示、广告、时间表以及书本的目录、索引等，都不是由意思完整的段落构成，但是含有丰富的信息。在生活中，我们要多关注。以下是何老师出版的《何捷老师的游戏作文风暴》一书的版权页，同样值得大家阅读。不过很多人阅读书时，都错过了这重要的一页。我相信大家会感兴趣的。（幻灯片展示）大家课后有兴趣，可以找来类似的看一看，相信会长进不少呢。还有吗？继续说。

生：有时候我们将作文的形式变一变，写起来更有意思、更容易。

师：对，习作的内容和形式是多种多样的，大家要敢于突破常规。

生：我觉得好文章也是多种多样的。原先我以为只有散文才是好的，现在知道了，只要写清楚就是好的。

师：这个发现很可贵！

- 作　　者：何　捷
- 书　　名：何捷老师的游戏作文风暴
- 出 版 社：海峡文艺出版社
- 经　　销：海峡出版发行集团
- 社　　址：福建福州东水路76号14层
- I S B N：9787807195443
- 中国版本图书馆GIP数据核字：(2010) 第194468号
- 出版时间：2010-10-01 第1版
- 印　　数：1—4000
- 页　　数：213
- 定　　价：30.00元
- 如果发现印刷质量问题，请联系印刷厂调换。电话：87***

赏析

　　此环节以写为主，特色在于强调变式写，鼓励学生写得清楚，写得顺畅，写得有意思，让写成为一种享受。教师要注意课改中新写作理念的渗透，不断鼓励学生向生活学习，到生活中寻找范本，让写作与生活接轨，为生活服务，锻炼写作水平。同时，对非连续性文本的引入和介绍，也使得写变得更加容易，有章可循。读写联动组建在一个新颖的结合点上，便于学生操作。拓展的理念也值得提倡，它让非连续性文本的阅读进入学生视野，把学生引入课外更宽阔的学习空间。

课后反思

　　纵观全课教学，有以下三个很突出的特点，值得在今后的习作教学中坚持。

其一，教学理念要敢于创新。从新的课程标准颁布实施以来，非连续性文本成为大家关注的焦点，但与此相关的教学设计还比较鲜见，不少教师不能也不敢"越雷池"。此时，能以崭新的设计理念推出这样一节课，执教的勇气可嘉，教学理念显得新颖、独特。最突出的新意是在非连续性文本的阅读教学中融入写作教学，实现读与写的有效联动。这样的设计源于对课程标准精准、深透的把握，对读写融合促教学高效的理解，建立在对第三学段儿童习作基本学情的了解上。

其二，教学设计要周密。设计不如生成，但有效教学也依赖设计的周密性。周密不是自圆其说，而是依据教育科学、儿童特性、教学实际需要，应对教学过程中发生的诸多变化。笔者本身就是一个乐于阅读、爱好写作的教师，擅长写作教学。因此，这节课利用自身的特色、特长、特性，让设计与人精密对接。总体而言，此课设计上的亮点是将非连续性文本的阅读和写作教学巧妙、精密地结合在一起，形成读与写的联动：先以读切入，充分读，分层次、分目标、分阶段地读，读得到位就能水到渠成，写就能自然渗透融入，也就能写得轻松自在。这样的设计有两个作用，既让非连续性文本的阅读落到实处，让学生读得透彻、有收获，又让文本成为范本，降低写的难度，使写具有趣味性、实用性、灵动性，达到"乐于动笔"之效。

其三，能力训练要到位。写作原本就是一种能力，习作更是能力训练的一种方式。在这节课上，我们很注重结合教学过程对学生进行多种能力的训练：信息收集、整理、加工的能力；非连续性文本的初读、速读、精读、解读能力；分析范文，借助范文创新写作的能力；主动探索、尝试解决问题的能力；面向生活，自助、自学、自觉应用所学为生活服务的能力；等等。这些能力无不有利于儿童自身作文终极目标的达成。可以说，这是一节以非连续性文本阅读和写作为纬、能力训练为纲、经络分明、读写合理充分实现联动的一节课。这样一节课，不会随着下课铃声响起而结束，因为能力的提升会一直伴随着儿童的成长。

（福州教育学院二附小　何捷；福建名师　陈曦）

哥上的不是课，是寂寞

——张岱《湖心亭看雪》文言文新教法赏析

崇祯五年十二月，余住西湖。大雪三日，湖中人鸟声俱绝。是日更定矣，余挐一小舟，拥毳衣炉火，独往湖心亭看雪。雾凇沆砀，天与云与山与水，上下一白。湖上影子，惟长堤一痕，湖心亭一点，与余舟一芥，舟中人两三粒而已。

到亭上，有两人铺毡对坐，一童子烧酒炉正沸。见余，大喜曰："湖中焉得更有此人！"拉余同饮。余强饮三大白而别。问其姓氏，是金陵人，客此。及下船，舟子喃喃曰："莫说相公痴，更有痴似相公者！"

把文言文上出时代和时尚共存的感觉，会是什么样？会不会有时空穿越的感觉？在成都外国语学校第21届教育教学研讨会文科课堂上，初二教师周密展示了课改后他研发的文言文新教法，险些没把学生和教师"雷翻"……

"哥上的不是课，是寂寞""神马都是浮云""脑壳里有乒乓"……教师语出惊人，全场爆笑。明朝张岱小品文《湖心亭看雪》的历史背景、作者心境以及时事，被生动地显现出来，让人印象深刻。听课众人评价："这个新教法，高！"

一、课堂教学互动"很雷人"

精彩镜头1：全班齐诵"寂寞歌"

上课铃响了，投影仪投射出明朝张岱的画像和他的小品文《湖心亭看雪》。"张岱这篇小品文，写在夜深人静的西湖边，独自看雪，是何种心境？"周老师一来就发问，学生沉默几许不敢答。"那请用一个现在最给力的形容词！"

教师率先用了网络语言,大家来了兴趣。"那我们请这位长得很和谐的女生说说吧。"

"我想,那是一种寂寞。"

"对,那就是一种寂寞,属于明朝晚期的寂寞。"周老师用环抱在胸前的手指了指投影:"下面请大家一起朗诵阿桑《叶子》中的歌词——'孤单是一个人的狂欢,狂欢是一群人的孤单',一定要用最寂寞的语调哦。"

读毕,他又活跃起来:"有句话说越寂寞,越美丽,我们这节课,就和张岱一起去体会寂寞,因为哥上的不是课,是寂寞……"

精彩镜头2:"张岱其实是叛逆的90后"

"冬夜,平常人在干什么?张岱一个人去西湖,他是非主流吗?依我看,他就是个叛逆的90后!"周密说。

"90后?"有同学不解。

"他是1597年出生的,不仅是个90后,还是个富二代、官二代。大家在文中找找!"

学生纷纷举手,有人说"文中写他'拥毳衣炉火'",有的同学回答"他有童子烧酒"。

周老师认为还不够,说:"我再来补充下,文中有'余住西湖',想想现在杭州房价多贵,还能住在西湖边,是不是富二代、官二代?"周密一说,学生表现出懂了的样子。一位男生告诉大家,教师并非信口胡说,他提前预习得知张岱出身官僚家庭,但一生未做官,在众人交杯换盏时到湖边看雪,难道不正印证了他的寂寞?

精彩镜头3:"哥钓的不是鱼,是下一个春天"

课堂上,学生如有异议便可起立向教师提问,教师则不时用时髦词汇来"刺激"学生的想象力。

整堂课上,教师不仅说到房价、官二代,连文中"强饮三大白而别"一句也被他解释为害怕酒后驾驶。时髦词汇连绵不断,课堂氛围非常活跃。

背诵文章也是妙趣横生。文中有这样一句:"舟子喃喃曰:'莫说相公痴,更有痴似相公者!'"他请大家用想得到的可以代替文中"痴"字的词语一起朗读。瓜、雷、囧、呆……四遍读完,全班爆笑不止。他还提议用"脑壳里面有乓乓（四川话）"来试一试，请大家体会当时的意境。

最后，他引经据典揭秘了张岱寂寞的原因——"张岱是明朝人，成文却在清代，亡国亡家，岂不是'神马都是浮云'啊？""作者不是真的到西湖看雪，而是他的一个梦，和柳宗元独钓寒江雪一样，哥钓的不是鱼，而是下一个春天，是对未来的期待！"

二、学生、专家评点："很给力"

学生对周密老师的新教法，并不特别诧异，因为大家都亲切地称呼他为"周密密"，他在课堂上总是特别有新意。某女生说："我们语文作业不多，但每次周老师都讲到点子上，我们学了很久都不会忘。"

"周密老师的课堂让我们感受到对传统文言文教法的颠覆，不只是过去读读背背、抠抠文字的教法，结合时事的教法真的非常给力！"成都市教育局教研员阎亚辉评价说。40分钟就让我们见到教师的独立个性，他将自己融入文本，好像和作者张岱一样，"在山水之中，天人合一"。

同事刘雅蓉听课后深受启发，她说："新课改就是要求改变过去枯燥的教师灌输，转变为学生自读、自学，提倡学生的思维运转。周老师通过一个个很现代的设问，吸引了学生的兴趣。他很给力。"

学校校长段必聪告诉大家，学校允许在课堂中融入各种新型元素，不仅文言文变得有趣了，学校的音乐课、美术课都鼓励学生"学新语言""听民族歌曲"，在课程改革的"古今结合"中成长。

三、新教法灵感："很网络"

周密老师于1999年从教，从宜宾师院毕业后在四川师范大学进修本科。他说，教师应该是真诚的人，应该注重教学的方式方法。

为何想用网络语言教学？新教法的灵感其实来源于一天晚上观看《艺术人生》。北京人民艺术剧院的一位院长告诉观众，文艺节目要有知识性、趣味性、现实性，最好再加点哲理。周密从中受益，他希望以网络趣味来激发学生兴趣，结合现实传授知识和哲理。

"其实，很多学生把教师想得很'弱智'。"周密为了和学生打成一片，找来以前教过的学生，在人人网上加了好友。他在上面找到"神马都是浮云"等大学生使用的最鲜活的话语。周密说，他的很多学生现在都在国外，他们的语言中有最前沿的词句，他习惯性地记录下一个个戏谑的词句，希望在下一届学生中用到。

"教师和学生之间其实不该有鸿沟，一篇课文 N 年前讲和 N 年后讲，应该有不一样的方式和效果。我和我的学生一样，不会苍老。"

（江苏省武进高级中学　赵军）

慢慢走,欣赏语言的"滋味"

——特级教师薛法根、窦桂梅《珍珠鸟》语言教学欣赏

关注学生课堂学习方法的掌握和运用,已逐渐成为语文教师的共识。在越来越多的课堂中,将学法作为教学主线,实现语文课堂教学的"美丽转身",这无可厚非。可如果就方法讲方法,把方法指导和课文内容学习人为地分裂开来,语文课堂变成方法"练兵场",这无疑又走向另一个极端。如何把方法学习和内容品悟有机整合在一起?著名特级教师薛法根、窦桂梅在教学《珍珠鸟》时就很好地处理了这一问题,能带给我们一些有益的启示。

薛法根教学片段

生:(读第一句话)起先,这小家伙只在笼子四周活动,随后就在屋子里飞来飞去,一会儿落在柜顶上,一会儿神气十足地站在书架上,啄着书背上那些大文豪的名字,一会儿把灯绳撞得来回摇动,跟着逃到画框上去了。

师:读得真好!你们从这一句话中能体会到些什么呢?注意这个"只"字。

生:我从这个"只"字中体会到珍珠鸟开始的时候胆子并不大,只敢在鸟笼四周活动。

生:鸟笼就像它的家,一有危险就可以躲到鸟笼里去,躲到它的父母身边去。

生:我也体会到小鸟胆子小,它害怕飞得远了会受到伤害,所以活动范围很小。

师:很有见地!再读读三个"一会儿",又有什么发现?

生：我发现小鸟很快就胆子大了些，敢到屋子里活动了。

生：我发现珍珠鸟开始淘气了。它发现没有人伤害它，没有人管它，就胆子大起来了。

生：我从三个"一会儿"发现珍珠鸟非常活泼，就像天真好动的小孩子一样，作者是不会生气的，反而很喜欢。

师：你还能体会到作者的喜欢之情，了不起！

生：我发现珍珠鸟的胆子是慢慢变大的，不是一下子就大的。

师：你看到了胆子变化的过程，有一双敏锐的眼睛。这句话表现了珍珠鸟活动范围越来越大，胆子也越来越大。（教师板书：胆子越来越大）现在，我们再来朗读体会这句话的含义。

（生齐读，读得很有感情。）

师：读书就要这样，从那些含义丰富的词语和句子中体会言外之意、言中之情。下面几句话，请同学们自己边读边体会。

窦桂梅教学片段

生："起先，这小家伙只在笼子四周活动，随后就在屋里飞来飞去，一会儿落在柜顶上，一会儿神气十足地站在书架上，啄着书背上那些大文豪的名字，一会儿把灯绳撞得来回摇动，跟着跳到画框上去了。"（教师出示刚才学生说出的上面这段话，但把三个"一会儿"去掉。）

生：老师，这句话不完整了，你把"一会儿"丢了。

师：意思没有改变啊，用与不用究竟有什么不同呢？

生：这个词重复用了三次，说明小家伙活动的时间特快，一会儿这样，一会儿那样，表现了它的调皮，让人好喜欢。

生：这三个"一会儿"，一个比一个程度深，把小家伙一次次小孩子似的调皮写得活灵活现了。

生：注意这句话中有一个成语"神气十足"。去掉这三个"一会儿"，小家伙顶多就是"神气"，谈不上"十足"，可用上这三个"一会儿"，那可真叫"神气十足"！

（该生朗读这段，表现了小鸟的"神气十足"。）

师：我愿意和大家一起读，女同学读第一个"一会儿"，男同学读第二个

"一会儿",我读第三个"一会儿",大家读了以后一定要像小家伙一样神气十足哦!

(师生合作读,效果很好。)

师:是啊,这小家伙多么神气十足——竟然跳到画框上,在上面打秋千,真有趣儿!由此可见,这小家伙是多么的可爱。

生:还有,你看"它先是离我较远,见我不去伤害他,便一点点挨近,然后蹦到我的杯子上,俯下头来喝茶,再偏过脸瞧瞧我的反应"。这小家伙真调皮,竟然和"我"一起喝茶。

生:"它完全放心了,索性用那涂了蜡似的、角质的小红嘴儿,'嗒嗒'啄着我颤动的笔尖,我用手抚一抚它细腻的绒毛,它也不怕,反而友好地啄两下我的手指。"我觉得这小家伙多么淘气,这时候珍珠鸟已经完全不怕作者了,还友好地对待作者呢。尤其是后半句"反而友好地啄两下我的手指",真的是"胆大妄为"。

师:好一个"胆大妄为"!这个成语用得幽默。谢谢你们的朗读和见解。我觉得你们很会读书,能抓住文中这些细致的描写来谈自己的感受。

课文后半部分表现了小珍珠鸟对"我"的逐步信任的过程。它活动的范围离"我"越来越近,表现越来越放肆,先是在笼子四周活动,随后在屋里飞来飞去,后来胆子渐渐大了,落在我的书桌上,再后来居然落在"我"的肩上,在"我"的肩头睡觉。如何学习这部分内容,两位特级教师在教学时注意指向学习方法,同时更重视对文本自身的理解和感悟。

赏 析

薛老师在学生读后注意抓住关键字词来引导学生发现,感悟词句背后表达的意蕴。"读得真好!你们从这一句话中能体会到些什么呢?注意这个'只'字。""很有见地!再读读这三个'一会儿',又有什么发现?"让学生细致品悟,读出珍珠鸟的变化,紧扣文本语句不放手,再在此基础上,点拨学生"读书就要这样,从那些含义丰富的词语和句子中体会言外之意、言中之情"。这样水到渠成的方法渗透,起到四两拨千斤的作用。

窦老师运用对比感悟的教学方法，去掉课文中的三个"一会儿"，并且设问"意思没有改变啊，用与不用究竟有什么不同呢？"引导学生体会文中珍珠鸟的"神气十足"，再让学生通过课文句子说出珍珠鸟的"调皮""淘气"和"胆大妄为"，清晰地感受到学生通过课文的语句来体悟学习的过程，最后适时点出："我觉得你们很会读书，能抓住文中这些细致的描写来谈自己的感受。"教学方法与学习内容有机地融合在一起。

　　当下，对学习方法的重视，让课堂拥有了很多新的教学思考，但我们也常常见到一些教师顾此失彼——眼中只有方法，而忽视对课文语言的品悟，这可谓走入了另一个极端。以上两则片段中，两位特级教师都重视对学习方法的提炼，教学重点也都指向方法，但这不是机械地说教或人为地"贴标签"，而是在对文本细致感悟、品味、理解的过程中，在学生深入走进语言文字背后的过程中，将方法与内容巧妙地整合在一起。语文课没有因为对方法的重视而"冰冷""乏味"起来，仍然充溢着浓浓的"语文味儿"，有情有趣。这是两位教师教学智慧和教学艺术的最佳展现，值得我们借鉴和学习。

（江苏省苏州工业园区文萃小学　张晓华）

精选内容，精讲技法，精练段落

——小学语文期末总复习中习作复习创新

一到期末，教师与学生都开始忙碌起来。教师出期末复习提纲，学生做复习提纲，似乎没有提纲，就体现不出是期末总复习。于是，语文、数学、英语等学科，科科的期末总复习提纲"如雨后春笋般"涌向学生。学生做得痛苦不堪，教师批改得筋疲力尽。课堂上，教师以讲提纲内容为主。一般来说，期末总复习的一两周里，教师讲得口干舌燥，学生听得了无生趣。复习课总是以这种"不厌其烦操练"的面目呈现，一点味道也没有。而且，教师在复习期间的"火气最大"——经常会发现，课堂上明明讲评过的提纲，有的学生就是不把正确的答案抄下来，还是让自己的答案"坚强不屈"地挺立在卷面上。甚至有的就是"白茫茫一片"，你急学生不急——"老师，做这么多提纲，考试时真的就会考吗？"教师的辛苦，换来的却是学生的诘问。这也是大实话。卷子不是任课教师出的，经常碰到的情况是，考前教师千辛万苦在题海中潜泳，等到真正考试时，顿时发现，其实不用复习学生也能考，先前的辛苦全是一厢情愿的"白搭"。但不练又不放心，于是，只要有期末考，总复习的提纲就有存在的理由。

以上这些场景，在小学期末复习过程中经常遇到。而对小学语文期末总复习来说，让教师最头痛的仍然是"习作"这一块。习作复习，究竟要怎么复习？除了编印提纲这一招，还有没有让学生乐意接受的形式呢？在本文中，笔者主要针对小学语文中高年级的习作期末总复习浅谈自己的几点拙见。

思考一：正确理解复习的内涵

从字面上看，"复习"就是"又学习"的意思。可是，对于学生来说，哪一天不是在又学习呢？复习绝不是将学过的知识重新学一遍，而是要教会学生从学过的知识中建立起"知识树"，通过再度学习，提炼出知识重点，内化成系统的学习方法，尽可能形成新的理解与体悟。这才是复习的目与内涵。因此，复习课拒绝"炒冷饭"，应该在温故中知新、知"法"。

思考二：正确把握学段的习作内容与要求

小学生习作能力的发展是一个循序渐进的过程。不同的学段，对习作要求是不同的。语文教师不能操之过急，应以语文课程标准中的学段习作目标为依据，正确合理地界定不同学段的具体习作要求。根据本学期语文习作要求，在复习阶段，语文教师有义务与责任帮助学生将本学期的某一类习作目标整理出来，让学生明确自己习作的"标准尺度"在哪里，这也有助于教师了解学生真实的习作发展需求。

以五年级语文期末习作复习为例，笔者对五年级学生在写人、叙事、写景、漫画等类型的习作上，梳理出如下的习作复习达成目标——

1. 写人的记叙文是小学阶段最常见的文体。人与人，各具特色。千人一面，了无生趣。写人的文章，要注意通过人物外显的行为、举止、言谈等来表现，学会借助语言、动作、神态、心理活动等的描写，将人物形象活脱脱地勾勒出来。

2. 生活是个广阔的舞台，有许多值得我们回味与品尝的镜头。虽然我们每天都在生活，都与生活亲密接触，但可能并没有真正去观察生活。本次习作就是给大家这样的机会，学会从生活中寻找能带给我们启示与思考的"瞬间"，将这个"镜头"拉近、放大，捕捉、升华出对你我他都有教益的内容，让生活因我们的发现而更亮丽。

3. 各种各样的比赛，为大家提供大展身手的舞台。本次习作要学会运用场面描写的方法，写出比赛的盛况来。同时，要学会运用点面结合的方法，将比赛过程与画面呈现出来，让没有亲临现场的读者，通过你的文字，仿佛置身比赛的环境中，产生身临其境的美妙感觉。

4. 天下美景，只有亲身经历了，才会有体验。山川村落，南国风情，北国风光，域外景致……说不完、列不尽的天下风景，等着我们用眼睛这个"摄像头"将它们拍摄下来。本次习作要学会按一定的顺序，抓住景致的特点，写出一地一景的特色，将天下绝胜美景通过文字描摹呈现出来。同时，学会运用适当的修辞手法，展开合理的想象，为自己的文字增添文采。

5. 漫画蕴含着教育、劝诫、警示、讽刺等意味。看漫画，不仅要读懂它的画面义，更重要的是读懂、挖掘漫画背后揭示的内涵。这是能否读懂漫画的关键。本次习作要学会描述漫画的画面内容，结合生活实际，写出自己对漫画所蕴含的意义的理解，让没有看到漫画的读者，通过读你的文字，能在眼前形成画面，同你一道获取教益。

有了以上具象的习作要求总纲，教师就要指导学生将8篇课内习作与要求总纲进行比对，借助教师的评语、同伴的评价、家长的阅后感言等分析一个学期语文学习下来，在现阶段的习作水平上，学生最欠缺与最薄弱的地方。教师将学生现实习作发展需求收集上来，从中筛选，结合自身在平时习作教学中的观察，以确定复习阶段在习作方面需要强化的内容。经历这样的过程，确定出来的习作复习内容才是有的放矢的。

思考三：坚持"三精"原则进行习作总复习

复习课，教师千万要避免强烈的功利性，更不要有押题的奢望。习作复习课的根本目的是在有限的时长里尽最大的努力帮助学生提高习作能力。若还是以语文基础知识的操练法来进行习作复习，师生必定苦不堪言——总不能要求学生在复习期间，一天一道习作题地操练吧！试问，语文教师有这样的精力做到篇篇批改吗？因此，小学语文期末习作总复习必须遵循以下"三精原则"。

1. 精选习作复习内容。习作题犹如天上的繁星，总也写不完。在有限的期末复习时间里，究竟要训练什么，怎么训练，语文教师在总复习之前必须有充分的思考与准备。笔者认为，期末语文习作总复习的内容应以学期教材的阅读内容、教材单元习作题目及学校学期重大活动或事件等为"蓝本"，以范围性、范畴性等命题为主，精选比较重要的内容，不宜过多，一般以4～5道题为宜。教师不应贪多，只有将这些题的写法、技法等说全说透，学生能有所领悟，有所尝试运用，比平时的习作自如、有提高，就是习作复习课所追求的。

2. 精讲习作的一些常用技法。《义务教育语文课程标准（2011年版）》倡导，习作要张扬学生的个性，彰显学生的想象，自由地表达自己的心意。提法是正确的，这对于让学生自由作文而言是完全没问题的。但作为语文教师，还要注意，在习作中，有一类题所占的比例是很大的，那就是命题作文。我们常见这样的一种情况，不少学生在自由习作时水平不错，一旦拿到规定的命题习作时，就开始有点"找不着北"了，习作效果也大相径庭。当然，不同的学生，对不同体裁的习作，喜好与能力上都存在差异与参差，这是正常的。就好比语文教师在写论文时自由选题写，每个人写起来都很顺手，因为那是自己要写的；若是要求命题论文，就止不住要抓耳挠腮，因为那是在规定的范围里作文的。将心比心，我们也就能理解学生的困难了。因此，在习作总复习时，我们要教给学生一些常用、好用的习作技巧，帮助他们建构必要的习作知识。当然，这种技法绝非文学理论，而是与学生认知相吻合的必备的习作知识点。

还是以五年级语文期末习作总复习为例。为了给全年级学生、语文教师在习作复习时有个参照，笔者设计了这样的复习策略。

复习个案：习作范畴——遨游书海中

习作目标：

读书能为自己的精神世界涂抹上亮丽的颜色。遨游书海是一种幸福与快乐，当"书虫"是一件美丽的差事。本次习作就为大家提供畅游书海的机会。让大家学会通过与书籍、读书有关的具体事例来表达"有书阅读的日子是甜蜜的"主题。同时，融进自己对读书乐、阅读美的情感，将书与充实的生活有机地结合在一起。

技法点拨：

以一当十，传递"美""乐"。

书海，浩瀚无垠，泛舟采撷。遨游书海中，快乐人自知，周身就会被书香笼罩。写泛舟书海遨游的文字，必须注意以下几点。

首先，选择习作材料时，要学会"以一当十"——就是在材料选择时，不要追求"多多益善",而是要立足与书海遨游有关的内容上,选择最能反映自己爱书、嗜书、痴书等的事例,用"还原情境"的方式呈现事例。

其次,选择自己看过的某一本书。回想一下,这本书曾给予你怎样的营养与力量。通过阅读这样的书籍,你是怎样获得"开卷有益"的感受的。比如,平时对学业缺乏信心,认为自己不可能在学业上崭露头角,但当阅读了《窗边的小豆豆》之后,变得自信了,学习的干劲也足了。这就是从书籍中所汲取到的营养。

最后,读书是苦乐兼具的活儿。写遨游书海的文章,一定要把自己对书海泛舟的真实感受表达与抒发出来,将在书海中遨游所发现的真善美与喜乐在文字间流淌出来,让阅读美与读书乐通过文字得以传递。

名家名篇:

书香与绿树、花草、夜风一样,教人忘却了时间在流逝。一册册浏览在手,如同与老友品茗夜谈,满室弥香。对真正的读者来说,有好书可读,人间便没有痛苦难捱的时光,没有卑微无助的地位,没有忐忑不安的窘况。长期、专注、全身心地阅读,潜移默化之间,便涵养了豁达心性。难怪有人说:进入读书的心境,即便是陋室,也一样能泡出一段沉醉好时光。诚如斯言,爱读书的人,迷恋的是书中那种情感与智慧淡淡的清香,所谓"读书随处净土,闭门即是深山"。读者对于他所喜欢的作家的情感感悟,往往是无声无息的。而一位读书家则说,"将著者经意的大问题化解得很小,又绕道到著者的背后去思考、去感悟,这是读书的独妙乐趣"。

读书带来丰富的想象,带来深刻的感受,源于心灵与心灵会意的魅力。一本绝好的书,无论在何时何地,都能给人以"品不够"的感受。优秀作品,除了句子以外,要看到人、人性,也要看到好的故事和戏剧性。

读好书的幸福,是一种纯洁而又明净的幸福。阅读带来的愉悦和感受,不是其他生活方式所能获得的。一卷在握的惬意,千金难买。一把小小的竹椅或木凳,就构成了富有的天地。如果要列出世界上最香的东西是什么,我以为,不是饭菜,不是香水,而是"书的墨香"。品一杯淡茶,捧一本散发墨香的好书,那是一种多么恬淡的境界。

——摘自王丽萍《沉醉书香》

师生感受：

刘琴：作家把文字写得太美了！把沉醉在书香中乐而忘返的感受淋漓尽致地表现了出来。

林媛媛：我还发现了作家善于引用读书人对读书的评价语，一看就让人觉得有一股浓郁的文化味扑面而来。

李逸陶：作家认为，"如果要列出世界上最香的东西是什么，我以为，不是饭菜，不是香水，而是'书的墨香'。品一杯淡茶，捧一本散发墨香的好书，那是一种多么恬淡的境界"。她将自己对读书的真正感受，在篇章最后一段非常准确地反映了出来，读来让人很有感触。

王老师：作家首先引经据典，写出对书籍的总体感觉；接着，转而来写读书的作用——带来丰富的想象，带来深刻的感受，源于心灵与心灵会意的魅力。最后，作家阐发自己对读书的理解，"读好书的幸福，是一种纯洁而又明净的幸福。阅读带来的愉悦和感受，不是其他生活方式所能获得的"。层层递进，将遨游书海的快乐有序有据地传达了出来。

习作复习时，让学生读上述教师设计的习作指导材料，课堂上教师结合"技法点拨"进行具体讲解，并在赏析"名家名篇"的基础上，将教师归纳出来的技法进行比照消化。按照这样的策略进行习作能力的培植，学生是欢迎的，教师的习作复习指导方向也是清晰具体的。

3. 精练重点段落。我们会发现，大部分习作水平差强人意的学生，往往就是在该详细铺陈的地方却"简单滑过"了，也就是重点之处却作了错误的省略处理。笔者认为，习作总复习时，要求学生篇篇都练，篇篇都写，显然是不现实的，应该将练笔的关键移到重点段落的训练上，以重点段的详细描写带动篇章整体效果的提升。

例如，复习如何进行场面描写的内容时，教师就可以现场举行一些比赛活动，如掰手腕、智力抢答等活动，让学生参与、观察、体验，而后再让学生将自己最感兴趣或印象最深的一个"点"用具体的语言描述下来。课堂当场完成，教师现场讲评。这样"短平快"的段落训练方法，让学生在一个共同的话题与场景环境下习得"点"的描述。学生不会感到习作的痛苦，也不会产生习作复习"无休止符"的"狰狞感"。

学生的重点段落训练到位了，能力提升了，再加上必要的习作技法的辅助，相信在期末总复习的时间里，他们能对习作有一种新好感，获得些许习作能力的增值。这正是所有小学语文教师的共同期盼。

（福建省厦门实验小学　王庆欣）

巧用多媒体　都为解文本

——优秀教师杨子江执教的《〈唐诗三首〉课例》教学片段赏析

新课改后很长一段时间，人们在运用多媒体技术（幻灯片、图画、音乐、视频等）方面进入了误区，以为幻灯片越多越好，图画、音乐、视频不可或缺。也正因如此，很多课堂被批评为脱离了语文本色的"电灌课""美术课""音乐课""电影课"。批评浪潮之后，很多人又不敢运用多媒体了。多媒体的运用真的是让人又爱又恨。

如何恰当运用多媒体呢？或许我们可以这样认为：多媒体是解读文本的辅助工具，当用则用，运用要精当，最终要为品味语言、解读文本服务。

我们可以从杨子江老师执教的《〈唐诗三首〉课例赏鉴》中获得启示。下面试分析之。

片段一：两次幻灯片的出示

（学习白居易的《问刘十九》）

师：……那么，刘十九到底来了没有？

生：（插话）来了。

师：如果来了，屋内又是怎样的情景？

（出示幻灯片：风雪之夜，一袭青衫飘然而至……）

师：请大家以这句话为开头，续写一段文字，想象刘十九来了之后是怎样的情形。

生：诗人不禁喜出望外，热切地拥抱友人，然后他们把酒言欢，促膝夜谈。

师：很好，这位同学写得不错，既有细节描写，又能准确使用成语。还有更详尽的吗？哪位同学念一下？

生：刘十九来到白居易家里，两人喝着用火炉温的酒，一直聊到深夜。即使白居易准备的东西十分简单，但两人的感情深厚，不计较什么豪华的东西，不用什么珍贵的礼物，这是真正的感情。

师：是啊，真正的感情不需要那些豪华的东西。不用奢侈品，只要"绿蚁新醅酒"就可以；也不用富丽堂皇的壁炉，只要"红泥小火炉"就可以。大家看看我写的，虽然不一定有大家写得那么好。

（出示幻灯片：在温暖、明亮的室内，两位好友偎着火红的小泥炉举杯共饮，畅叙友情，顿时酒香笑语充满小屋……）

赏析

这个教学片段颇具诗味，浓浓诗意始终笼罩课堂。那么，这诗味主要来自何处呢？从具体操作上看，诗味主要来自教师在多媒体上的引导和示范。杨老师用自己的引导和示范打造了和诗歌高度契合的诗境，诗境有了，诗味自然也有了。具体来说，其引导和示范主要表现在两次幻灯片的出示上。第一次，在引导学生想象时，先设定一个很有诗意的场景："风雪之夜，一袭青衫飘然而至……"很适合饮酒的环境，很适合交流的朋友，这一切让诗境立显，引导学生进入情境之中。第二次，在学生补白之后，教师出示自己的作品。和学生的补白不同的是，教师的补白特别注意小屋的"温暖、明亮""火红""酒香笑语"。这些具体化的描述特别能打动人心，再加上教师的总结，此诗境令人神往。令人神往的诗境自然弥漫着浓浓的诗味。

片段二：对视频的两次运用

生："开"就是花朵开放，"落"就是花朵凋谢，"发"——也是花开。

师：那为什么用"发"不用"开"？"发"跟"开"有什么区别？"发"到底是什么意思呢？

（众生沉默不语）

师：我试着来给大家解释一下。

（出示幻灯片：一朵花慢慢开放的视频）

众生：静静地，慢慢地。

生：我好像知道了。"发"是一个过程，"开"是一个结果。

师：说得真好。这个视频是怎么拍出来的？

生：一台摄像机拍了花开的过程，然后快进放出来的。

师：那么请问，一千多年前的王维怎么看到这种状态？

生：王维一直盯着那朵花看，从早到晚，开了又落。

师：……王维呢？他一直看着一朵花，他很哀伤吗？他很悠闲吗？——这，就是今天的作业。

赏析

对这个视频，杨老师进行了两次运用。

首先，当学生回答不出来的时候，视频成了学生学习的辅助。当学生看完花开视频，再想一想"开""发"的区别，答案自然涌上心头，这远比教师讲更轻松，更尊重学生的主体地位。运用花开视频，没有喧宾夺主，视频真正成了学生咬文嚼字的形象化辅助因素。

其次，教师引导学生针对视频和诗人又作了深入的探讨。对视频，杨老师问："这个视频是怎么拍出来的？"引导学生关注拍摄的时间，这是个铺垫性问题。紧接着，回到诗人身上，杨老师问："一千多年前的王维怎么能看到这种状态？"学生一下子就联想到王维痴痴看花的场景，体会诗人以观照世间万物从而物我两忘的寂静之心。两个问题，从视频到诗人，层层深入。若没有借助视频，没有对视频的发问，学生怎能体会得如此深入？

巧用多媒体而不为多媒体束缚，让多媒体为品味语言服务，为解读文本服务，这或许应该成为多媒体运用的一个原则。

（河南省新郑市第三中学　贾会彬）

寻找语文教学的最佳"导"路
——多位名师教学个案赏析

伴随教师角色的转变,教师成为学生"学习活动的组织者和引导者"。教师的教学方式从以往课堂上的"讲"变为当今课堂上的"导",不再是不厌其烦地灌,而更多的是在学生自主合作探究下的"导"。"导"必须是建立在学生自主学习并与同伴交流而有疑惑的基础上,它不是往常地"导入新课",而是贯穿整个教学过程的教师的启发、诱导、点拨,是教师在学生感知、理解、品味文本的过程中发挥指导者、合作者和帮助者作用的最好方式,是教师在教学过程中巧妙而扎实地培养学生自主学习能力的最好手段。"导"是教师主导作用的表现形式,是教师课堂"教"的常态,是语文课堂生态改变而趋于更加和谐、高效、科学的体现,是培养学生语文能力、追求语文教学高效的有效途径。

许多语文教师受传统讲授法的影响,经常是"导(道)而牵""开而达",结果学生成了知识的接收器。那么,语文教学的最佳"导"路有哪些呢?

路径一:顺势而"导"

它是指语文教师在教学中顺着学生的"愤""悱"形势推波助澜,顺着学生自主学习后的理解判断作进一步的"导",以帮助学生更加深入地理解、鉴赏文本,从而获取语文知识并形成语文能力。这样的顺势,是指学生在对文本解读形成认知时的思维指向始终结合文本,围绕文本本来的价值取向建构意义,没有受各种因素的干扰而偏离文本价值。这个时候,教师的"导"就似顺水推舟，连接的是学生的正向思维，教师只需要对学生"愤""悱"的内容作正向启发、诱导、点拨，学生的思维就会顺势而行，故而教师的"导"就相对容易些。

（一）营造情境，导激情

教师在教学过程中结合文本信息，利用文本内涵为学生营造积极亢奋的情感场，通过多种媒体诱导学生的激情，诱发学生强烈的探究欲望，让学生在浓浓的情感包裹中学习文本，培养能力。

例：洪宗礼《一双手》课堂片段。

师：你见过松木吗？

生：见过。

师：松木是什么样子？我最近请木匠师傅找了半截老松木，是这样的。（老师出示半截老松木，一双手的粗、老、硬、干、色深、厚的特点，全部呈现于学生眼前，比喻形象、贴切，不言而喻。全班学生兴奋地笑了起来，有的从座位上站起来看，教师在学生间巡走）

师：我要同学看着老松木，想一想作者用半截老松木比喻一双手，说明一双手有哪些"奇"的特征？

洪老师用学生都熟悉的一截老松木，"导"出全班学生"兴奋地笑"，调动起他们参与课堂学习的激情。有这半截老松木在学生眼前，学生就会在文本与老松木之间建立起众多的联系，把文本信息形象化为这半截老松木，从而在大脑中建立起一双手的形象。接下来，学生看着这半截老松木都会顺利地答出那一双手的"奇"处。洪老师的这一"导"，一举多得，学生能在课堂"兴奋地笑"起来，"导"的目的已经达到。

（二）架桥铺路，导方向

当学生在自主学习中被众多的文本信息包围而一时找不准自己要探索的方向时，当学生分析鉴赏文本而被纷繁的信息迷惑找不到出口时，教师就要抓住时机为学生架桥铺路，引导学生把繁冗的信息条理化、类别化，点拨学生从多个侧面、多个角度分析文本信息，多作广度思考，然后综合分析。但教师架桥铺路的"导"不是修好路让学生走，而是教师与学生共同的"架"和"铺"，是以学生的"架"与"铺"为主，教师仅是"弗牵"的角色。因此，这样的"导"其实是为学生后续学习"导"方向，点拨学生更加深入地探究文本的内涵，从而建构自己的理解。

例：蔡澄清《孔乙己》（二课时）课堂片段。

师：请同学们边读课文边思考以下问题：①孔乙己有哪些性格特点？具体表现在什么地方？作品是怎样描写的？②孔乙己的这种性格是怎样形成的？③作家对孔乙己的态度怎样？作品所表达的主题思想是什么？

师：为帮助理解，请填写下表。

描写内容	课文中具体描写的语句	表现的人物性格特点
外貌整体描写		揭示人物特殊身份
肖像描写		揭示人物不幸遭遇
服饰描写		
个性化语言描写		
动作神态描写		

小说《孔乙己》内涵丰富，人物性格鲜明，但如果让学生在自主学习的基础上独自回答这三个问题，学生会因为文本信息太多而仅能抓住少部分，很难从整体上全面地分析人物性格、小说主旨以及作者的态度。为了提高学生的自主学习效率，教师巧妙地"引导"——表格出场。有了这张表格的"导"，学生不仅进一步理解了文本信息，抓住了课文中描写人物的关键语句，而且还能从不同的描写角度分析人物的性格。在学生填写完这张表格后，不仅能正确回答问题①，而且还为学生探究问题②和③作好铺垫。如果没有蔡老师这张表格，学生很难把这五个方面归纳全面。教师预测学生在学习中可能会被众多的文本信息弄得迷失方向，故而先为学生架好桥、铺好路。可以看出，教师的"导"仅是为学生指路，更多的内容必须由学生自己解决。

（三）刨根究底，导原因

学生在自主学习中，根据自己的阅读期待，建构文本意义，并且完全与文本价值相吻合。这是学生扎实语文基础和较强语文阅读能力的体现，是语文教师感到最幸福的。但在这样的情况下，教师的"导"则愈为重要。教师不应该止于学生已知道什么，而应该关注学生得出结论的原因，即"为什么"。教师应该顺势"导"出学生的思维过程，"导"出其得出结论的条件、思路。这个"原因"其实就是过程与方法，它远远重于作为结果的知识。因而，引导学生刨根究底实质上是对过程与方法的追寻、强化。

例：洪宗礼《一双手》课堂片段。

师：这一段用对比写手大，那么第17段是用什么方法写手大呢？

生：用数字。

师：用数字有什么好处？不用数字不是同样可以说明手大吗？比如，有的同学作文时写大，会说"很大很大""非常大""大得不得了""大得惊人"，这样写好不好？

生：不好！

师：为什么？

生：（七嘴八舌）太空洞、太笼统。

师：张迎善的手究竟有多大……

文章怎样写手大，涉及写作方法问题，这是形成学生语文能力的关键。前面学生已理解了如何用对比手法写手大，而此时又提出文章第17自然段用数字方法写手大。学生能准确判断"用数字"这种方法相对容易，但为什么要"用数字"的办法，不用可以吗？这才是语文教师要着力引导的，也是学生需要理解和掌握的。在这个时候，教师"导"得非常恰当，用学生平常作文时的写法来引导分析、思考、对比、判断，最后学生得出教师想说的结论：用数字来写手大，使文章显得具体而不空洞、不笼统。这不仅弄清楚了文本写法的好处，而且对学生今后的学习和写作产生积极影响。教师在教学中要针对学生的自主学习相机而动，在学生已理解的基础上引导学生刨根究底，就能够让学生在明白"是什么"的基础上还明白"为什么"。

（四）示范引领，导方法

学生在自主合作学习中，通过阅读期待总有无法解决的问题。有些学生在熟读理解文本的过程中，对教师所预设的问题感到无所适从，不知怎样切入和解答。还有的学生对教师所预设的问题能够说出自己的看法，但具体怎样表达全凭感觉。在这样的"愤""悱"之时，在学生感到问题有深度和难度的时候，教师必须引导学生走出重围，带领学生用自己的智慧按照教师的示范走出文本的崇山峻岭。此时，教师的"导"主要是示范，像体育教师一样，给学生讲跳过鞍马的动作要领，亲自示范，并让学生明白回答此类问题的思路、方法及基本格式。

例：洪镇涛《天上的街市》课堂片段（只录教师的"导"）。

师：好，大家读了一遍。现在我们来深入学习这首诗。这首诗不长，语句也通俗易懂，一看就明白。但是，我们深入进去，还有很多值得品味、揣摩、学习的地方。

下面，我先提出两个问题，然后你们依照我提问的角度和方法，自己来提出问题，解决问题，好不好？

我们看第一节，（师读第一节后）我们现在把"天上的明星现了"中的"现了"两个字换成"亮了"，"天上的明星亮了，好像是点着无数的街灯"，行不行？好，好多人举手，你来说。

师：好，我现在提第二个问题。第一节有两句话，我现在把这两句话颠倒一下，你们看行不行。（朗读）"天上的明星现了，好像点着无数的街灯。远远的街灯明了，好像闪着无数的明星。"换个位置，怎么样？喔，好多同学举手，你来说。

师：那么，同学们发现没有，我刚才的两个问题都是从作者怎样运用语言的角度提的。第一个问题涉及用词的准确性，第二个问题就涉及这首诗构思的问题。请同学们也从语言运用的角度，学习我提问的方法，我运用了什么方法？

生：（有的）推敲，比较。

师：对，我用的就是比较揣摩法。现在，请同学们也仿照我提问的角度和方法，自己来提出问题，解决问题。下面，一桌三个人为一个小组，可以互相讨论。好不好？

诗歌的赏析于初中生来讲是难点，许多学生说冰心的《繁星》《春水》读不懂，可以看出，诗歌学习对初中生来说确实有不少困难和问题。如果仅笼统地让学生品味诗歌语言的美，或者笼统地让学生说出诗歌美在哪里，学生多半会无从下手，无所适从。洪老师对诗歌教学的现状非常清楚，故而一开始就作示范引领。以第一节诗为例，他不厌其烦地从诗歌语言及构思角度引导学生理解、分析、品鉴，点拨学生明白诗歌语言赏析和构思的最基本方法。然后，再让学生按照教师的示范赏析后面几节。这是洪老师针对学习难点的先导后学。有了教师的示范和范本，学生就会按照教师所示范的方法深潜文本，涵泳语言，从而得到扎实的语文能力训练。

（五）打开眼界，导持续

教育的核心价值是培养学生的学习兴趣，引发学生对知识的热爱，并不在于传授多少知识。卢梭说："传授儿童各种各样的科学，并不是你的职责；你的职责应该是使他对科学产生浓厚的兴趣。"教师在引导学生学习语文知识形成语文能力的过程中，要不失时机地培养学生对语文的兴趣和爱好，更多地诱导学生走出语文书学语文，多读名著，多观察社会，多面向未来学语文。要利用教材文本巧妙地设置悬念，引发学生更强烈的阅读、理解、赏析的情感，促成学生课外乃至今后成长过程中对学习的强烈兴趣。同时，在课堂中自然地为学生的课外阅读提供支持，让语文知识和能力能及时迁移并形成学生的语文素养和语文能力。打开眼界就是教师在教学中利用"引导""诱导"诱发学生持续学习的强烈欲望。

例：石卉芸《雪》课堂片段。

师：现在，让我们在音乐的伴奏下，用童声美读，读出我们对美的感受、理解和领悟，读出我们对作品艺术美的再创造。请大家调整好自己的感情，朗读时前半部分要轻松欢快、优美抒情，再现冬花雪景图、群儿玩雪图的柔美、健美、情趣和生机；后半部分要激越慷慨悲壮，凸显朔方飞雪磅礴豪迈奋斗拼搏的壮美，注意把握作品的感情基调。

师：(音乐起，师表情庄重)配乐散文诗朗诵《雪》，朗诵者：初二（1）班全体同学。预备起。（全体同学在音乐中情绪饱满、富有感情地朗诵）

师：同学们，《雪》选自鲁迅先生的散文诗集《野草》。《雪》的美，不是我们这一节课能够穷尽的，它留给了我们很多继续探索美的空间。希望同学们能够阅读欣赏《野草》中的更多散文诗，同时阅读欣赏更多的经典文学作品。

记住，阅读优秀的文学作品，朗读是最好的方法。朗读是艺术，是创造，更是一种高尚的精神享受。希望同学们热爱朗读，并因此而热爱世界优秀的文学作品。

石老师在本节课结束的时候，通过配乐朗诵激发学生的强烈情感，进而引导学生领悟散文诗的音韵之美，并借助《雪》，顺水推舟地引出鲁迅著名的散文诗集《野草》，以及《野草》在中国现代文学史上的地位。其目的就是借此引发学生强烈的阅读欲望，同时告诉学生朗读的重大作用。教师在课堂上不仅"导"当下，而且"导"未来，为学生的未来学习作好铺垫。

（六）画龙点睛，导概括

教师在各个教学环节中，在引导学生围绕本环节的教学任务组织学习时，要利用智慧的设计引导学生分析、归纳、总结出本环节的知识点、能力点、训练点，点拨学生借助已有的知识积累建构新的认知，并形成语文阅读能力和分析能力。教师在课堂上画龙点睛地"导"，其核心是培养学生在自主合作探究中形成分析归纳能力，引导学生善于从诸多现象中找到问题的本质，在过程与方法中领悟学习语文的方法和途径。

例：钱梦龙《论雷峰塔的倒掉》课堂片段。

师：好，就用"听说倒掉"。大家以此为例，一路找下去，最后就可以把线索理出来。

（学生看书，找线索，然后口述。教师边听边写，最后完成板书：听说倒掉—希望倒掉—仍然希望倒掉—居然倒掉—终究要倒掉。）

师：你们看，作者就是按照这条线索，有时叙述，有时议论，一路写下去。如果说这像画龙点睛的话，那么，在哪里"点睛"？

生：最后点睛。（师插：为什么说"睛"在最后呢？）因为"塔终究要倒掉"是文章的中心。

师：你们看，把文章的线索理一下，就可以看出作者的思路一步不乱。这可以说是杂文的一个特点：杂而不乱。

钱老师就学生对文章"杂乱"和"不杂乱"的争论，先告诉学生这篇文章是"杂"而不"乱"的。但仅这样说学生是不接受的，因此，钱老师指导学生厘清全文线索，要求学生围绕"倒掉"把文章里写到有关"倒掉"的事儿找出来。待师生共同找出来写在黑板上后，学生发现文章的思路非常清晰，一点也不乱。于是，教师水到渠成地指出杂文的特点。这就是教师"画龙点睛"的"导"。这样的诱导，师生共同分析归纳，体验知识的生成和能力的达成，最终促使学生形成语文能力。

路径二：遏势而"导"

在学生熟读研习文本之时，在学生同伴之间交流学习感受、研讨疑惑之时，由于文本信息的复杂和深奥，学生阅读姿态的差异，他们对文本信息的背景把握不全或者不够理解，许多时候会得出与文本应然价值相偏离甚至相反的意义建构。诸如愚公应该搬家而不应该移山，朱自清的父亲擅过铁路违反交通规则等，这样的文本解读很容易得到学生的认同。如果教师在此时不巧妙地遏势而"导"，对学生偏离文本内在价值取向的解读表示认可乃至赞许，那就真的会误尽苍生。在这样的情况下，教师必须遏势而"导"，校正学生的阅读姿态，回归文本本来的价值取向，指导学生运用正确的文本解读方法，形成文本解读的正确认知。

（一）辨非明是，导判断

每个学生都是思维活跃的个体，他们对文本的解读受其前阅读的影响会出现差异，在文本解读结果的内涵及表达上会有很大的不同，甚至还会出现截然相反的解读。在这样是非混淆的情况下，教师的辨非明是之"导"就不可或缺。教师必须充分利用自己的教育智慧，对学生的理解迅速地作出判断，然后再与学生一起潜入文本，在文本中分析归纳作者所表达的情感与方式，并在文本的理解和鉴赏中让学生明白文本阅读的思维过程。同时，教师还应在辨非明是的指导过程中帮学生分析出现偏差阅读的原因，找出问题的症结所在，让学生知其所以然。这样，学生才能全面形成阅读鉴赏能力。

例：钱梦龙《论雷峰塔的倒掉》课堂片段。

生：（提出问题）课文第四段"现在，它居然倒了"，我认为应该把"居然"改为"果然"。因为作者是一直希望雷峰塔倒掉的，现在"果然"倒掉，语气好像顺一点。

师：你"居然"敢为鲁迅改文章，真是勇气过人。（笑）这问题挺"高级"

的，请大家发表意见。

生：我同意改为"果然"。"果然"表示塔倒是在意料之中，因为塔是终究要倒的嘛！作者也是早就料定它要倒的。"居然"表示出乎意料，用在这里有些不合适。

师：好啊！又有一位主张为鲁迅改文章的勇敢者！（笑）到底要不要改？我想鲁迅这里用"居然"，总有他用"居然"的道理，大家是不是也站在鲁迅的角度替他想想。

这堂课上，学生敢于向文本发出挑战，敢于向鲁迅说"不"，不信书，不唯书，他们的反叛意识和研究精神是可嘉的。但是，学生之所以在"居然"和"果然"之间争论，而部分学生选择"果然"，是他们对"居然"一词在文中所表达的内涵和作用缺乏深入且详细的理解与分析。这两个词到底哪一个更切合文本的文脉，更能体现文本本身所要表达的意图，学生缺少整体把握和宏观思考，而仅局限于"现在，它居然倒了"这句话中。钱老师非常敏锐地发现了这个问题，及时遇势而"导"，因为再这样争论下去价值不大，反而会误导更多的学生。因此，钱老师及时地加以引导，要求学生站在鲁迅的角度，站在全文的角度分析思考判断，并作出自己的回答。从后续课堂来看，钱老师这一辨非明是的"导"引发了学生新的思考。许多学生结合文本的思想线索及全文的整体构思，认真对比了"居然"和"果然"的语境意义，作出了正确的判断。试想，假如钱老师放任自流，结果就是"居然"用错了，该肯定学生的结论。钱老师说："因为我首先考虑的不是学生将怎样配合我的教，而是我的教怎样去配合学生的学，因此，仔细体察学生认识活动的思路和规律，是我备课的一个重要内容。"

（二）选优汰次，导比较

乌申斯基说："比较是一切理解和思维的基础，我们正是通过比较来了解世界上的一切的。"学生自主学习所形成的文本解读，在与同伴的交流讨论中所建构的文本意义，因为学生阅读期待的差异肯定会出现多个意义。当多个解读呈现在学生眼前时，许多学生难以甄别，认为个个都可以。但最贴近文本、贴近作者意图的只有一个。学生之所以无法选择，主要是对文本的研读不够，对文本内涵思之不深，或者对作者的写作背景及意图不熟悉，因而出现了浅阅读。一旦课堂出现这样的场景，教师必须诱导学生加以比较，在深入研究文本的基础上作出选择。在比较的过程中，学生经过深入而全面的分析，经过教师的点拨诱导，会弄清楚多个解读的优、次、是、非，获得新的认知和能力。"优"与"次"不是孰是孰非的问题，而是选优问题，这样的"导"比辨非明是的"导"要难一些，更加考验教师的语文专业功底。

例：魏书生《得道多助，失道寡助》课堂片段。

师："道"是文眼，什么是"道"？

生：（学生陆续回答）"对人民好""有仁义之心""有道德""统治者应施仁政"。

师：再简练些。

生：（一人站起）仁政。

师：同学们齐声说。

生：仁政。

师：关于这个"道"字，意思最复杂。在这篇课文中，应准确译成"仁政"。"得道"就是"施仁政"，那么，"失道"呢？

面对学生对"道"的多样化解读，学生很难抉择。哪一个理解更切合文本，更贴近孟子的主张，教师应该引导学生选优汰次，在选优的过程中进一步指导学生掌握分析比较的能力。在魏老师的课堂上，学生对"道"的多个理解，最切近文本的肯定是"仁政"，所以教师给予了学生很明确的回答。"道"的义项很多，学生的理解不能说没有道理，但这篇文章所论述的内容及对象决定了只能是"仁政"。教师对学生进行选优汰次的"导"，不仅能培养学生比较、分析的能力，而且还能培养学生运用语言的能力。

语文教师在课堂上的作为越来越少地表现为"讲"，越来越多地表现为"导"。"讲"是教师按部就班地授，而"导"是教师在教学中学生最需要之时的指导、引导、诱导和点拨；"讲"更多地体现教师这个主体，而"导"是尊重学生这个主体，更能体现教师的教学智慧和教学能力，培养学生的自主合作探究能力。作为语文教师，寻找语文教学的"导"路，还非常漫长。

（重庆市涪陵第十四中学代保明　丁雪梅）

意料之外，情理之中

——《社戏》课堂生成例说

片段一

师：这篇小说写了多个个性鲜明的人物，你最喜欢谁呢？

生：我最喜欢六一公公。

师：为什么？

生：他纯朴厚道，热情好客。

师：你认为双喜这个人怎么样？（想往我的预设上引）

生：我不喜欢他，他有些"装大"（重庆方言，自以为了不起）。（出乎我的预料，第一次听到这种说法。）

师：你为什么有这种看法呢？

生：他"写包票"就是"装大"。戏不好看，要他拍板才决定回家也是"装大"。

师：这样有什么不好吗？你不喜欢这样的孩子王吗？

生：不喜欢。我认为一个人不必时时处处都锋芒毕露。

生：我也喜欢六一公公。

师：你也不喜欢双喜呀！（我仍不死心）

生：双喜在文中确实了不起。但他的性格给人的感觉像是一位成熟的大人，不太真实。不信，你从课文中什么地方可以看出他孩子性格的一面？（我一下被问住了，备课时根本未想过此问题。）

生：我不喜欢双喜！（班上语文成绩最好的也这样，我大感惊奇。）

师：你最有主见，不可人云亦云呢！

生：我更喜欢阿发，他纯朴、热情，主动叫伙伴偷自己家的豆。为什么双喜不叫偷自己家的豆呢？

师：小说中写了他家有豆田吗？

生：你凭什么说他家没有豆田呢？也许不在阿发家豆田的附近，那他第二天摘豆送给"我"了吗？（我哑口无言）

片段二

师：六一公公被人偷了豆，居然还要"感激"，为什么？

生：他"卖了豆回来，船舱里还有剩下的一堆豆"，可见他的豆并不比别人的好，而"我"又说"很好"，他"感激""我"给了他一个公正的评价。

生：他"感激"是因为他的豆得到了"识货人"的表扬，他心里高兴。

生：被人偷了豆不记恨，还"感激"，可见六一公公是多么的淳朴厚道。此处的"感激"是六一公公无比激动的意思。

生：六一公公人老了，劳动力差，所以他家的豆要差一点。也许他自己也认为人老了，不中用了，种豆也不行了。可因为"我"赞美他的豆"很好"，他马上认为自己并未老，还能种出"读书的人"都非常喜欢吃的豆，自己的人生价值还能得到体现，而不是老朽一个！所以，他"感激"的是因为有人认同他并没有老！（全班掌声雷动。我头一次听到这种说法。）

片段三

生：老师，课文中为什么要写"破的石马倒在地下，一个石羊蹲在草里"？（备课时发现了这一点，但并未仔细斟酌。）

师：石马、石羊在什么地方？

生：松柏林里。

师：松柏林里为什么会有石马、石羊？

生：那里以前肯定有寺庙。

生：也许是古墓中留下的。我听爷爷说古时候一些富人家的墓旁会有这些东西……

师：到底怎么来的我们不得而知。关键是同学们要思考，作者为什么要写倒下的石马、蹲在草里的石羊？

生：说明他在这里玩的时间不短，并且还骑过石马和石羊，所以记忆犹新。

生：是对前面"乐土"的照应。"我"非常喜欢平桥村，平桥村的每一个角落都留下了"我"的足迹。

生：我理解了"我"为什么每年都要随"母亲"住在"外祖母"家的原因。平桥村的乐趣太多，可玩的地方也多。我也明白了"我"为什么难忘"社戏"了。

思考

笔者不知道是多少次教学《社戏》了，但以上三个片段，从未遇到过。学生的独特解读，笔者从未听到过，恐怕在教参和教案上也很难找到。学生喜欢六一公公错了吗？他们为什么不喜欢双喜？双喜恰恰是我备课的着力点。我本以为学生会非常喜欢孩子王这类人物，事实证明我错了。那么，学生不喜欢双喜的理由对吗？我想，他们认为双喜"装大"，处处锋芒毕露，时时统领孩子，似与中华传统文化中的做人要厚道、谦逊、虚心、内秀不一致。有学生说看不出双喜孩子气的一面，虽然不严谨，但也很难否定！学生对六一公公"感激"的解读，也许更符合六一公公的心理，也许真的是六一公公"感激"的本意。这样的创新解读强烈地冲击着笔者的课堂预设，使笔者煞费苦心的教学预设显得非常苍白，也使得教参教案上那些专家的高论派不上用场。应该怎样面对呢？如何解决预设与生成的矛盾呢？

新课标讲"阅读是个性化行为，不应该以教师的分析来代替学生的阅读实践""要珍视学生独特的感受、体验和理解"。既然这样，"教师的分析"要不要？因为本节课上教师的预设几乎没有用上。如果不要，教师在课堂上的作用是什么呢？如果需要，学生的生成又该如何取舍？这对矛盾是语文教师必须面对的。消解课堂上教师预设与学生生成的矛盾需要教师的教学智慧，需要教师开阔的教学视野和全新的教育思想，需要教师新的语文阅读理论和语文教学思想。笔者以为，可从以下三个方面努力消解预设和生成的矛盾。

其一，积极看待学生阅读图式的差异。每位学生的语文积累、语文素养、阅读个性、阅读潜能、阅读品质等是不可能完全相同的。随着学生的成长，通过后天的学习，学生的智能发展就会呈现更加广泛的多维性，学生的阅读图式就会出现更大的差别。由于阅读图式的不同，面对同一文本，在对文本进行感知、探究和鉴赏的过程中，肯定会出现认知差别，从而导致所获取的信息不尽相同，最终产生自己的"这一个"解读。只要学生本身的阅读图式没有错误储存，没有被其他负强势信息干扰，并且与文本信息融通的过程与方法正确，最后所得到的"这一个"信息，亦即"独特的感受、体验和理解"是不可以轻易否定的。在片段三中，对石马、石羊的理解，你能说谁的错了？

其二，积极看待学生人生场域的差异。学生的人生场域与文本所显现的人生场域对接而形成的"唯我"认知不一样是必然的。每个学生因为家庭背景、社会环境、生活区域等因素的影响，他的生存、生活、学习、交往、实践、玩乐等所构成的人生场域是不尽一样的，有时差别还会很大。不同人生场域所孕育习得的人生情感、文化涵养、情感认知、智慧潜能、社会观念等存在差别，人生场域中的多个因素此消彼长，互相影响，相互促进，构成自己认知社会、认知事物、认知历史、认知文化的"识别码"或"读码器"。面对文本所显现的人生场域，由于"识别码"或"读码器"内存储"数据"的差别，就会读出"唯我"的认知。这正是"人生场域"各异的学生的特点和优势，这种特点和优势是学生"独特的感受、体验和理解"产生的原因之一。片段二中对六一公公"感激"的解读，就是因为学生人生场域的不同，才出现了对"感激"的多元解读，并在多元解读中还原了"感激"的本意。这恰恰是培养学生创新阅读能力和思维能力的重要途径。

其三，积极看待学生捕捉文本隐性信息能力的差异。文本信息由显性信息和隐性信息交错构成，信息源不计其数。在阅读文本时，学生很容易发现显性信息，然后生成对文本的认知。而隐性信息则通过多种方式潜藏在文本中，有的甚至脱离文本字词句而存在，很难看出明显的痕迹，这就是伊塞尔的"意义空白和未定性"。在这种情况下，如果学生阅读图式的"长宽高"不够，就很难发现文本中的隐性信息。但有的学生由于阅读图式中积累的"数据"不少，其人生场域中恰恰在某一要素上拥有特别的"经历"，他就会很容易捕捉到人们未曾捕捉到的潜藏信息，从而出现独到且符合文本真实的感悟和解读。片段一中对学生所喜欢人物的选择，文中所出现的写双喜的语句皆是显性信息，而学生却用自己的人生场域和阅读图式推导出这些文字背后的一些隐性信息，从而以自己的阅读图式去分析双喜，并得出了大大出乎意料的"不喜欢双喜"的结论。

　　语文教学中，常常有"意料之外"的节外生枝是幸事而不是坏事，是学生自主学习、合作探究的最佳展示。只要教师做好组织者、引导者、合作者，指导学生正确阅读的方法，学生的理解在"情理之中"，我们都不可轻易否定。教学中切忌用教参教案上的答案去"量"学生的感受和理解，切忌用所谓的名家解读去"箍"学生的感知和品位。否则，我们将扑灭学生创造性思维的火花，扼杀学生的创造性思维能力，从而使得课堂失去生成的美丽。

（重庆市涪陵第十四中学　代保明）

指向方法："虚"与"实"之间的智慧
——特级教师薛法根教学艺术赏析

语文课堂要重视学生对学习方法的掌握，这是学生自主学习、主动学习的基础，也是学生学会学习、高效学习的关键。在语文教学中，实现由重知识向重方法的转变，由重教师的教向学生的学转变，这体现了当前语文教学理性的回归。在著名特级教师薛法根的语文课上，我们能够感受到他对于学生学法的重视，并且智慧地在虚与实之间，让方法与学生的语文学习成长有机地融合在一起，彰显无痕的语文教学艺术。下面撷取薛老师的两则教学片段，与大家一起赏析其中的精妙。

教例一：《桃花心木》教学片段

师：你们有没有想过，林清玄使用什么办法告诉我们这个道理，而让我们不觉得厌烦？他和语文教师、数学教师、英语教师、体育教师说的话有什么不同？

（生没有反应）

师：他是怎么一步一步地告诉我们这个道理的？快速地浏览课文。他先写了什么，再写什么，最后写什么？如果有发现，不要忙着说，再看一看，想一想。

生：他先写了个故事，写出浇水的时间不一定。

师：你说清楚了一点。是没有直接讲道理，先写了一件事后说道理，这样的写法叫什么？

生：叫烘托。

师：烘托？叫作借事喻理。（板书）

（生齐读）

师：在一件小事中写一个大家都知道的道理，就叫作借事喻理。他是怎么一步一步写的？你们还有发现么？

生：他首先提出疑问，然后通过种树人的回答得出自己的想法。这是烘托。

师：我告诉你啊，这不叫烘托，不烘也不托。他先写发现种树人的奇怪表现，奇怪的……越来越奇怪的……更奇怪的……一个一个的问题，这叫作层层设疑。（板书：设疑）通过种树人的回答解答了疑问，这还不够，最后他悟到了一个人生哲理，这时解疑（板书：解疑）悟到的人生道理。（板书：悟理）

生：（齐读）设疑—解疑—悟理。

师：所以，我们读起来感觉引人入胜。

赏析

在课文学习的最后，薛老师把学生的注意力集中在课文写法的思考上。由作者给我们揭示的道理，我们没有觉得厌烦的原因开始，在讨论点拨中，首先让学生懂得课文如何借事喻理，再渐渐帮助学生弄明白课文是按照设疑—解疑—悟理的写法来写的，从而读起来引人入胜。这样可以帮助学生实实在在地把握课文是怎样写的，也为今后学生的写作迁移提供借鉴。这里老师以"实"明法，直奔重点，简捷有效。

教例二：《哪吒闹海》教学片段

师：假如你是龙王，找到了哪吒的父亲李靖，你会怎样？

生：去告状。

师：你帮龙王想一想，怎么"告"才能让李靖相信是哪吒的错？

生：李靖，你的儿子哪吒犯了滔天大罪！他一摆混天绫，就让我的龙宫摇晃起来；他一扔乾坤圈，便把我家夜叉打死了；他一抖混天绫，还把三太子的原形逼了出来，最可恨的是，他还把龙筋抽了出来。赶快把你的儿子交给我处置！我要将他碎尸万段！

师：你这么说，我就奇怪了。我的孩子哪吒才7岁啊，怎么会打死夜叉和三太子呢？

生：你不知道啊？他有两件法宝，一件是混天绫，一件是乾坤圈。

师：那他怎么会到大海边去，怎么会把龙宫搞得鸡犬不宁啊？

生：他干坏事，我什么也没干。（众大笑）

师：你这叫"此地无银三百两"，自露马脚！（众大笑不止）

生：哪吒把我的龙宫摇晃得快塌了，派出去的夜叉又被他打死了，还把三太子的龙筋抽出来送给你做成了腰带。（师插话：哪吒还来不及送呢！）所以，你要把他交给我处置，不然，我要到玉皇大帝那里告你！

师：龙王是这么说的，那么作为哪吒的父亲，李靖相不相信？

生：不完全相信！他会马上去问哪吒。

师：如果你是哪吒，到了父亲面前，会怎么做？

生：……

赏析

以上片段，看不到教师对学生学习方法的明确指导，但可以深刻地感受到学习过程的轻松与主动。让学生变换一下角色：假如你是龙王，你怎样"告状"，才能让李靖相信是哪吒的错。在师生动态有趣的对话中，学生对课文内容进行生动的转述。接下来，教师又让学生试着做一做哪吒，在父亲面前解释，其实是以哪吒的身份重新对故事进行转述。这样的练习帮助学生内化以人物不同角色身份进行转述的能力。尽管教师没有明确转述方法，但以"虚"代"实"，同样收获教学成功。

以上两则片段，可见薛法根老师在教学中对于学生方法指导的不同策略，也揭示出当下语文课堂对于学生学习方法引领上的两种主要做法。这或者明确揭示，通过对文本内容的理解验证，让学生掌握方法，更好地促进学生的掌握和迁移；或者将方法隐藏于教学过程中，让学生在不知不觉中得到方法的运用，在亲自实践中"恍然大悟"，从而促使理解与表达能力的提高。在课堂教学中，指向学生的学习时，究竟哪一种方法更有效，笔者以为，教无定法，因文而异，也因学段要求和学情而异。具体到一节课的教学中，我们可以准确讲解，指导学生明白读法、写法；也可以灵活实践，指导学生内化运用方法；还可以虚实相结合，把掌握与运用相结合，让教学更富有变化与生机。

薛老师的课堂还告诉我们，指向方法，需要进行智慧的预设，注意虚与实的巧妙结合，还要注意无论怎样的教学，方法不能依靠灌输，而是引导学生在讨论与实践的过程中自己发现，在与文本的对话和感悟中，深入对文本的理解，细化方法内化的过程。也就是说，要完整地呈现学生掌握方法的过程，语言学习与方法学习有机整合，而不能单单为了方法而方法，脱离文本讲方法、练方法。这只会与语文教学的学科特质背道而驰。

在方法的虚与实之间，不正是语文课堂教学智慧和教学艺术的最好诠释吗？

（江苏省苏州工业园区文萃小学　张晓华）

柳暗花明又一村

——优秀教师刘宗顺随笔化作文课《别样投篮》教学赏析

在语文教学中,写作能力是学生语文素养的综合体现。《义务教育语文课程标准(2011年版)》把作文教学提升到前所未有的重要地位,这是符合历史发展趋势和要求的远见卓识。叶圣陶先生说过:"作文不是生活的点缀,而是生活的必需,跟说话完全一个样。"可是,作文教学受人诟病实在太多,该如何教学生作文,令笔者迷惘。有幸听了刘宗顺老师的《别样投篮》随笔化作文课,有种豁然开朗的感觉,与传统的作文教学相比,笔者看到了这样几种转变。

转变一:从无趣到有趣

对于作文,大部分学生怀有不同程度的畏惧心理,更谈不上兴趣。怕写作文,又不得不写,背上不轻的思想包袱。这节随笔化作文课令人欣喜地看到,学生表现出浓厚的写作兴趣。这种兴趣的产生,要归功于教师的情境创设。

上课伊始,教师和学生讨论起了这样一个问题:

师:你们最喜欢上什么课?

(学生众说纷纭,有学生说喜欢上体育。)

师:那咱就上体育。(生欢呼)

师:今天咱们玩一个体育课上的项目,你说(面向发言同学)。

生:打篮球。

师:好,打篮球!高兴吗?

生：高兴。

师：投篮——这个动作会吧？

生：会。

师：用手是吧？

生：是。

师：要是用脚呢？

生：不能投。

师：那直接犯规呀！

生：也投不进去啊！

师：噢，今天我们来玩一个——别样投篮（板书）。

（随后，师介绍游戏规则，提出不能用手投的要求。怎么投中，自己想办法。学生兴趣大增，跃跃欲试。）

赏析

体育本来就是学生喜爱的科目，听说教师在作文课上体育，学生已是欢呼雀跃，又听说是别样投篮，好奇心更是被极大地调动起来。当学生全身心地投入活动之中，亲身经历活动的全过程，真实体验其间的乐趣，有了自己的亲身感受，当然有话可说，有感可发，有情可抒，再也不会感到写作文是一件痛苦的事。游戏活动为学生提供了生动的写作素材，又营造了宽松的氛围，增加了学生的写作兴趣，减少了学生对作文的恐惧感，让学生乐于写作。激活习作内需，使学生习作从产生兴趣到感受乐趣，最终成为一种志趣，达到一种美好的境界。

转变二：从无话到有话

学生对作文不感兴趣，无话可说，写出来的作文空洞的多，有真情实感的少；半僵化的多，富有灵气的少。刘老师执教的作文课不仅为学生提供一系列具体情境，让学生有东西可写，还让学生意识到写作不是高不可攀的事，更没有什么神秘的技法，写作的真谛就是自己生活的自然感悟。随笔化作文于丰富多彩的生活和永不枯竭的心灵中，开掘出汨汨流淌的文章源泉，彻底走出"巧妇难为无米之炊"的作文教学困境。下面是刘老师课上一位学生的习作。

与众不同的投篮

今天上作文课，不同的是，很长时间都用来"投篮"。同学们开始非常疑惑，这是作文课吗？大家顿时来了劲，都要玩一次"别样投篮"。

篮球呢？没有。篮架呢？也没有。我们百思不得其解。

这时，刘老师拿来一个纸箱和几个矿泉水瓶，说："瓶子是篮球，箱子是球篮。要把箱子放在离瓶子一米之外的距离，用脚来投。"老师说着，便开始示范。只见老师先把瓶子夹在脚中间，然后往前一跳，瓶子被"吓坏了"，"逃"到了箱子的旁边！

老师说："难度可真大呀！你们有什么好办法吗？"大家七嘴八舌开始讨论。一个小组想出个计策，他们打算让一个人夹着瓶子往箱子里投，另一个拿起箱子，配合夹瓶子的人。

说干就干，在规定的一分钟内要把这些瓶子全投进去。夹瓶子的同学忙得不亦乐乎，拿箱子的同学也着急地左右来回晃，把大家逗得非常开心。最后，箱子里有5个瓶子。老师又说："你自己往里投，看能投几个！"于是，那个同学便又开始忙了，因为这一次是他自己来投，结果当然没有上次好。这回呀，瓶子好像挺高兴的，像是在说："没有人帮助你，我不听你的话了！"瓶子蹦蹦跳跳，就是不进去，最后只"投"进了两个瓶子。

老师又问："谁再来试试？"一个同学说："要是瓶里有水的话我就投。"老师果然满足了他的要求，虽然也有人帮助他，但由于瓶子太重了！他投进的瓶子数不多。他抱怨道："太重了！"老师又问了："你们大家有什么感想？"我们的交流都围绕着一个话题："团结力量大。"可能这正是老师想通过这个游戏和比赛要告诉我们的吧。

刘老师呵呵地笑了，说："既然这么有趣，要不要记下来呢？"同学们这才恍然大悟："原来如此！原来如此！"老师问："谁有好题目？"大家开始说了，有的说是"难忘的一节课"，有的说是"别样投篮"，花样百出。于是，一切准备就绪，开始写了，我想同学们一定都有得说！

这次的"投篮作文课"让我再也忘不了，为什么呢？因为它太与众不同了！

内蒙古呼和浩特市团结小学　张佳欣

在短短的 20 分钟里，这位学生写出了 700 多字的习作。描写活动场面具体翔实，叙写所见所闻真切自然，有一气呵成之感。学生在游戏中无拘无束，玩得真实，玩得精彩，到了写的环节，他们就有话可说，有事可记，有情可抒！20 分钟过去了，很多学生写了五六百字，有些学生还没有写完，不是没东西可写，而是刹不住车，有好多话要写。学生的写作潜能被成功挖掘出来。

转变三：从失真到本真

《义务教育语文课程标准（2011 年版）》指出："写作教学应贴近学生实际，让学生易于动笔，乐于表达，应引导学生关注现实，热爱生活，表达真情实感。"它还指出："要求学生说真话、实话、心里话，不说假话、空话、套话。"写真话抒真情，应是我们写作教学追寻的目标。可是，我们不得不承认学生的作文大多拿腔拿调，以致无法从那些陈旧的选材、模式化的思路、粗糙的叙述与描写、空洞的议论与抒情中看到真实的童年，听到花开的声音。在刘宗顺老师的这节课上，我们看到的是一种回归本真的写作。刘老师并没有在遣词造句、布局谋篇等所谓写作技巧上花费时间，因为他知道这些都是写作中的"小计"，他所做的是千方百计让学生动心、动情、动脑、动笔，有话可说，说真话，有情可写，抒真情。尹建莉老师说过，"说真话"才是写作的最大技巧。说真话可以让人产生写作兴趣，发现写作内容，即想写，并有东西可写——没有这两点，写作就是一件不可想象的事。

在刘老师的课堂上，学生亲身参与游戏过程，喜怒哀乐的情绪体验都是真实的，笔下流淌出的文字是对自己经历的真实记录。刘老师在安排学生动手写随笔时，说得最多的是"把这些愉快的经历记录下来，让它们成为我们最美好的回忆，好吗？"多么睿智的引导，多么温馨的人文关怀！引导学生写作时，首先让学生记住要说真话，明确这一点，它的意义超越了写作本身。正如北京大学教授钱理群先生所言，"培养一个人怎样写作，在另一个意义上就是培养一个人怎样做人"。

随笔化作文为作文教学开辟了更有生命力的广阔天地，"路漫漫其修远兮，吾将上下而求索"。愿各位同仁共同努力，为作文教学的美好明天而努力求索！

（山东滨州经济开发区树人学校　李颖颖）

第3篇

经典课例反思

创新中培养学生的良好学习习惯

——对《语言的魅力》一课的教学创新

学习习惯是学习态度和学习方法相结合而形成的一种稳定的动力定型，课堂是培养学生学习习惯的主渠道。根据课程标准要求和本课教材特点，以及学生的实际情况，在教学《语言的魅力》一课时，笔者设计了如下教学思路，以期培养学生的学习习惯。

片段一：培养学生"认真审题、学会质疑"的好习惯

上课伊始，笔者安排了审题环节，课中有效指导学生质疑，目的是培养学生学会质疑、认真审题的好习惯。

教学环节一：

师：今天我们继续学习14课，大家读题目——《语言的魅力》。

师：见到题目后，你们有什么问题？（设计意图：培养学生认真审题、学会质疑的好习惯）

教学环节二：

师：小结1—5自然段的内容。通过整理，我们知道在诗人的帮助下，老人的收入变多了。

……

师：事情到这里似乎就可以结束了，可是你们会不会觉得有什么问题呢？

生：为什么语言有魅力？

师：问得好。奖励一枚"学会质疑"习惯币。（设计意图：鼓励、指导学生在恰当的地方提出有价值的问题，就是学会质疑）

片段二：培养学生"勤于动笔、写好汉字"的好习惯

根据课文含义丰富和学生年龄小的特点，对课后题的设计，笔者采取的是先学习后填表的方式，让学生对刚学过的内容进行提炼、归纳、整理。这不但有利于培养学生勤于动笔、写好汉字的习惯，还督促学生养成专心听讲、积极动脑的好习惯。

教学环节三：

默读课文1—5自然段，填写表格。（设计意图：培养学生勤于动笔、写好汉字的好习惯。另外，从读到写，让学生在提炼、小结中感悟语言的魅力。本环节还能督促学生养成专心听讲的好习惯。）

片段三：培养学生"多读多背"的好习惯

多读多背，是学生积累好词佳句的有效途径，也是学生感悟祖国语言文字的较好方法。课堂上，我珍惜每一次让学生读的机会，通过范读、默读、朗读等多种方式，培养学生读书的兴趣，使学生养成多读多背的好习惯。

教学环节四：

（教学最后一段）

师："为什么'春天到了，可是我什么也看不见！'这句话最有魅力？"（引导学生到课文的最后一段找答案，学生默读找答案。）

是的，这句话带给我们太多美好的想象，春天多美呀！让我们一起到法国巴黎的街头去感受一下吧！（课件演示法国巴黎春天美景图）

（设计意图：多媒体课件的运用，缩短空间距离，呈现生活实景，让学生对春天的喜爱更加强烈，为学生有感情地朗读奠定基础。）

师：看到这些美景，你们想说什么？（生：春天真美！）（出示文字，学生齐读。）

（设计意图：通过齐读，抒发学生欣赏图片时酝酿、积蓄的情感。这是理解后的朗读，是欣赏读，可以培养学生多读多背的好习惯。）

师：诗人添上这几个字，难道仅仅只是为了让人们想象出这么美的画面吗？接着，他又说了什么？（出示黑屏）

自己读，指名读，齐读。（设计意图：通过课件将两幅对比鲜明的画面展示在学生的面前。强烈对比的画面和令人反思的语言，撞击着学生幼小的心灵，使学生的情感和文中的情感产生共鸣。这些都为有感情地朗读奠定了坚实的基础，有效培养学生多读多背的好习惯。）

出示图和文字，配乐范读。（设计意图：声情并茂地范读，让学生集中注意力，完全沉浸在文本、故事情节和主人公的情感之中。字字句句都充满感情色彩，让学生充分体会到朗读的价值所在，体会到深入理解文本之后朗读的意义所在，有效促使学生养成多读多背的好习惯。）

朗读、理解最后一句——反问句。

完整地朗读第6自然段，背诵，按原文填空。（设计意图：引导学生积累好词佳句，将文中语言"内化"为自己的语言，促使学生养成多读多背的好习惯）

片段四：培养学生"实践创新"的好习惯

教学的最后环节，是学生练习，自己写"魅力语言"。笔者采取比较选择、小组合作、独立完成的步骤，目的是降低难度，激发兴趣，提高能力，培养学生实践创新的好习惯。

教学环节五：

师：生活中，到处需要这样的魅力语言。课件出示鲜花图片和三句保护花草的句子，让学生选择有魅力的警示语。（设计意图：语文是实践性很强的课程，培养学生的语文实践能力。）

师：看来同学们都很会欣赏，如果给你们机会，你们能不能设计、创作一句有魅力的语言呢？小组合作创作警示语。（设计意图：从语言到画面，再到语言的过程，为学生"实践创新"作了铺垫，还提高了学生小组合作探究的能力。）

交流展示，发"习惯币"。（设计意图：让学生在实践中感受创造魅力语言的快乐,感受到成功的快乐,激励学生养成实践创新的好习惯。)

作业:绘图并配上魅力语言。(设计意图:进一步培养学生实践创新的好习惯。)

以上教学环节,学生是在一种自由、民主、合作、探究的氛围中进行的。面对知识的延伸,能力的挑战,他们没有畏惧,没有退缩,有的只是充满激情的积极应对。这些都是促使学生语文素养整体提高,有效培养学生实践创新的好习惯。

语文课堂教学中,努力培养学生的良好习惯,提高语文课堂教学实效,让好习惯伴随学生一生。

(北京市通州区教师研修中心实验学校 王书敏)

轻轻唤醒学生的心灵

——特级教师王文丽《桂林山水》一课教学赏析

有人评价北京名师王文丽老师的课是"美在婉约,美在明朗,美在干净,美在和谐",而笔者觉得,王老师的课是时时在学生的心灵与语文之间建立起像呼吸一样自然的联系。学生在与语文的轻轻对话中,实现自我生命的不断拔节。有幸观摩王文丽老师执教的《桂林山水》一课,整节课淳美清新,简约自然,就如一首行走于春天的小诗。笔者感受着学生的心灵被王老师轻轻唤醒的美妙过程,折服于王老师精湛的教学艺术。下面撷取这节课的几处片段,窥一斑而知全豹,与大家共同赏析王老师课堂教学的精彩。

课始:嫩蕊商量细细开

师:今天我们要学习的这篇课文叫《桂林山水》(板书:桂林山水),一看到这个"林"字,你们就会想到什么多?

生:树多。

师:那么,顾名思义,"桂林"是什么树多呢?

生:桂树多。

师:是啊,桂树成林,"桂林"这座城市,名字里似乎都散发着一种芬芳。你们知道它位于哪个省或者是自治区吗?

生:在广西。

师:对,是广西壮族自治区。课文已经读过了,我来检查一下同学们对于课文中的词语掌握得怎么样?

（指名读两组词语，第一组为地名，第二组为形容词，读后让学生将两组词搭配起来学。）

师：搭配得非常准确，说明你课前进行了认真的预习，对课文内容很熟悉。想一想："波澜壮阔"是什么意思呢？

生：很有气势的样子。

师：是说什么有气势啊？

生：波浪。

师：你们知道"波"是"波浪"的意思，"澜"呢？（生答不出来）"澜"这个字也是三点水旁，看来和水有关系，它的意思是大波浪。现在谁能说说"波澜壮阔"是什么意思？

生：波浪翻滚，一浪接着一浪，非常壮观，有气势。

师：说得真准确，表达得真清楚。我们知道，有的词语是极富情意的，你们能读出这个短语背后的情意吗？（学生有感情地朗读）

师：什么叫"峰峦雄伟"呢？"峰"——

生：山峰。

师："峦"呢？

生：山峦。

师：那到底什么叫"峦"？你们伸出手来跟着老师一起做动作（边做动作边说：峦，就是一座挨着一座，连绵起伏的山）。你们能读出它的气势吗？（学生有感情地朗读）

赏 析

这是课始由导入部分到词语学习的教学。接下来，王老师又出示"真静啊、真清啊、真绿啊"，指导学生读好"啊"的音变，再放进句子中练读。这样的教学可以让学生鲜明地感受到从一开始教师就控制着教学节奏，不温不火，不急不躁，围绕课题让学生说说自己的直觉想象，让课堂从一开始就有了一股淡淡的芬芳。词语学习并没有搬用词典注解，而是借助动作理解进行感知，注意对学生形象思维的培养。这样的教学，富有人情味，也与文本叙述风格相吻合，为全文的学习打下了基调。学生在教师的引领下，带着一份趣味，更怀着一种期待慢慢地进入语文学习的特有意境，不知不觉地走入《桂林山水》的学习。

课中：水荇牵风翠带长

师：作者在谈到漓江水清的时候，说"清得可以看见江底的沙石"。假设你们站在这漓江的游船上，还可以看见什么呢？你们能不能也用作者这样的表达句式来说？（出示：漓江的水真清啊，清得——）

生：漓江的水真清啊，清得可以看见小鱼在水里嬉戏、玩耍。

师：这个句子不仅写出了水清，还很有意境。

生：漓江的水真清啊，清得可以看见水中的倒影。

师：可以看见谁的倒影？

生：自己的倒影。

生：山的倒影。

生：山上的树的倒影。

师：哦，我们抬头看看天空，再低头看看水中，又看到了谁的倒影？

生：蓝天白云的倒影。

师：要是天空中偶尔飞过美丽的鸟呢？

生：那就可以看见美丽的鸟的倒影。

师：这时候你们再往水里仔细看，又有发现了——

生：清得可以看见绿色的水草。

师：它们随着微波轻轻地摇着，那是在干什么呢？

生：跳舞。

生：和游人打招呼呢！

师：现在谁能把我们看到的这些事物用一个排比句表达出来？（出示：漓江的水真清啊，清得____；清得____；清得____。指导学生结合刚才的想象说好这个句子。）

师：万事万物交相辉映在一起，就显得漓江的水更清、更美了，清得那么富有生机和活力。谁再来读一读？（指名有感情地朗读）

赏析

这一片段紧紧围绕漓江水的"清",让学生自由抒发属于自己的独特感觉。这份诗意的体验,让学生心驰神往,心旷神怡。水被学生美好的心灵赋予了人的情意,拥有了人的情感。而这样的教学意境也让人沉浸其中,语言中可以看见学生金色的内心世界,带给人无限遐想和无尽回味,课堂荡漾着如水一样的语文课特有的韵味。同样,在学习桂林山水"绿""静"等其他方面特点时,王老师也同样如行云流水,挥洒自如,或从语言的内容上打开学生感悟的内心空间,或从语言形式理解写作特色,但无不如诗如画,让人回味。这样的教学流程,让人鲜明地感受着王老师细腻而又独具个性的教学风格,感受着语文课堂应有的浓浓韵味。

课尾:绿阴不减来时路

师:刚才我们欣赏桂林风景的时候,读到了诗人贺敬之写的《桂林山水歌》,其实歌颂桂林山水之美的还大有人在。(出示课件,学生朗读诗句。)

五岭皆炎热,宜人独桂林。——(唐)杜甫
千峰环野立,一水抱城流。——(宋)刘克庄
青山簇簇水中生,船在青山顶上行。——(清)袁枚

师:阅读了这样的诗句,再回到刚才的问题,你们想说什么?

生:诗人在说"桂林山水甲天下",古人也在说"桂林山水甲天下"。

师:前不久,我有幸去了一趟桂林。在那里,我发现了一个很奇怪的现象。有很多外国人,似乎不是到桂林去旅游,而是把那里当作自己的家一样。每天骑着一辆自行车,游走于大街小巷和山水之间,尽情享受着桂林山水带给他们的美和幸福。

生:(恍然大悟)外国人也说"桂林山水甲天下"!

生:古今中外的人都认为"桂林山水甲天下"。

师:(冲其竖起大拇指)是啊,这就真的是作者在开篇时所说的"人们都说——"

生:桂林山水甲天下!

师：(出示课件)同学们，你们知道吗？到了晚上，桂林的山就成为天然的幕布，漓江的水则成了人们展现美的舞台。当地的百姓，用这样一种方式表达自己对家乡的热爱和对美好生活的追求。有一句话说：读万卷书，行万里路。如果有一天，你们也能够走进桂林的话，一定别忘了去感受它甲天下的风景之美，领略它的文化之美。今天的课就上到这里。

赏析

在学生感悟全文语言所描摹的桂林山水之后，教师又拓展了现代诗人贺敬之和古人赞美桂林的诗句，再介绍自己生活中的发现。学生在课尾拓展的有效引导下，由衷地发出"桂林山水甲天下"的赞美，这与课文的叙述主旨很好地呼应，也达成了课堂情感教学目标。最后，教师用了近一分钟让学生欣赏桂林山水的夜景。这样的设计，更加激起学生对桂林山水的向往，也播下让学生融入自然、践行真知的种子。学生的心灵被悄然唤醒，语文与学生生命的成长紧紧地联系在了一起。结课让课堂学习走向一个新的高潮，这样的学习价值是显性的，也是多元生成的。

总评

王文丽老师的这节课，贯穿始终的是对学生鲜活生命的关注，也是对语文学习本质的坚守，所以才别有新声意味醇，让人沉浸其中，回味无穷。

（江苏省苏州工业园区文萃小学　张晓华）

巧趁"文本东风",放活"拓展纸鸢"

——优秀教师贺成金《蛇与庄稼》教学实录与评析

片段一:"启动之鸢"先入为主

师:今天上课,换了新环境,由新老师和你们一起学习一篇新课文,你们的心情怎么样?

生:高兴,激动。

师:对,又高兴,又激动。想知道我的心情吗?说实话,我不太高兴。

生:为什么?

师:猜猜看。

生:就凭我的水平,大概猜不出来。(生笑)

生:不是给原来的学生讲课,你有点紧张。

生:因为没有那么多同学一起学习。

师:可惜同学们猜得都不对。实话跟你们说吧,《蛇与庄稼》这篇课文,既不像《美丽的小兴安岭》《富饶的西沙群岛》那样可以展开想象的翅膀,也不像抒情的文章可以慷慨激昂地朗读。这是一篇说理的文章,学习起来有一定难度。就凭我这点水平,怕没有能力指导同学们一起学好。老师信心不足,给老师鼓鼓劲好吗?

生:老师,我相信你一定能上好。

生:老师,我祝你一帆风顺。

师:真会说话,再加一个词"马到成功"。我也预祝你们上课时有很好的表现。哎呀，听同学们这么一说，我信心十足了。还有谁鼓励鼓励我。

生：老师，我们用掌声给你加油。（学生鼓掌）

师：这些掌声同样也送给在座的每一位同学。我现在信心百倍了。

生：我信心千倍了。（学生大笑）……

赏 析

"激趣谈话"这一环节紧扣"事物之间的联系"的文本要求的"东风"，欲扬先抑，不落俗套地放起自己看似无心插柳却有心栽花的"启动之鸢"：学生—教师—教学效果的相互联系。这样先入为主的文本拓展方式，不仅迅速激活了学生的注意力和兴趣点，也在课前短暂的时间内使和谐的师生关系得以确立，并碰撞出情感和思维的火花。特别是以此催生出学生自主加入的"小风筝"，才是贺老师的本意所在：自己在轻描淡写中拓展了文本，让"事物之间的联系"无声无息地展现在学生面前，并有效地唤醒学生参与的热情。

片段二："生成之鸢"直奔主题

师：（板书课题）写到这个蛇字，我想起了许多带有"蛇"字的成语或短句，你们想起来了吗？

生：画蛇添足。

生：虎头蛇尾。

生：一朝被蛇咬，十年怕井绳。

生：杯弓蛇影，金蛇狂舞。

师：噢，你连"杯弓蛇影"都知道，真不简单。能给大家讲一讲"杯弓蛇影"的故事吗？

生：可以。古时候有个人请客，他家墙上有一张弓，弓的影子正好倒映在酒杯里，客人见了以为是蛇，心里很害怕，回家以后就生病了。

师：嗯，从"杯弓蛇影"这个成语可以看出，有些人的确非常怕蛇，都快到闻风丧胆、谈"蛇"色变的程度了。实际上，在生活中，蛇对我们人类有很大帮助。比如说，蛇与我们种的庄稼就有着密切的联系。（完成课题板书）

……

赏 析

板书课题后，以"蛇"为点放出"切入的纸鸢"，直奔课堂训练的主题——让学生尽快将身心投入语言实践活动，适时地把握时机，让学生积累词语，感悟语言。这一环节看似信手拈来，实则用心良苦。

（初读感悟）

师：同学们已经预习了课文，能把课文读得正确、流利了吗？（找三名学生准备接读课文）这几位同学马上就要展示他们朗读课文的水平了。你们有什么话想对他们说吗？

生：不要激动。

生：女生一定要加油，超过男生。

师：你这句话极富挑战性。这两位同学都是从精神上鼓励的，有从物质上帮助他们的吗？比如：这个词应该怎么读，那句话很难读，千万别读错了。（一时无人响应）同学们是不是觉得这篇课文很好读？我把课文读了几遍还是出了个小错误，第二自然段有一个生词苜蓿（mù xu），我把它错读成了苜蓿（mù xū）。请读第二自然段的同学一定要注意这个词的读音。

生：请读第一段的同学注意读准"糟蹋"这个词。

生：第二自然段有个长句子，要注意停顿。

（学生接读课文，读得比较正确流利。教师随机指导"说也奇怪""显而易见"的读法。）

师：三位同学读得都比较正确、流利。课文主要讲了什么内容？请同学们快速默读课文，思考这个问题。怎么样才能做到快速默读？

生：眼睛看得快，由眼入脑想得快。

师：好，就用这样的方法边读边想。

（学生自读课文）

生：这篇课文主要讲了蛇与庄稼、猫和苜蓿，还有一些事物之间的密切关系。

师：把"关系"换个词。

生：联系。

师：说得好。请别着急坐下，你还可以把课文内容概括得更简练些，蛇与庄稼、猫和苜蓿，用两个字就可以概括。

生：这篇课文主要讲了事物之间密切的联系。

……

赏析

在"初读感悟"环节中又放出了"指导纸鸢"，直接突出阅读能力的指导训练。一是指导在前，把正确流利的朗读要求落到实处；二是创造机会，让学生主动参与，互相合作，共同提高；三是在学生遇到困难时巧妙引导，及时示范。注意用好生成资源，无论是教学预设还是课堂调控，都紧扣一些关键内容，自如地操作着"生成纸鸢"，直奔主题地引导学生的"发展纸鸢"。这样以追求课堂实际效果为目的的文本拓展，不仅收到良好的课堂效果，也给人一种水到渠成、豁然开朗之感。

片段三："发展之鸢"余韵绵长

（课堂小结）

师：同学们，这节课学得怎么样？

生：好，非常好。

师：这个"好"字里也有复杂的联系，你们为什么学得这么好？我们一起来研究一下，下节课争取上得更好。

生：一是老师您教得太好了，二是我们认真听讲，反复琢磨。

生：一是老师指导得好，二是我们认真学习，积极动脑思考问题。

师：我看，首先应该是你们学得好，有信心，我受到了感染。咱们互相启发，共同合作，就学得非常好……

赏析

在课堂小结这一环节里，仍不忘抛起自己最后的风筝："好的教师—好的学生—好的学习效果"三者相互之间的联系，来调整学生"发展之鸢"飞行的姿态。以对话的方式实现彼此精彩语言的碰撞和学习经验的共享，以师生、生生之间的有效互动，寻找认同，激发联想，生成探求，感受协作……从而使学生对文本的认识趋于丰富、完整、准确和深刻，以此来展现充满活力、情趣盎然的课堂魅力。

总评

在新课程倡导的"大语文观""用教材教"等理念的引领下，语文课堂教学中的"文本拓展"应运而生，并广泛流行。很多教师或印发补充文本，或搜集作者和主人公的其他事迹、言论，或介绍历史背景……如此拓展，语文课变得丰富、灵动、充满生机与活力的同时，也存在着淡化文本、脱离文本、冷落文本的不良倾向。贺老师在教学过程中一直把文本作为首要教学资源，把其视为催生各种有效教学活动的"春风"，各种有效的拓展行为恰似顺着风势而起的各色"风筝"，处处、时时注意与文本保持密切的关联，把这些精心扎制的"各色风筝"作为发展学生语言的兴趣点、兴奋点，"巧趁东风放纸鸢"，进而激励出学生的"个性风筝"，引领其思维伸向语言的更高层、文本的更深处，让学生用自己的"素质风筝"把文本的天空装扮得更加绚丽多姿。

在这一堂课中，贺老师在文本的拓展上紧紧围绕文本，突出语文特色，巧借文本之"风源"放起各种"启迪的纸鸢"，成功引出学生"忙趁东风放纸鸢"的热烈场景。教学过程充分体现出学生由不会到会、由浅知到深知的过程，体现了自主学习能力提高的过程。在这个过程中，教师时时注重学习方法的感悟、理解、巩固、运用，学生在快乐阅读、潜心读书、自主感悟、协作交流中不仅对语文有了更深入的认识和更真切的体验，也必将在其心灵深处充满语文的活力，溢满语文的精彩。

（山东省枣庄市教科所　贺成全；
山东省枣庄市中区实验小学　贾宪章）

点面结合　实效课堂
——青年教师钟鹤童《与众不同的麻雀》课堂赏析

小学语文低段教学的主要任务是识写字，理解词语，并初步感知文本。在全国小学语文青年教师观摩活动中，钟鹤童老师的《与众不同的麻雀》一课，不仅在字词方面的教学做得务实而有效，绽放精彩，而且在引导学生感知模块教学重点上，渗透得循序渐进，不断进行理性的升华，扎实地对学生进行基本能力训练，印象深刻。

引入——独具匠心

师：喜欢读故事的请举手。真不少！那么接下来，我们就来做一个猜一猜的游戏。看图猜一猜，这是哪一个故事？抢答！

生：哪吒闹海。

生：孙悟空大闹天宫。

生：葫芦兄弟。

师：这三个故事的主人公给你们留下了哪些共同的印象？

生：他们都是英雄。

师：好的。他们个个本领高强，都能降妖除魔，都是勇敢和正义的化身。就像他说的那样，都是英雄。这些都是课外的故事，在我们的课本中，也有很多故事。你们还能猜吗？

生：能。

师：那么，接着猜……

生：司马光砸缸。

生：乌鸦喝水。

生：曹冲称象。

师：这三个故事是我们一年级上册第七单元中的三篇课文。每一篇课文都有给我们留下深刻印象的句子。我们读过这些课文，也能够增长智慧。还想不想猜？请看屏幕。

生：毛毛虫的故事。

师：在这个故事中，还有一句话。你为大家读一下。

生：在那么多只毛毛虫当中，只要有一只稍与众不同，或许他们就会避免死亡的命运。

师：真不错。《毛毛虫的故事》是与众不同这一板块的第一篇课文。今天，我们将学习这一板块的第二篇课文。这两篇课文之间会有什么联系呢？接下来，我们就去看一看。

赏析

作为课前预热环节的游戏，教者的设计颇具匠心。猜一猜的活动涵盖课外神话故事、课内智慧故事以及引入本组板块多角度思考问题的小文，侧重引导学生在思维中梳理出每一组故事间的联系，为新课教学作好铺垫，更与课尾整体感悟板块内容相呼应。学生在愉悦中感知，不知不觉中融入学习的情境。看似轻描淡写，但细品每一环节都留下教者精心构思的痕迹。

识字——铁杵成针

识字、理解词语无疑是小学语文低年段教学的重点。对于本课的字词，钟老师采取观察、书写、理解相互融合的方式，调动学生的多种感官来识记、领悟。

（一）识字"妨碍"

师：面对大家七嘴八舌的指责，小麻雀说什么了呢？我们读第二自然段。

师：这一段中，有哪两个生字？

生：妨碍。

师：我们看看这两个字，谁能用最简单的办法记住它？

生：妨碍，"妨"就是记住消防车来了，就是这个"妨"。

师：不是这个"妨"，你再想一想。用最简单的办法来记一记这个字。

生：就是女字旁加一个"方"。

师：对了，女字旁加一个"方"，就念"妨"。"加一加"就是我们识记生字的好方法。

师：我们看看这个字，读。

生：碍。

师："碍"和我们学过的一个字很像。

生：得。

师：对。请仔细观察这两字有什么不同呢？

生：偏旁不同。"碍"是石字旁，"得"是双人旁。

师：很好，他很善于发现，请坐。我们看看这个"碍"字。一个人在路上行走，突然一块大石头挡住了去路。大石头多碍事呀！所以这个"碍"字就用石字旁。读"碍"。

生：碍。

师：它们两个放在一起还可以组成一个词，一起读。

生：妨碍。

……

师：面对大家七嘴八舌的指责，小麻雀说自己没有妨碍大家，读。

生：没有妨碍大家。

师：我们看这里，这只小麻雀为什么说他自己没有妨碍大家呢？观察一下。

生：因为他觉得他迎风站立，大家没有关注到他。

师：就是没有关系，是不是这个意思？这是你的想法，很好。还有吗？看这里。为什么他说自己没有妨碍大家呢？

生：因为都是小麻雀，他跟那些迎风站立的小麻雀没有区别，只不过是他跟他们站反了方向。

师：对呀，站得很远，没有挡住他们，也没有阻挡他们呀。没有阻挡，没有挡住，这就叫什么？

生：没有妨碍。

赏　析

在识字的基础上学习写字，提高课堂效率，夯实写字教学的同时引导学生认真观察生字，发现生字书写的特点并互相交流。这既培养了学生认真观察的习惯，又注重引导学生把字书写匀称、美观。范写左右结构的生字，强化记忆，在学生练写后，发现问题及时纠正。

（二）理解词语"与众不同"

师：我们看一看，上面的是课文中的一句话，读。

生：和我们大家不一样。

师：下面的是课题中的一个词。

生：与众不同。

师：上下找一找，看看你有什么发现？

生：不一样，与众不同，都是指完全不一样。

师：就是说它们的意思是？

生：相同的。

师：词语中的这个"与"就是上面的？

生：不一样。

师："与"的意思就是上面的"和"。"众"的意思就是上面的？

生：大家。

师：对了，就是大家。"不同"的意思就是？

生：不一样。

师：与众不同，在文中的意思是指？

生：和我们大家不一样。

师：它还是一个成语。再跟老师读。

生：与众不同。

赏析

对于汉字的教学，应该遵循认识—理解—会写的认知规律。加大力度，注重基础，在识写上下功夫。学习识字、理解词语的方法，这都为中高年级学习段篇打下基础。词语的理解采取把其放在语境中、联系上下文、比较理解等方式，并辅以反复读，让学生从中体味运用词语的准确性。这对于增强文章的感染力、突出情感是十分重要的。同时，对于"和我们大家不一样，真是个不合群的家伙！"这句话的理解也水到渠成，顺理成章。情感的理解也会更到位。

尾声——朗读入情入境

读是语文教学的第一法，本课充分体现了书声琅琅这一特点。从整体读通句子开始，到抓住"七嘴八舌、一致谴责、与众不同"等重点词语指导朗读，再到给学生充足的朗读时间，指导分角色朗读。教师安排了大量的时间，朗读形式也很多样，有指名读、分角色读等，充分尊重学生的阅读体验，让学生在朗读中感悟文本，培养思维，受到感情熏陶，体会人物心理变化，以读促讲。

师：我们再来读一读这里的话。把它读得更有感情。谁来？

（生读句子）

师：读得真好！我听出来了，他呀，是在指责这只小麻雀，但是他读的语气不太对。我们看看这里，如果你就是这一群麻雀中的一员，就是这只小麻雀，你观察一下他的表情。他的眼睛在做什么？

生：他在瞟那只小麻雀。

师：多好呀！他的眉毛呢？眉毛都怎样了？

生：扬上去了。

师：我们一起来试试，看看他的手？

生：也是指着他的。

师：我们能不能也带上表情和动作再来读一读这句话？你就是这只小麻雀，老师给他戴上头饰，好不好？用加上动作和表情的朗读来表达你的感受。看看他能不能读好。

（生读句子）

师：我们大家都练一练，好不好？一定把动作和表情都带上了，老师看一看谁读得好。读得好，老师还有头饰要奖励给他，练一练，开始。

（生自由练读）

师：还有哪只小麻雀也想读，请起立。老师配合你们读，我来演这只小麻雀，好不好？我们配合一下。你们都是这一群麻雀。

（师生配合读）

师：挺厉害的，眉毛都竖起来了，还指着我。其他同学都起立，你们一起来演，坐着的同学再来试试。

（师生再次配合读）

赏析

让学生以表演的形式来展现小麻雀间的对话，教师也参与其中，让学生动起来。表情朗读既训练了学生的口语表达能力，又积累了书中的语言，并对教材进行了创造性的补充。学生学得轻松，学得踏实，对词语的理解也是完全在感悟、联系实际的过程中体会的。

师生相互配合的朗读，创设了身临其境的感觉，让学生把自己当成小麻雀中的一员，设身处地地进入情境体会心理变化，并进行语言训练。在感受角色表情变化中，在移情的想象中，在读的训练中，人物的情感变化会逐渐地凸显出来。这不是说教，而是真实的感受和感悟。

总评

钟老师的课堂是一节师生互动、和谐快乐的对话课，是一节扎实开展对学生基础知识训练的实效课，更是一节培养语感、润物无声的体验课。

1. 重视构建知识体系。

本课的教学中，教者选择的切入点特别巧：由"与众不同"一词，引导学生理出一条贯穿整个单元的主线。教者的设计十分巧妙，一步步地带出整个单元"稍有创新，就有更多收获"的主旨。由"点"运动成为"线"，实在有妙不可言的作用。不难看出，教师走出了过去仅限一课一文的教学误区。

整体的模块式教学，是这节课教学设计的一大特色。通过对一篇文章的教学，引发出对整组单元板块训练重点及内容的回顾。通过导言、填表等形式的有机安排，整个板块三课涉及的主题内容甚至整个小学阶段（课前回顾小学低年级及课外学生阅读的相关内容）所涉及的部分相关内容，都在这节课里有所点拨或延伸。这样由"线"连成"片"，不仅达到了知识的完整性，更使学生对所学过的文章有了深层次的接触和解析，以线穿珠，无枝无蔓，和谐统一。

2. 扎实落实文字训练。

语文是本，文字是根。作为本课的识字教学，教师注意引导学生发现汉字规律和掌握识字的方法。如"继续"这个生词，在理解"绞丝旁"时，教者通过图文引导学生：带有绞丝旁的字，都跟丝线有关。"继续"就表示像丝线一样连下去，延长下去。再如，在指导学生书写汉字"刮""悄""救"时，让学生仔细观察，它们都是左右结构的字，但是在书写时却不一样。通过恰到好处地运用多媒体，刺激学生的多种感官，激发了学生主动、积极的学习兴趣。同时，在指导写时，教者更是不放松，从范写到学生书写，再到分析字形，以及书写练习，分析同学书写的优缺点等，都在努力创设情境，增强识字的实效性。

3. 给予有效的理解方法。

引导学生掌握学习方法，是教学最重要的任务之一。有效地渗透理解词句、篇章的方法，是本课另一大特色。如："七嘴八舌"一词的理解就结合画面，引导学生采取各种读来理解；"与众不同"这个词通过初读感知，联系上下文感悟，最后再理解升华，让学生从中体味准确运用词语的作用，对句子的理解也就水到渠成，顺理成章了。

（辽宁省抚顺市望花区塔峪镇中心小学　郑运福）

重在"交际"

——福建名师何捷《我是金牌推销员》口语交际课堂实录及评析

片段一：回忆生活

师：（板书：推销）大家想一想，平时和爸爸妈妈去购物，别人向你推销一些商品时，在怎样的情况下你才会购买？

生：营业员很热情。

生：营业员说得很清楚。

生：心情好就买。

生：这个东西我很需要，就买了。

师：看来，推销有讲究。这节课，我们就来模拟推销的情境，尝试练习如何推销一本杂志或者一本书。从刚才大家的发言中，我们可以总结出一条（板书：态度决定一切），做任何事，有良好的态度就是成功的基础。推销人员要态度温和，面带笑容，我们今天练习说话要态度诚恳。准备好了吗？来吧，一起进入"我是金牌推销员"的培训课程吧！

赏析

口语交际是在特定的环境里产生的言语活动，离开了"特定的环境"，口语交际就无法进行。因此，进行口语交际教学时，教师必须精心创设切合生活实际的交际情境。何老师从回忆生活中的购物经历开始，逐渐把学生带入创设好的情境中去，在不知不觉中激发学生的交际欲望。

片段二：依法练说

师：请大家想想，要想成功推销，我们在介绍物件的时候，应该注意什么？

生：要注意说清楚，介绍完整。

师：这"清楚"二字值千金。（板书：说清楚）究竟该怎样做到清楚呢？在推销的时候，我们可以和客户说些什么呢？

生：这是什么产品。

生：这个产品有什么好处和与众不同的地方。

生：产品有哪些特点。

……

师：真不错。在准备这节课的时候，我请大家至少要看过你们想推销的这本书或杂志。这叫事先了解，是推销工作顺利开展的前提。（板书：事先了解）现在，请同桌互相自由练说，说清楚"这是什么""有什么特点""好在哪里"。注意，本单元我们学习了不少说明文，大家在推销的时候可以适当用上一些说明方法，让你们的表达更清楚。

（同桌互相练说）

赏析

学生口语交际能力的培养，不仅仅是口语交际课的事，也不仅仅是语文课的事，需要各学科的整合。何老师引导学生运用语文课上学到的说明文的方法进行推销，就把口语交际课与阅读教学有机地结合起来，从而引导、启发学生学以致用。

师：请推荐你认为推销时做得不错的同伴，让他代表大家示范推销。

生：大家好，我向大家推销手中的这本《意林》杂志。这是一份综合类杂志，可读性很强。有的文章很有意思，有的读了能让你很有收获。如果你什么都不爱读也没关系，里面还有很多笑话和有趣的图片，一定很适合你。总之，花几块钱拥有《意林》是很值得的。一本杂志百十来页，几十篇文章，平均一下,每篇才几毛钱呢。瞧,很多明星还为这本杂志做推荐呢,赶快来买吧。

生:大家好,我想向大家推荐何捷老师的专著《作文真经》。何捷老师是福建省作文名师,获得过全国赛课大奖。这本书是何捷老师的作文力作,书里写了几十个笑话故事,讲述了几十种写作文的方法、经验,能让你一边读一边笑,还能一边学习写作知识。这本书原来发行有几万册,现在改版了,增加了由何捷老师亲自拍摄的动漫光盘,还加入了许多四格漫画,爆笑指数很高哟。如果你还没有拥有,我只能说是你的遗憾了。

(其余略)

师:你们觉得哪位同学的推销更成功?我们看看能否总结出一些推销方法。

生:我觉得第一个同学推销得好,他用举例子、列数字的方法为顾客算了一笔账,顾客应该会喜欢。

生:第二个好,他事先阅读了何捷老师的书,对产品很了解。

生:第二个同学也用到了一些说明方法,最明显的就是列数字。

生:第二个同学很幽默。"如果你还没有拥有,我只能说是你的遗憾了",这句话很有煽动性,会鼓动大家赶紧购买。

赏析

学生评价同伴的过程,其实也是吸收优点、发现不足、提炼表达技巧的过程。何老师把评价的主动权还给学生,体现了教师对学生主体地位的尊重,让学生真正成了课堂的主人。

片段三:秘诀分享

师:"讲清楚"只不过是"推"的最基本的要求,光是做到这一点是不够的。推销的"销"提示我们推销要看到销售结果。要达成目的,我们这些门外汉需要一些高人相助。现在,我就节选《我是金牌推销员》中"全美最优秀的汽车推销员"的经验与大家分享。请看他的推销秘诀,(板书:少说)觉得奇怪吗?推销秘诀居然是让你"少说"。猜一猜,这究竟是为什么呢?

赏析

何老师在"讲清楚"的基础上提出了更高要求。然后，通过巧妙设疑：推销的秘诀居然是"少说"，觉得奇怪吗？激发学生进一步探究的兴趣，既把学生顺利引入下一个情境，又为进一步提高学生的推销能力作好铺垫。

生：我觉得少说就是为了多听，多听顾客说。

师：没错，这是非常关键的一条。（增补板书：多听）还有呢？

生：可以一边听一边观察，看看这是个什么样的客户。

师：妙不可言。这就是古人说的"察言观色"。推销之术就是阅人之术啊！成功的推销员都是成功的心理学家。请大家想一想，推销时可以观察对象的哪些方面呢？

生：年龄，不同年龄有不同的需要。

生：打扮，打扮决定消费水平。

生：对方说话是否文明，有没有不文明的言行。

师：是的，这反映着顾客的素质，也决定着推销者该说什么，该怎么说。

生：还有，可以看看他有没有带小孩。如果带小孩可以从小孩子入手，推销会变得简单一些。

师：真厉害，还知道"曲线救国"！我提醒大家，还可以关注一些细节，如佩戴的首饰，也许你们能从中得知顾客的信仰、爱好、忌讳，甚至是顾客的名字等重要信息。

赏析

授人以鱼，不如授之以渔。少说是为了多听，为了观察，为了寻找打动顾客的突破口。这些方法和技巧，与其说是教师教给学生的，不如说是学生在教师的引导下自己发现的。

师：有个秘诀藏在一个故事里，我说给大家听听，看看大家能不能找到。（故事：有几个推销员接到一个"不可能完成"的任务——向和尚推销头梳。大家都觉得不可能，和尚没头发，怎么会需要头梳呢？可是有个推销员却很开心地接受了任务，而且还不只推销了一两把，他居然顺利完成了五百把头梳的推销任务。原来他和方丈说：将头梳作为送给香客的礼物，帮助他们梳去万千烦恼。凡是来随喜功德的香客，寺庙就赠送头梳一把。就这样，他将头梳源源不断地推销到寺庙中。）孩子们，这个故事中暗藏的推销秘诀是什么呢？

生：推销就是要让顾客觉得买得很有必要。

生：要很巧妙地让顾客觉得很需要这个产品。

师：（板书：需要）记住，让顾客觉得需要就是你推销成功的关键秘诀。

赏 析

"努力用语言去打动他人"，是课标中口语交际的目标之一。何老师充分利用小学生喜欢听故事的心理，通过分享有趣又有益的推销故事，既提高学生的思想认识——充分认识到口语交际在生活中的重要作用，又通过故事帮助学生掌握了"用语言去打动他人"的技巧。

片段四：情境模拟

师：现在，我们就来个现场模拟表演吧。假设我是来逛书摊的顾客，你的任务是向我推销你的杂志或书。注意"少说多听"这个秘诀，要想做到多听，就要和顾客聊天，让顾客多说。你呢，随机应变，千万不要一上来就赤裸裸地吆喝叫卖。

（表演）

生：这位老同志，有什么需要？（众笑）

师：（嗔怪状）随便看看。

生：好，我们这个书摊存书最多，总有一本适合你。

师：我好像没有发现一本适合我。（众笑）

生：你喜欢什么类型的书？

师：我喜欢有意思的书。（众笑）

生：我这里有一本《窗边的小豆豆》就很有意思。作者是联合国儿童亲善大使黑柳彻子，整本书讲述的都是她小时候在巴学园上学的故事。这位同志，看你的打扮，一定是个教师吧，我相信你阅读这本书后，如果学到其中的一些教育理念，一定会更受你的学生欢迎。

师：（犹豫状）真的有这么好？

生：是啊，这本书被翻译成很多国家的语言，也有许多教师和儿童读者，就连小学课本都明确推荐大家阅读呢。这比市场上那些"注水书""盗版书"好多了，而且还很便宜。你看看原价30元，打八折，现在只要24元。

师：（欣喜状）好吧，我买了。

生：谢谢。再送你一张贵宾卡，今后有需要就来买，很便宜的。（众笑）

师：请大家评价一下，这位推销员做得怎样。他成功地推销了一本书，决定他成功的因素有哪些？

生：他很善于观察。

生：他表达很清楚。

生：他对书很了解。

生：他很会做生意。（众笑）

……

师：看来大家把刚刚学到的秘诀都用上了。

赏析

因为教师创设的交际情境——推销符合生活实际，贴近学生生活经验，学生学习口语交际的主动性很容易被激发出来。他们带着丰富的情感，怀着浓厚的兴趣，兴致勃勃地走进教师创设的交际情境中。

片段五：总结提升

师：大家练、说得很愉快，推销也很成功。鼓鼓掌，庆祝你们人生的第一节推销课吧。今后，也许你需要向大家推销自己，相信这节课学习的知识都用得上。推销，也许就是你迈向成功的重要一步。我们再一起总结一下，推销要注意些什么呢？

生：事先要做好功课，了解产品。

生：推销中要把话说清楚。

生：推销过程中要注意察言观色，观察客户。

生：要关心客户的需要。

生：要注意态度。

师：记住，最真诚的态度莫过于实事求是，有始有终。即便是推销商品，也要注意"诚信"二字值千金，否则"不义之财如流水"，到头还是一场空。（增补板书：诚信）在《我是金牌推销员》中还有个小故事，我和大家分享一下。（故事：全美最优秀的汽车推销员有一本小册子，上面记载着每个购买过他推销的汽车的顾客的重要日子，如生日、结婚纪念日，每逢这些日子来临之时，顾客总能收到他的贺卡。即使是20年前购买的汽车，这个顾客也能一如既往地收到生日贺卡。）这个故事告诉我们：事后，也就是买卖成交之后，我们应该——

生：做人要有情有义。

生：要走进客户心里。

生：要关心客户。

师：（板书：事后，让爱相随）中国有句老话"一回生二回熟"，一次成功的推销就是交到一个朋友，即便不成功，也是"买卖不成仁义在"。相见也是缘分。现在，请允许我向你们推销两本书：《世界上最伟大的推销员》和《我是金牌推销员》。有兴趣的同学可以回家后阅读，相信你的推销功力能更上一层楼。另外，还可以将今天学到的本领再练习一番——将任意选定的物件推销给你的家人。祝你们成功！在推销之后，请写下你们的"营销记录"，记下这个过程中的酸甜苦辣，留下美好的回忆吧。

赏 析

何老师让学生分享《我是金牌推销员》中的优秀案例和经验，既是在帮助学生提高思想上的认识——做人要有情有义，让爱相随，又是在帮助学生提高口头表达的能力和技巧。

总 评

口语交际课重在"交际"，重在培养学生的交往能力，而交际的关键是互动。何老师执教的这节口语交际课，有以下四个亮点：有话题、有情境、有互动、有提高。

1. 有话题。这节课的话题是"推销"，它的优点是既能提高学生的口语交际能力，又能提高学生的思想认识。但这个话题也有不足：交互性不强，侧重于一方讲述，另一方倾听。以一个人说为主的对话，听者可以做三件事：一是插话，插入自己的想法，或者表示赞成和反对；二是发问，对对方说得不明白的地方或自己想进一步了解的地方提出问题；三是评价，说说对方讲得怎么样。何老师通过插话、发问、让学生评价同伴等，使交互性不太强的话题变成有滋有味的交际活动。这是值得学习的。

当然，即使没有插话、发问，只是在交谈中认真倾听，也是一种交际能力。

2. 有情境。这节课中，何老师精心创设了"一般推销—金牌推销"层层攀升的交际情境，学生兴趣越来越高涨，表达欲望也越来越强烈。

3. 有互动。这节课中，既有师生互动，如课前谈话、推销需要什么技巧、"少说"时要观察什么等，也有生生互动，如同桌互相练说、学生评价同伴等。

让学生积极、主动地参与到交际中去，方法还有很多，如提前告诉学生交际话题，做好交际准备。这一点，何老师做得也很好。在模拟推销之前，何老师提出"事先了解"想推销的书或杂志的要求，目的就是让学生做好交际准备。

4. 有提高。口语交际课上的提高，包括两个层面：一是思想认识上的提高，二是口语技巧方面的提高。口语交际表面上是语言与语言的交流，其实也是生生、师生之间在交换思想和看法。因此，思想认识的提高，也是口语交际的目标之一。至于交际技巧的提高，包含的内容就多了，如说话声音要响亮，让全班同学都听到；说话时不抓耳挠腮、不拉衣角等；还有插话、发问、评价的技巧等。从学生的发言可以看出，学生在交际技巧和思想认识两个方面都有明显的提高。

（福建福州教育学院二附小　何捷；
河南郑州市管城区教师进修学校　邱成立）

咀嚼文字就是咀嚼生命

——特级教师饶美红《台阶》一课赏析

笔者有幸参加了第59届浙派名师暨全国初中语文经典课堂教学艺术展，听的课为八年级上册语文《台阶》，授课者是杭州市建兰中学校长、著名特级教师、"中语杯"全国课堂教学大赛一等奖获得者——饶美红老师。

课例回放

师：很多课文的插图都能打动、温暖我们的心灵，比如《阿长和〈山海经〉》《背影》《老王》等（同时幻灯片播放）。今天上《台阶》这节课时，老师没有找到插图，如果你是编者来做插图，你准备怎么描绘呢？

生：拿着烟斗，怅惘若失的感觉……

生：坐在新屋的门槛上，头埋在膝盖里，白发……辛酸的感觉。

生：父亲和我一起坐在那台阶上，最原始的台阶，父亲头上有白烟冒着。

生：（直接找到课文中的一段细节）父亲坐在台阶上，灰白的头发，抽着烟斗。

师：我这里有一个画面。（幻灯片播放：母亲坐在门槛上，慢悠悠地做着针线活儿，目光恬静地看着趴在青石板上的孩子们）请同学们读一遍。（幻灯片播放）

这是我童年记忆中最深刻的景象……而就是这司空见惯的画面，触动了我创作《台阶》这篇小说。

——李森祥

师：刚才画面里怎么没有父亲？

生：父亲在劳作着，很辛苦。

师：好，那么我们走进课文，看看这是一个怎样的父亲。

赏 析

一开始，饶老师并没有直接向学生提供插图，而是让学生用自己的语言描述父亲，改变了以往让学生直接谈认识的尴尬。当学生说过之后教师为本节课配上一幅插图，幻灯片出示："母亲坐在门槛上，慢悠悠地做着针线活儿，目光恬静地看着趴在青石板上的孩子们。"虽然这幅画中父亲缺席，但我们可以通过母亲的安逸，想象出家庭的温馨正是缘于父亲默默的付出。这就是教师教学设计的亮点。教师的插图没有父亲，而文章写的是父亲，教师用设问形式提出，更加能引起学生的关注和好奇心，以激起学生继续阅读的欲望。

（幻灯片出示：请结合一个细节说说"我"的父亲）

生：倔强，28小节"一把推开我……"

生：很倔强，22小节。

生：很节约，第2节"可惜……"

生：父亲很老实很厚道，第9节"……父亲低眉顺眼了一辈子？"

生：有恒心，第10节，"每天往那储蓄罐里塞小票……"

师：根据同学们的叙说，老师脑海里浮现出这样一个父亲：勤劳、坚强、辛苦。但是我们同时又发现父亲有很多尴尬的时刻。

赏 析

由学生自读课文到概括课文中心内容，体现了思维训练和语言训练的提升。饶老师用了"勤劳、坚强、辛苦"六个字概括学生口中的父亲，同时又为接下来让学生品析一个立体的小说人物形象作准备。

（幻灯片出示："我"的尴尬父亲。学生提问中，有9人提到父亲只露出尴尬的笑……）

师：请大家齐读这段话（父亲从老屋里拿出四颗大爆竹……却露出尴尬的笑）尴尬是什么意思？

生：不知道该做什么。

生：局促不安，不习惯。

师：这里父亲的尴尬表现在什么方面？

生：要想挺胸，却挺不起。

师：这里有一个仿佛，是什么意思？

生：他很奢望被尊重一回，现在房子做好了他反而不知所措，很紧张，目光不敢和别人交流，不知道该如何表现自己。

生：如此紧张，与他自卑的心理有关，等真正有了"地位"，反而不舒服。

师：谦卑惯了。

生：低眉顺眼惯了。

师：还可以从哪里看出尴尬？

生：手贴在胯骨上，抄着也不是。

生：手足无措（顺势做了这个动作）。

师：居然不敢放鞭炮，居然指向什么？

生：第一次。

生：表现作者的意外，内心比较胆小。

师：在我的心目中是高大的？充满了正能量？

赏 析

为何称父亲为"尴尬的父亲"？饶老师将问题分解成两个，由表及里，层层深入：①尴尬是什么意思？②父亲的尴尬表现在什么方面？ 在具体探究问题②时，饶老师先示范"抄手"（即两手在胸前或背后交互插入袖筒）和"将手贴在胯上"的具体动作，并尽力把头抬得高些，再示意学生模仿，最后让学生谈谈自己的感受。其中一个学生的发言讲出了自己此刻最真实的心理体验。他说："我感觉有许多老师在看我，紧张。其实，我也知道自己确实站在众目睽睽之下，可就是不敢用自己的眼睛去迎接老师们善意的目光。当时那位父亲，可能也是这样。"一时间，台下掌声雷动。饶老师抓住机会，继续引导学生往深处发掘:"抄着不是,贴在胯骨上也不是""仿佛觉得有许多目光在望他,尽力把胸挺得高些,无奈,他的背是驼惯了的,胸无法挺得高""明明该高兴,却露出些尴尬的笑"。这些看似矛盾的动作、神情,反映出的恰恰是人物最温情的一面——骨子里的质朴、谦卑,使得身为农民的父亲永远都不愿、不会,也不习惯"张扬"。只有复杂才真实,只有立体才丰满!接下来,恰到好处地展示学生预习的话语。

(幻灯片展示班级学生张子然预习时说的话:骨子里的质朴、谦卑,让身为农民的父亲永远都不会,也学不会张扬。)

(继续出示幻灯片向学生提出问题:父亲闪了腰,为什么却很粗暴地将我一把推开?)

师:请一位女同学读这段"父亲身子晃了一晃……看父亲把水挑进厨房里去了"。

师:你读的时候应带着什么样的感情?

生:愤怒,迁怒,岁月无情流逝,对岁月的一种恐惧感。

师:对生命衰老的愤懑,也对我——

生:父亲不想让孩子觉得自己老了,就少了威严,我想到他的无奈,故意让他挑水,让父亲保持这种不服老的状态。

生:我有无奈、心疼,很想去帮他,这是一种理解。

师:请男同学回答,你此时会帮父亲吗?

生:我不会,他有尊严,如果帮的话会损害尊严,让他保持尊严是对他最大的尊重。

师:你和你父亲一定有心灵上的默契!

生:文中作者可能知道父亲会损伤腰,所以他的心情很复杂、纠结,因为迟早有一天,父亲会知道自己老了。

师:一个男人对另外一个男人的尊重和理解。

生:(女)除了苍老之外,第四节……又作了铺垫,腰闪了一下,拼命想起来……

师:好,根据我们对这些的理解,请大家放声来朗读,这段……

赏析

这个环节中，饶老师先让学生以自由读的方式揣摩父亲粗暴地一把推开"我"后说的那句话中破折号的作用。读完之后，学生各抒己见：有的说父亲闪了腰，声音因疼拉得老长；有的说父亲在生自己的气，怪自己老了，且气喘吁吁；有的说父亲伤了自尊，觉得在儿子面前丢了架子，说话不利索；也有的说父亲其实还是不服老，内心倔强至极！由细节到内容，从主题到情感，从提问到赏析再到归纳，每个问题的解决都让学生的感悟提升一个等级。并且，注意变换不同的方法分析问题，注意创新变化。整节课的思路非常清新明晰，富有诱惑力，大胆大气中常有精致缜密的点拨。而且，屏幕显示所有提问学生的名单，不失为融洽师生关系、和谐课堂气氛的妙招。

（幻灯片出示）

只是我理解当中的父亲，不是我生活中的父亲。

——李森祥

（现实里的父亲：他六岁时还不会游泳，父亲竟将他一把扔进湍急的江，任他在水里绝望地挣扎一阵子后，才捞起了他……）

生：残酷的，我眼里的现实中的父亲，很不温柔。

师：从小李森祥就想离开父亲……后来他参军了，多年后回乡，父亲早去世了，说起父亲，母亲说，他上辈子欠你的……

（幻灯片出示）

我终于明白，原来我早就并且一直踩在他的肩膀上，父亲用他的肩膀作为我人生的台阶。

——李森祥

生：现实中的父亲表现严苛，但是他一直用沉默的方式爱孩子。

生：也就是想让孩子更出色。

师：他虽然对我实行异于常人的教育，但也让我成长，知道如何坚持，给我台阶。

赏析

看着所有人还沉浸在父亲那份山一样的男人自尊中,饶老师却话锋一转,严肃地讲起发生在作者李森祥与现实中的父亲之间的事:小时候,每当作者的调皮惹急了父亲,他都毫不犹豫地扔子入河。可他还是用满含深情的笔触创作了小说中的父亲。饶老师又话锋一转,回到课前的一幅画,点出其中含义。几经思维的对弈,学生终于明白:现实中的父亲其实在赋予作者一种不怕绝境、勇往直前的坚韧精神,让他从小就学会独自承担。爱的本质是一样的,只不过爱的方式有所不同。作者说"原来我早就并且一直踩在他的肩膀上,父亲用他的肩膀作为我人生的台阶",所以,文章以"台阶"为题,塑造的是父亲这一形象——父亲是我人生中的一级台阶。

就这样,一步一步,饶老师引导我们站在厚实而平稳的"父爱台阶"上,也懂得了小说之外或张扬、内敛,或包容、苛刻,或得意、失意的父亲。

(幻灯片出示问题:文中的父亲是否也是我人生中的一级台阶?文章主要写父亲,为什么用台阶做题目?)

生:台阶是课文线索,也表现了父亲的爱,造台阶也是为我为家人……

师:为什么要和孩子说,又像是自言自语"我家的台阶低"。

师:一个伟大的父亲,只有这样我们才能有幸福的生活,他是一个撑起天空的父亲,也是人生中不可少的台阶……而现实中与文中的父亲都是……所以回到前面的那句话:"母亲坐在门槛上,慢悠悠地做着针线活儿,目光恬静地看着趴在青石板上的孩子们……"

(幻灯片出示问题:这人怎么了?这句话怎么理解?)

生:父亲不能判断自己是否衰老,想问问别人。

生:一方面是身体上,另一方面是心理上,有一种茫然,这样是不是真的有地位,心里空落落的……

师:目标完成了,失去了奋斗目标,又不肯承认自己老了。

(幻灯片出示)

好久之后,父亲又像问自己又像是问我:这人怎么了?

怎么了呢　　父亲老了

怎么了呢　　父亲老了

师：怎么读这两句话呢？用什么标点比较合适？
生：先用问号，再用句号，这是我的回答。
生：他已经走到了人生的尽头。
生：前面用问号，后面用省略号，好像是心疼父亲。

赏析

"好久之后，父亲又像问自己又像是问我：这人怎么了？怎么了呢，父亲老了。"这句话是小说的结尾。饶老师让学生依据个人对文章的感悟，为"怎么了呢　父亲老了"加标点。这也是本节课的最后一个问题。

学生的答案五花八门：先问号，再省略号；先破折号，再句号；先省略号，再感叹号……千般理解，万般疼惜，尽在符号中彰显。

（幻灯片出示）

关于小说的结尾，当初我的确没有把这当作悲剧来处理……这几乎是中国乡村中的农民的缩影……

——李森祥

（配乐展示一段很抒情的话）
无论是乡村还是城市……正是我们民族文化中的台阶……
父亲是一部大书，你读过吗？

赏析

叶圣陶说："知识不能凭空得到，习惯不能凭空养成，必须有所凭借。那凭借就是国文教本。"饶老师的《台阶》凭借学生课前预习所提问题来推动课堂，她把学生的问题按难易程度有序排列，符合学生的认知规律，同时也让课堂思路更加清晰。学生始终处于思考之中，体现出学生是课堂的主人。课堂教学以学生提出的问题为基础，层层深入，充分体现了以学定教的观念。饶老师的《台阶》教学设计科学，环节过渡有条不紊，自然流畅。这堂课或许就是我们所追求的优质高效的课堂吧。

名师反思

咀嚼文字就是咀嚼生命

一、以"文体"定教，凸显小说人物形象的丰富内涵

在很长一段时间里，《台阶》被许多教师视为散文，文中的父亲被视为一个真实的人物，一个特定的农民。而且，有的课堂教学把"父亲"解读为一个没落的农民，一个不能适应现代化而被淘汰的农民。这样的理解是可怕的。

笔者在进行《台阶》的教学设计时，力求尊重文本特质，尽量与原作者的创作思想对接，还原文本的小说本色——凸显小说人物形象的丰富内涵。备课时，笔者在细读文本的同时也翻阅有关资料，反复琢磨著名作家李森祥的创作意图，思考《台阶》主人公作为一类农民的意义，作为一类父亲的意义，作为一般的"人"的意义。在读懂读透文本的基础上，我设计了层递性的教学环节，运用多种教学方法和解读方法引领学生想象画面，品析语句，解读细节。这不仅让学生品味"父亲"这个具有代表性的吃苦耐劳、追逐梦想的农民形象，也让学生感受了作为一个渐渐老去、内心无比痛苦与无奈的男人形象，更让学生体会到生命的传承与使命的交接。这样不仅让学生领悟到小说人物的多面性与立体性，也使其初步掌握了从小说的细节描写入手，多角度赏析人物形象、多元解读主题的方法。

二、以"学"定教，提高课堂教学的有效性

以学定教，以学生的阅读期待优化课堂教学，是杭州市上城区初中语文教改研究的一大实践成果。我们打破传统的教师根据自己对课文的理解进行备课的模式，建构利用学生的预习成果问题来设计课堂教学内容和教学环节的教学模式。学生预习《台阶》一文时，笔者要求他们提出自己的疑惑，并将所有问题筛选、归类，从中选择具有普适性和典型性的五大问题，并根据层递性的

教学原则由浅入深地呈现问题，作为解读文本的切入点："父亲为什么明明该高兴，却露出些尴尬的笑？""父亲闪了腰，为什么不让'我'帮忙？""为什么'我'在父亲最苦最累的时候，就真的让在一边？""文中的父亲，是否也是'我'人生中的一级台阶？文中主要写父亲，为何以'台阶'为题？""父亲明知自己老了，怎么还问'我怎么了'？"由细节到内容，从情感到主题，提问、赏析、归纳，每个问题的解决都让学生的感悟提升一个台阶。并且，我特别注意变换不同的教学方法引领学生分析问题，逐步将学生的思维引向深入。

以学定教，课前让学生自读文本，提出问题，既为课堂教学提供了很好的教学资源，更是对学生自主体验、质疑探究学习方式和学习习惯的培养。根据学生问题确定教学重难点，课堂教学就有了针对性和实效性。我们追求课堂教学的增量，理念是：上课前学生已懂了的内容，课堂上就没有必要为此浪费时间了；学生似懂非懂的内容，或者他们容易疏忽却极有意味的地方便是我们关注的地方；课堂上的自主体验、合作探究，力图促进学生在知识、能力、人格上的变化，从而当他们离开教室时，得到一种从未有过的体验和收获。在课堂中展示学生的问题以及他们的名字，并让学生尝试解决问题，既保护和鼓励了他们质疑问难的积极性，又培养和提高了他们的阅读能力。课后反思《台阶》这堂课教学目标的落实、教学梯度的推进以及现场生成、教学效果等，让笔者感到欣慰的是：笔者为我们区的以学定教，实现课堂教学高效的教改课题提供了一个比较成功的案例。

三、咀嚼文字就是咀嚼生命

语文阅读课堂的语文味，应该是在字词的咀嚼品析中显现出来的。笔者的这一教学理念在引领学生探究"父亲为什么明明该高兴，却露出尴尬的笑"这一问题的教学环节中表现得比较充分。笔者首先问学生："尴尬"是什么意思？进而用"文中的父亲的尴尬表现在哪里？为什么会那么尴尬呢"的问题引领学生细读文本，反复咀嚼，体验感悟：由表及里，"居然"背后的"必然"就是父亲骨子里的朴实厚道；不是胆小，而是不习惯。语言的矛盾反映的恰恰是人物的真实心理状况："仿佛看见"并非无人看见，恰恰是在里三层外三层的热闹场景中父亲不愿不会不习惯于"张扬"的常态反应。但还是努力要在行动上反映——"挺胸"，可惜已是"驼惯"了；这不是猥琐的姿态，而是沧桑劳苦的结果。于是，笔者水到渠成地出示学生张子然的精彩评语："骨子里的质朴、谦卑，让身为农民的父亲永远都不会，也学不会张扬。"这样一个农民的形象，这样的一种生命形态，必然让学生留下深刻印象。

　　咀嚼文字就是咀嚼生命！我始终在课堂里实践这一思想。父亲挑水闪了腰，为什么"我"想去帮忙，父亲却很粗暴地推开"我"？为什么"我"在父亲最累、最苦的时候就真的让在一边？"父亲明知自己老了，为什么还问'我'怎么了？"层层递进，层层深入，笔者慢慢把主题引向普遍态、特殊态。普遍态是阶层，特殊态是人或是生命。当学生聆听父亲的人生经历和命运时，文本也回归到人的本身：生命的本身，生命的斗争，生命的奋斗，生命的衰老和生命的状态。这样的课是深刻而有价值的。"父亲是一部大书"，课堂的最后，笔者和学生一起朗读对文本具有总结性意味而又凸显父亲形象的诗歌。笔者试图用"父亲，还有我呢"这样的结束语来强化学生体悟生命的传承与使命的交接的意识，而那一声声"我的父亲"必将深深烙进学生的灵魂。

（浙江省瑞安市莘塍第一中学　蔡利利；
浙江省杭州市建兰中学校长、特级教师　饶美红）

把握言语特点　关注语言表达
——观特级教师魏星《水》一课有感

曾有幸听了魏星老师执教的《水》一课，再一次领略了魏老师教学设计中的匠心独运之处，触摸到了他"言意统一，扎实灵动"的教学风格。在这篇课文的教学中，魏老师紧扣作者对水的独特的感觉组织教学，关注文本中看似矛盾的语言表达形式，引导学生品读、赏析，并联系实际生活体验，探寻特定语境下的言语特点，进入文本的深层情感结构。最后，学以致用，运用这种言语形式进行习作。整个环节丝丝入扣，一气呵成。

片段一：从"感觉"切入，类比语言表达

师：我们的童年经历是非常珍贵的，是写作的好素材。请看萧红对园子的感觉。

（出示片段）

太阳在园子里显得特别大。花开了，就像花睡醒了似的。鸟飞了，就像鸟上天了似的。虫子叫了，就像虫子在说话似的。一切都活了，要做什么，就做什么，就做什么，要怎么样，就怎么样，都是自由的。

（生读片段）

师：这个园子传递出什么样的感情呢？

生：生机勃勃。

生：园子里的东西都是美好的。

师：还传递出什么样的感觉？

生：自由自在。

师：自然中的景物，当心情投放到事物中，一种有意思的表达就出来了。再看孙友田的文字："她用甜甜的嗓音深情地为我吟唱，轻轻的，像三月的和风，像小溪的流水。小院立即飘满了她那芳香的音韵。"

师：为什么声音是芳香的呢？

生：作者喜欢母亲。

生：突出母亲的嗓音很好听，就好比钥匙，打开了满院的芬芳。

师：再看琦君摇桂花的感觉。

（生读）

师：再看作家马朝虎写水的句子。他出生在缺水的地方，对缺水的感觉非常奇妙。默读课文，找到句子，画出来，哪些词语传递出了特殊的感觉？

赏析

巧妙的新课导入，就像金钥匙一样能悄然开启学生的思维。从已学过的课文《我和祖父的园子》《月光启蒙》《桂花雨》入手，引读、品味三个学过的课文片段，使学生充分调动自己的情感，迅速进入学习状态。同时，为学习新课独特的语言表达形式打下基础。

片段二：紧扣"感觉"，感悟语言表达

师：课文中的哪些句子传递出了作者对水的特殊感觉？

生：淋一勺水啊啊大叫。

生：一勺水给四个人洗澡。

生：跑十里路挑水，请我喝酒不如请我喝水。

师：为什么人们那么说呢？一起读第一小节。（板书：请我喝酒不如请我喝水）

（生读）

师：在缺水的情况下，男女老少——（板书：像晒干的狗尾巴草）

师：还有哪些词句传递出缺水的感觉？

生：很久才洗一次澡，痒得受不了。

生：他们喜欢下雨，像过节一样。

师：对语言的感觉再细一点，谁再来谈一谈。

生：大家都不顾一切地洗澡。

生：在雨中奔跑、跳跃，我们怎么可能这样呢？只有疯子才这样。

师：热闹、热烈、痛快，这是节日的狂欢，也是语言的狂欢，读吧！（板书：像过节一样）

生：齐读第二自然段。

师：还有哪些语言传递出特殊的感觉？

生：钥匙象征着权威、幸福和痛快。

师：锁住了水窖，也锁住了人们对水的渴望。

（生读这句话）

师：虽然妈妈锁住了我的身体，却锁不住我的心。还有哪些语言？

生：第五自然段里，血的流动在加快。

师：水从头顶浇下来，用慢镜头的写法，一起读。

（师引读，生跟读。）

师：我们盼着、望着，什么时候能够淋到一勺水呢？

生：（读）母亲用一把大锁锁住了水窖，也锁住了我们对水的渴望。而挂在她腰带上的那把钥匙，则象征着权威、幸福和痛快。我们都盼望着水窖打开的那一刻的到来。

师：那一刻就要到了，就像举行一个庄重的仪式——

生：（读）我们四兄弟，像四根将要被晒干的狗尾巴草一样，从小到大，排在了母亲的跟前。

师：母亲打开了水窖——

生：（读）母亲轻轻一笑，从腰带上取下钥匙，打开了水窖。一缕水的气息扑面而来，我们都倒抽了一口凉气。

师：水，接触皮肤的一刹那——

生：（读）顿时，藏于地下的水的清凉，再加上缕缕轻风，让我们都舒服得"啊啊"大叫了起来。

师：多么美妙的感觉啊——

生：(读)从头顶倾注而下的水滑过了我们的脸……地上几乎没有一滴被浪费掉的水。(多媒体定格在这段文字上)

师：小组讨论，这段文字到底奇妙在什么地方呢？每个小组要给出三个答案。(小组交流)

生：四兄弟像狗尾巴草。

生：地上没有一滴被浪费掉的水，感觉有点太夸张了。

师：为什么会产生这种感觉？补充——

生：因为身体缺水，需要水，母亲很高明，刚好能够淋遍全身。

生：抚摸遍全身，被毛孔吸进去了。

师：关于毛孔有一个不讲理的说法。

生：毛孔张开了。皮肤处于很干燥的状态，感觉像毛孔张开嘴，这是一种感觉。

师：这种感觉说出来了。

生：因为他们很久才能得到一勺水，所以身体很缺水。

师：接着交流。

生：我感觉到血管里血的流动在加快。身体对水的渴望达到了极点。

生：像一条小溪流……

师：写了几个滑过了，对语言的感觉再细一点。

生：三个。

师：倾泻是快的，为什么写得这么慢呢？

生：要充分享受水，所以写得长一点。

师：一勺水很少，为什么写得长、写得多呢？

生：希望细水长流。

(师板书：像溪流，滑过了……特殊的经历，特殊的表达。配乐读。)

(生配乐朗读)

师：马朝虎文章写到这里的时候，他此时的表情、心情是怎样的？

生：快乐的，还带着心酸，带泪的微笑。

师：带泪的微笑，请你写到黑板上。

生：很享受，很留恋。

生：幸福感，非常激动的感觉，感受到母爱的无私。

师：写出来吧。水里有母亲的关心，有温情中的坚强。

赏析

魏老师紧扣作者对水的独特感觉组织教学。"课文中的哪些句子传递出了作者对水的特殊感觉？"这一问题贯穿始终，教者循循善诱，鼓励学生冲破束缚，放飞思绪，充分感知作家马朝虎在表达水的珍贵时所采用的独特表达方式。关注文本中看似矛盾的语言表达形式，引导学生品读、赏析，体会缺水之苦和有水之乐。通过反复诵读，把抽象的文字内化为学生心灵的体验，激发起学生积极的情感体验。

片段三：表达"感觉"，运用语言表达

师：马朝虎回忆起小时候有关水的故事，就感到快乐、幸福，也感到母亲的温情、希望，当然也感受到生活的艰辛、乐观！感情是丰富的，所以用了这么多手法来表现（指读黑板上的板书），如打比方，"像晒干的狗尾巴草一样""像小溪""像过节一样"；利用反常的搭配，"你们真的饿坏了""请我喝酒不如请我喝水"；反复的手法，"滑过了，滑过了，滑过了"；打通各种感官来写，如"我听得到毛孔张开嘴巴的吸吮声"；等等。

师：同学们，我们的童年经验是十分珍贵的。生活中，我们也有很多自己最渴望的东西。你们最渴望的是什么？能不能也用这种"慢镜头"的写法，选用有意思的表达方式，把那种渴望写出来。写下来，发到我的邮箱，你们写的就是我的教学成果。

赏析

在上一环节，学生紧扣课文语句悟感觉、说感觉，教者适时、适度地揭示语言形式的表达特点，并进行板书。在此基础上，教者通过引读的方式加深学生的理解，为习作表达作好铺垫。这既升华了学生情感的余韵，又引导学生将获取知识、运用知识的触手向课外延伸，向社会延伸，拓宽了学生的学习空间，增加了学生语言实践的机会。

总评

  在《义务教育语文课程标准（2011年版）》中，一个显著的变化就是对语文课程性质的界定。"语文课程是一门学习语言文字运用的综合性、实践性课程。义务教育阶段的语文课程，应使学生初步学会运用祖国语言文字进行交流沟通，吸收古今中外优秀文化，提高思想文化修养，促进自身精神成长。工具性与人文性的统一，是语文课程的基本特点。"它第一次把语言文字的学习与运用提高到如此重要的地位。语文学习如果离开了语言文字的习得，无异于无源之水，无本之木。在新课标中，"语言文字"共出现了14次，可见其重要地位。

  在本节课中，魏星老师就是紧扣本课语言表达的独特形式，设计核心问题："课文中的哪些句子传递出了作者对水的特殊感觉？"引导学生在读、思、说中内化文本语言，体验文本的情感，触摸作者的心灵。条理非常清楚，充分体现了张庆先生所说的"提领而顿，百毛皆顺"。

  新课标中还提到："语文课程致力于培养学生的语言文字运用能力，提升学生的综合素养，为学好其他课程打下基础。""语文课程应激发和培育学生……正确运用祖国语言文字。"这强调了语言文字的运用，去掉了语言文字的理解。学习语言文字的最终目的是为了表达，是为了运用。运用分为两个层面，一个是口头语言，另一个是书面语言。由此可见，写作对于语文学习的重要性。从某种意义上说，学会写作就是对语文学习最好的肯定，最好的感恩方式。

  在本节课中，习作实践的设计、指导，体现了学以致用的指导思想，也与新课标中强调的"语言文字的运用"相契合。这样既升华了学生情感的余韵，又引导学生将获取知识、运用知识的触手向课外延伸，向社会延伸，拓宽了学生的学习空间，增加了学生语言实践的机会。

（江苏省苏州市枫桥中心小学　衡成荣）

引领孩子畅游"作文王国"

——有感于特级教师赵景瑞老师的作文教学艺术

作文课一直是语文教学中的难点，而在特级教师赵景瑞的作文课上，笔者却看到了这样的场景：学生在笑声中思考，在轻松中表达，在体验中明理，在交流中提高。一直令教师畏难、学生畏惧的作文课，为什么赵老师上得如此轻松、幽默，又如此深邃、严谨？他有什么神奇的"魔力"，引领着学生如此兴致盎然地随他一起畅游"作文王国"呢？让我们一起走进赵老师的"作文亲子培训班"作文课（这节课是家长与孩子一起上课），亲身感受他颇具特色的教学风格。

环节一：创设问题情境，激发学生思考

师：现在，我们要练习写一个片段，题目是"空气"。

（生面露难色，面面相觑。）

师：是不是感到了困难？空气看不见，摸不着，怎么写呀？

（生频频点头，但苦于无从下手，有些着急。）

赏析

选题是写"空气"，但空气是看不见、摸不着的。意想不到的作文题，很能激发学生的兴趣。写它需要"以动写静，以此写彼"的方法，对于学生来说比较枯燥难懂，而赵老师在教学中却巧妙地把它寓于活泼有趣的教学活动中，

创设问题情境，学生产生困惑，出现需要，再自己尝试解决，激发他们求知的欲望。

环节二：点拨引导，开启学生思维

师：你能从别的事物中看到空气吗？

（生柳暗花明，跃跃欲试，纷纷举起手回答。）

师：别急，你们先自己想一想，给家长演一演，一会儿请同学上台表演，要让我们知道空气在哪。

（生和家长一起思考、表演，非常投入。）

赏析

在学生处在最佳求知状态时，教师巧妙点拨："你能从别的事物中看到空气吗？"一下子打开学生的思维，使他们进入顿悟后的情绪高涨状态。

环节三：展现实践活动，亲身体验发现

师：谁愿意通过你的表演让同学们发现空气藏在哪，其他同学认真观察。一会儿选一个写下来。

（学生代表6人到台前依次表演）

生：鼓起两腮（空气藏在嘴里），用手使劲一拍，"扑"的一声，两腮恢复正常。

师：空气溜走了。（学生大笑起来）

生：左手拿着一个塑料袋，打开袋口使劲一兜，然后赶紧用手攥紧袋口，塑料袋里已胀得鼓鼓的。

生：手拿一张纸条，鼓起腮帮子使劲一吹，小纸条立即抖动起来。

……

（台上的学生用不同的事物，把他们观察、体验到的空气表现出来；台下的学生边观察，边展示自己的发现。）

赏 析

作文是在实践中完成的。赵老师遵循这一原则,让每一个学生亲身体验,通过自己的表演,让他们切切实实感到作文材料就在身边,从生活中观察是多么重要。

环节四:顺学而导,引发多向思维

师:刚才同学们都找到了身边的空气,别的地方还有吗?你能找得到吗?

(短时沉默之后,一双双手高高举起。)

生:空气在蓝蓝的天空里。

生:绿油油、茂盛的树叶上产生空气。

生:海里游动的鱼儿吐出的水泡是空气。

生:北京刮起的春风,就是空气在流动。

……

(赵老师这一巧妙引导,学生的思维一下子被打开了。)

赏 析

在学生思维停留在同一层面横向发展时,赵老师适时引导学生:"别的地方还有吗?"看似简单的问题,却颇见功力。它拓展了学生的思维,引发学生多角度思考问题,向思维的纵深拓展,奇思妙想才能异彩纷呈。

环节五:独立完成习作,评价点拨

师:如果现在你们再来写空气,能写了吗?别急,先回忆一下你们刚才是怎么做的,观察到了什么?想到了什么?再认真地写下来。

(学生认真写作,笔端流畅。)

师:你愿意把你的写作和我们一起交流吗?

(现场指导,师生、生生在平等中交流。)

生:我左手拿着一个塑料袋,打开袋口使劲吹气,赶快一兜,然后赶紧用手攥紧袋口,塑料袋里已胀得鼓鼓囊囊的,里面都是空气。我一松袋口,一股气流冲出，袋子也瘪了，这是空气流出来了……

师：写得好！你是通过什么东西看到空气的呢？

生：是用塑料袋装空气看到的。

师：噢！是通过别的事物写空气的，用看得见的呈现看不见的。

师：再问问你，你为什么要吹气又放气呢？

生：如果不吹、不放，空气不流动，就看不到了。

师：是呀！你真聪明，让空气动起来就写出来了。

……

赏析

在学生情之所至、急于表达之时，赵老师适时引导学生静静地思考，把自己的观察、体验写下来。当学生写完后，教师又安排了生生之间、师生之间、家长与孩子之间的多项交流、评价活动。他用慈祥的目光注视着学生，认真地倾听学生的发言，用商量的口吻和学生交谈自己的观点，用幽默、准确的语言随机点评，同时抓住学生的闪光点或问题焦点，引发学生之间的评议。把较深奥的道理通俗化，写法已呼之欲出，先进的教学理念融于课堂教学的点点滴滴。

环节六：反思实践体会，领悟总结提升

师：回顾刚才的学习过程，你们知道我们今天学习的写作方法是什么吗？（师引导学生看板书，思考发现。）

板书：

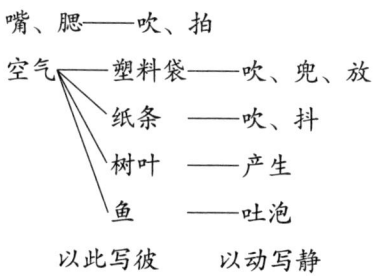

以此写彼　　以动写静

生：用别的事物写空气。

师：这就叫"以此写彼"。（板书）

生：让空气动起来，就看见了。

师：对！这就叫"以动写静"。（板书）

赏析

热烈地交流之后，课堂又进入静静的思考状态。学生认真地反思自己的学习全程，回味着有滋有味的作文教学。他们在赵老师的引导下，从语文实践活动中总结出理性的规律：原来这就叫"以动写静""以此写彼"呀！从学生当初写空气时皱着眉头"没的写"到高高兴兴"有的写"，最后面对那么多、那么新、那么好的作文材料难以割舍，都不知"写什么好"了。这中间学生有困惑、有期待、有顿悟、有欣喜……这一切都是学生的自主体验，是与教师、同伴的碰撞与交流。课堂上的每个学生和家长，都感到了学习、探索、收获的快乐。

总评

通过赵老师作文课堂上的一些片段，我们看到的不仅是精彩与娴熟，更重要的是他深厚的积淀与理性的思考。反思这一节作文教学课，给笔者的启发是多方面的。

第一，积淀丰厚的文化底蕴。听赵老师的课，你始终会被一种自然、浓烈的文化味道包围。他的语言风格那么强烈地感染着你，他的言谈举止无不展示出其文化底蕴的深厚。这一点正是我们年轻教师所欠缺的。

第二，全面地了解学生情况。赵老师上课之前，要做大量的教学准备工作，其中最重要的就是学生情况调查。他认为，学生并不是空着脑袋走进教室的。在日常生活中，在以往的学习中，他们已经形成丰富的经验。而且，有些问题即使他们还没有接触过，没有现成的经验，但当问题呈现在面前时，他们往往也基于相关经验，依靠他们的认知能力，形成对问题的某种解释。所以，教学不能无视学生的这些经验,而是要把学生现有的知识经验作为新知识的生长点,引导学生从原有的知识经验中"生长"出新的知识经验。因此,一切教学设计都必须尊重学生已有的知识经验和能力水平,作出符合实际的学生情况调查分析,做到"以学定教,教为学服务"。赵老师就是遵循"建构主义"这一理论观点,在为学生上作文课之前,把所有学生的作文逐一阅读,根据出现的问题作出具体分析。同时,他还通过和家长、学生聊天了解学生非智力方面的因素和家庭教育背景等相关信息,最后确定教学目标和教学流程设计。上课时,他不拘泥于教案,关心"动态生成"。赵老师非常关注学生的一举一动,他会随时根据学生思维参与情况,作为开发资源,作出适时调整,"顺学而导,润物无声",始终使学生处在一种积极的、愉悦的学习状态中。

第三,开放、民主、平等、轻松的课堂。一位年过六旬的特级教师,始终以学生的学习伙伴身份出现,他引导着学生一起畅游作文王国。他是一位慈祥的老爷爷,为学生出主意,搭设语文实践的舞台,时而像与学生聊天,在交谈中获取新知;时而像在说相声,幽默的语言蕴含着哲理,在笑声中得到发展。

第四,深入浅出的教学风格。记得一位教育家说过,教师分为四类:第一类是深入深出型,即自有很高深的学问,为学生讲解得也很高深,结果学生如在云里雾里,一片茫然。第二类是浅入深出型,即教师自己胸无笔墨,却在学生面前故弄玄虚、舞文弄墨,把非常简单的知识、道理,人为地弄得很复杂。第三类是浅入浅出型,即教师本身不善学习,知识积累浅薄,只能教给学生一些浅显的知识,学生无收获。第四类是每一位教师追求的最高境界,做一个深入浅出型教师,即自己具有渊博的知识,丰富的内涵,善于把深刻的东西通过学生喜闻乐见的形式让他们易于接受。赵老师正属于第四类。他从不在学生面前讲什么枯燥的术语、规律,而是寓于活泼有趣的教学活动中,创设问题情境,启发学生提出困惑,尝试解决,感受体验,反思总结。

(北京市东城区回民小学校长　刘燕君)

诗情画意学课文

——《蒹葭》教学赏析与反思

本课预设有三个亮点：

（1）根据课文重章叠句的规律，精心设计板书，帮助学生记忆，引导学生当场背诵。

（2）找到不同诗歌的类似点，以诗解诗；以教师仿写的诗带动学生写诗来解诗。

（3）以钱锺书的话语把诗歌主题提升到哲学的角度，加深学生的认识。

教学目标：

（1）掌握朗读四字诗的节奏，熟读成诵；掌握诗经重章叠句的特点。

（2）分析伊人形象的含义，理解主题深层意蕴。

（3）品味与赏析诗歌优美的意境，培养和提高学生的审美情趣，激发他们创造美的动力。

教学重点：

朗读诗歌，理解诗歌内容和情感；把握诗歌重章叠句结构、反复咏叹的妙处。

教学难点：

体会优美意境，理解主题深层意蕴。

教学方法：

（1）朗读法：通过反复朗读品味诗意。

（2）情境设置法：充分利用多媒体及背景音乐创设情境，使学生能融入诗歌的意境中去，产生思想上的共鸣。

教具准备：多媒体。

教学过程：

片段一：听《蒹葭》，导入新课，渲染气氛

师：请大家听一首歌。

（播放歌曲《在水一方》，课件展示歌词，渲染气氛。）

师：这首优美的歌曲，词作者是大名鼎鼎的琼瑶，它是早些年一部电视连续剧的插曲，根据《蒹葭》改编而成，可见《诗经》对后世文学创作有很大影响。今天我们一起学习《蒹葭》，聆听三千年前华夏先民的吟唱，感受古老东方文明的辉煌。

赏 析

诗歌不分家，《在水一方》本来就是由《蒹葭》改编而成，用它来渲染气氛，帮助学生理解诗歌内容，再合适不过。

片段二：读《蒹葭》，多种形式朗读，理解内容

（一）读准字音

师：请大家自由朗读一遍课文，读准字音。

（板书生词，指名朗读：溯洄 溯游 未晞 水之湄 水中坻 水之涘 水中沚。）

（二）读出感情

师：我们的朗读要加大难度，请大家读出感情。

（指名朗读，并点评。）

（三）读出规律

师：下面请大家按老师的安排来朗读，读出这首诗歌在结构上的规律。

① 将全班分三组，各组依次齐读诗歌一遍。

② 层进式朗读。第一组从第一章读到课文结尾。第二组从第二章加入朗

读。第三组从第三章加入朗读。

师：通过前面的朗读，大家有没有发现这首诗歌在结构上的规律？

生：有些词句是一样的。三章结构、内容、句式一样。课文的结构和《在水一方》歌曲的结构是一样的，有些词句重复地出现。

（课件出示）

    苍苍， 为霜。   一方。
蒹葭萋萋，白露未晞。所谓伊人，在水之湄。
    采采， 未已。   之涘。
        且长。   央。
溯洄从之，道阻且跻。溯游从之，宛在水中坻。
        且右。   沚。

课件简单、清晰、明了地展示课文中的相同部分和不同部分，展示其中的规律，帮助学生记忆。

（师保留课文中不同的内容，擦去相同的内容，给学生三分钟时间，背出相同的内容。抽背多名学生。）

（课件出示）

    苍苍， 为霜。   一方。
（ ）萋萋，（ ）未晞。（ ）之湄。
    采采， 未已。   之涘。
        且长。   央。
（ ），（ ）且跻。（ ），（ ）坻。
        且右。   沚。

（师保留课文中相同的内容，擦去不同的内容，给学生三分钟，背出不同的内容。抽背多名学生。）

（课件出示）

     （ ） （ ）   （ ）
蒹葭（ ），白露（ ）。所谓伊人，在水（ ）。
     （ ）， （ ）   （ ）

溯洄从之,道阻（　）。溯游从之,宛在水中（　）。

（引导学生解释:苍苍、萋萋、采采；长、跻、右；湄、涘、坻、沚。理解这些词语的区别,加深对诗歌内容的理解。）

师:(总结规律,课件出示)《蒹葭》这种结构上的规律叫作重章叠句。它是指一首诗由若干章组成,每章字句基本相同,只对应地变换少数字词,以重复歌咏的一种形式。通过反复咏叹、层层深入地书写,强调作者情感。

赏析

"书读百遍,其义自见。"古诗的教学,教师无须多讲,讲得多不一定能讲出味道,反而破坏了"朦胧美",不如以各种形式的朗读,引导学生领会诗句含义,引领学生"意会"诗歌的意境,探究发现诗歌在结构上"重章叠句"的规律。教师的课件或求同、求异,创造性地改变原诗的排版格局,更加清晰简明地呈现出《蒹葭》在结构上的特点,可谓一目了然,留给学生的印象更加直观、深刻。

（四）读出内容、情感

师:通过朗读,课文内容我们已经了然如心。请你用自己的话来说一说,你从诗歌中读到了一幅什么样的画面?

生:我看到在芦苇茂盛的地方,一位多情浪子,为追求情人所做出的无限努力。

在芦苇茂盛的地方,一位男子对情人可望而不可即、可求而不可攀的情感。

赏析

《蒹葭》原诗语言精简,让学生用自己的语言描述画面,既丰富了诗句内容,也给了学生创作的空间。在描述画面的同时,体会了诗歌中人物的情感。

（五）读出诗意

师：读《蒹葭》，让我想起了另外两句诗，它们和《蒹葭》的情感有类似之处。

课件出示：(1)众里寻他千百度，蓦然回首，那人却在灯火阑珊处。(辛弃疾)(2)路漫漫其修远兮，吾将上下而求索。(屈原)(3)迢迢牵牛星，皎皎河汉女。纤纤擢素手，札札弄机杼。终日不成章，泣涕零如雨；河汉清且浅，相去复几许！盈盈一水间，脉脉不得语。(《迢迢牵牛星》)

师：读《蒹葭》，我想起了一句有名的诗句："世界上最遥远的距离……"请你结合本文内容，用"世界上最遥远的距离"说话。

（教师示例：世界上最遥远的距离，是你明明就在我的眼前，我却无法走到你的身边。）

生：世界上最遥远的距离，不是隔着太平洋的距离，而是你就在那水一方，我却追寻不到你。

生：世界上最遥远的距离，不是穿越宇宙的距离，而是你站在我身边，我却无法走进你的心里。

（教师示例：世界上最遥远的距离，是我仿佛已经走到你的身边，你却难寻踪迹。）

生：世界上最遥远的距离，是明知你在我前方，我却赶不上你的足迹。

生：世界上最遥远的距离，是只隔一淌小溪，我却无法追寻你的踪迹。

（教师示例：世界上最遥远的距离，是我仿佛已寻觅到你的踪迹，却惘然迷失了自己。）

生：世界上最遥远的距离，不是牛郎星与织女星之间的距离，而是你我之间的小溪。

赏析

利用不同诗歌的"异曲同工"之妙，"以诗解诗"，使学生的思维更深入，思路更宽阔。教师和学生一起创作"世界上最遥远的距离"，更是用自己的诗句、领悟来解读《蒹葭》。师生产生一种共同创作的乐趣。

片段三：主题升华

师：很多人认为，《蒹葭》是一首情诗。你认为呢？它仅仅就是一首情诗吗？是否还可以有别的理解？

生：我觉得它还表达了对理想的追求。诗中有对恋人的可望而不可即，一直在追求，却总是有一丝距离，像我们对理想的追求。我总是在朝理想努力，却总是难以到达理想的境界。梦想总是遥不可及，我甚至在想我是不是应该放弃？

师：梦想总是遥不可及，现实与理想总有一丝差距，我是不是应该放弃？

生：（齐答）不放弃。

师：还记得生地会考时，我们的励志之语吗？"成功就是永不放弃"（教师手指教室里的励志标语）。我一直在苦苦追寻，即使现实与理想总有一丝差距，然而，我已在不断超越自己！

（课件展示）

钱锺书在《管锥篇》中引用陈启源"夫说之必求之，然惟可见而不可求，则慕说益至"的观点，解说了《蒹葭》的这一艺术情境。

"在水一方"揭示了人类现实与理想的距离。

"溯洄从之，道阻且长"是寻求理想的艰难长途。

"伊人"之境让我们感到希望与理想乃是一个若有若无、可望而不可即的影子。

诗篇从哲学的高度反映了人类理想追求与个体生命短促的矛盾引起的困惑，反映了人类对完美境界永无止境的追求。

赏析

语文课上的最大乐趣，就在于很多问题的答案不唯一。思维越发散，越具有创造性。发展学生的发散性思维，改变学生的思维方式，甚至影响学生的生活方式，是语文课追求的目标之一。

片段四：作业

（1）继续以"世界上最遥远的距离"仿句。

（2）用自己的话描述诗歌中的画面。

教学反思

本课以歌曲开头，营造优美意境；以朗读贯穿始终，层层深入，螺旋式递进，逐步理解诗歌内容、情感、主题。教师没有过多、牵强的讲解，以歌曲解诗，以其他类似的诗词解诗，以教师、学生仿写的诗句解诗。没有生硬的翻译，学生在教师不断营造、铺垫的氛围中以自己的想象、创作最好地解释了诗歌。对于诗歌的内容和情感，学生不仅可以意会，更加能够言传。整个教学过程都充满诗情画意，保留了诗歌的韵味。

课件设计简单、清晰、明了，恰到好处地演示了重章叠句的规律，别具匠心。在教师的精心设计下，在课件的引导下，学生几乎人人都能当场背诵，效果甚至让授课教师都始料不及。更出彩的是，钱锺书的名言，升华了主题。使课堂教学提升了档次。

学生谈到主题，发自内心地说了一句："梦想总是遥不可及，我甚至在想我是不是应该放弃？"（此句后来经教师查证是歌曲《老男孩》中的歌词）更给了教师发挥教学机智的机会。教室里刚好悬挂着半年前生地考试时，教师送给学生的班级励志口号。教师的话语，将课堂和教室的文化布置结合起来，又给了学生一次励志教育。

本课无论是歌曲导入、课件引导背诵、诗句的仿写，还是主题的点拨都反映出教师的思想。教师绝不是照本宣科，而是以自己的思想、理解在诠释着《蒹葭》，开启学生的智慧。特别是还有教师自己对古诗词的热爱、仿写示例，在熏陶、感染着学生对语文的感情。课后，教师组织学生默写课文，更要30多人全部正确，可见课堂效果。

课堂上，学生的即兴作文之所以会有那么好的效果，不是偶然的。此前，教师已多次引导学生用自己的创造改写古诗词，为此课打好了基础。改写，确实可以加深学生对诗词的理解。

（湖南省长沙市开福区沙坪中学　杨耀东）

在引导启发中实现合作探究和自主学习

——优秀教师王文娟《吴老太爷进城》一课赏析

曾有幸观摩了王文娟老师的《吴老太爷进城》一课,从课文导入、介绍背景,再到引导学生分析吴老太爷的形象和性格,环环相扣,逐层递进。

一、名言引入,明确学习目标,介绍背景

师:有人说,"历史,只有人名是真的;小说,只有人名是假的"。巴尔扎克也说:"小说是一个民族的秘史。"小说虽然是文学创作,但很大程度上也是社会生活的间接再现。(引入中国作家鲁迅、老舍、茅盾等)

师:今天,我们一起跟随茅盾的脚步走进《子夜》,走进那个风云动荡的年代。

(展示学习目标:了解《子夜》及作者;分析吴老太爷形象及意义;学习"陌生化"的描写手法。)

(一)《子夜》简介

师:"子夜"是什么时刻,它往往代表着什么?

生:"子夜"是晚上11点到1点。

生:"子夜"代表着黑暗。

师:作者通过"子夜"黎明到来前最黑暗的时刻,形象地反映了20世纪30年代初期中国社会的现状,也寓意着黑暗过后黎明即将到来。

(教师介绍《子夜》故事发生的社会背景:1930年,爆发"中原大战",

上海的工业产品因此无法顺利行销到内地。中央政府只知在上海搜刮金钱以做战争经费……）

过渡：

《子夜》描绘的"魁梧刚毅"的吴荪甫曾游历欧美，归国后既欲充当"20世纪机械工业时代的英雄、骑士和王子"，又试图把家乡建设成"模范镇"，最终却陷入破产的境地。在20世纪初期的中国文坛，这样反映社会现实、剖析社会问题的作品被称为"社会剖析派"。中国社会剖析小说的开创者，正是我们今天的作者——茅盾。

（二）介绍作者——"中国的巴尔扎克"

过渡：

茅盾既是一位文学家，又是一位社会活动家。张光年评价他是"文学家与革命家的完美结合"。有人说茅盾的小说为了反映社会问题而依照作者的思想主题捏造人物，缺乏生动性，具体应该怎么看待这位作家呢？我们接下来读一读《子夜》这部小说的开头节选《吴老太爷进城》。

二、合作探究分析吴老太爷的所见所闻和感受

（1）师简介吴老太爷在双桥镇的生活。

（2）初读把握：思考文章写"吴老太爷进城"的所见所闻，写了他的哪些感受？

（3）分组讨论吴老太爷的见闻和心理变化。（学生分组讨论并作答）

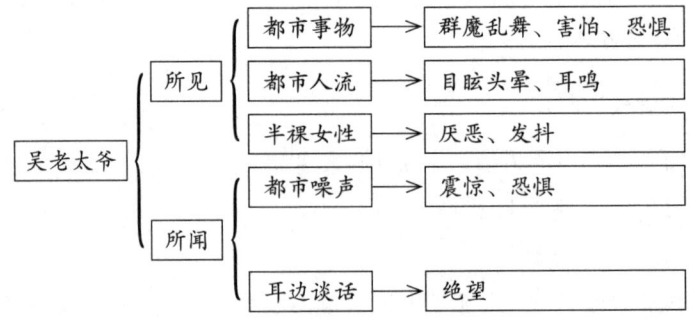

三、补充吴老太爷死亡描写,分析人物形象

(一)文本选读

吴老太爷集中全身最后的生命力摇一下头。可是谁也没有理他。"邪魔呀!"吴老太爷似乎这么喊……我已经看见五千年老僵尸的旧中国也已经在新时代的暴风雨中间很快的在那里风化了!

分析人物形象:

生:保守封建,目光短浅

生:落后、封建、迂腐、脆弱

生:……

师:(引导)吴老太爷代表着故步自封、落后愚昧的封建阶级,他们在现代文明面前,既脆弱,又可笑,几乎是不堪一击。

(二)对比映射

师:在清朝覆没后,文学大师王国维于1927年投颐和园的昆明湖自尽。有人用这样一段话来评价王国维,同样也可以用来评价吴老太爷:他代表了封建腐朽势力,惊慌于一种城市文明对封建农耕文化的强大冲击,死于一种精神的和文化的"水土不服"。他是时代的一个记忆符号。

教学反思

第一,名言导入,明确目标,直达主题。

什么是小说?为什么要学习小说?小说反映了什么?王老师通过名言"小说是一个民族的秘史"直接点出小说的内涵:反映当时的社会现状。通过了解《子夜》和学习《吴老太爷进城》走进20世纪30年代的中国,了解当时动荡的中国新旧势力的较量。通过这篇文章的学习,需要了解什么?王老师给出明确的目标:通过吴老太爷的所见所闻,分析他的形象和所代表的阶级。

第二,分组合作,自主探究,巧妙引导。

在分析吴老太爷的所见所闻和形象时,王老师让学生分组讨论。学生自觉地将前后4人为一组,看得出王老师平时的课堂上经常分组讨论,学生已经养

成合作分析的习惯。在分析心理变化时，学生的用词千变万化，有些传神地表达了吴老太爷的心理，而有些可能不是特别准确，王老师对学生的表现都给予了肯定和赞许。例如，一名学生在分析吴老太爷看到都市事物的心理变化时用了"群魔乱舞"这个词，可能用"灯红酒绿、光怪陆离"更能描述大城市的繁华，但是对于一个30多年没有离开过双桥镇的代表着封建、落后腐朽势力的吴老太爷来说，汽车、人流、高楼大厦、时髦的女性就像是"群魔乱舞"。王老师对学生的表现及时地给予鼓励和肯定。

第三，补充材料，对比映射，增强理解。

《吴老太爷进城》只是茅盾的小说《子夜》中的一个篇章。为了对吴老太爷的形象有更深入的了解，王老师对吴老太爷的前期生活进行了详细介绍，对吴老太爷死亡时人们的表现也进行了展示，同时把吴老太爷的死亡与文学大师王国维的死亡作了对比。通过多维度的展示，增强学生对吴老太爷这个代表封建腐朽势力的人物形象的理解。

（甘肃省积石山县积石中学　徐生鑫）

名师课堂的精彩从哪里来？

——特级教师程翔《再别康桥》一课赏析

笔者在北京参加了中国当代语文教育专业委员会组织的"同课异构"活动，著名特级教师程翔上的《再别康桥》一课给所有听课教师留下了深刻的印象。

程翔老师的课在上午第四节。上三、四节课的教师用同一个班的学生上同一节课。第三节上课的是沈阳的刘树义老师，或许学生是初二学生而课文是高中课文，或许是放假期间被召集来心里不满——结果，学生启而不发，调而不动。尽管刘树义老师幽默风趣，教学经验丰富，采取了很多办法，学生依然低头不语。一节课下来，所有听课教师都认为授课教师的表现是超一流的，学生的表现是很"闷"的，如果让我们遇到这样一群学生是恐怖的。

第三节课上完，已经是中午12点，听课学生和教师都有些困倦。这时，程翔老师上课了，我们都为他捏了一把汗。但是，让所有人都感到惊奇的旅程开始了。在程老师的课上，学生开始踊跃发言，精彩随处可见。《再别康桥》的美被充分发掘出来，听课教师不时发出由衷的赞叹，报以热烈的掌声。

同一个班的学生，同一篇课文，为什么程翔老师的课能上得如此精彩呢？经过多天的反复思考，笔者认为有以下几点特色。

特色一：拉近距离，消除学生的紧张感

若是在上课前几分钟才和学生初次见面，每一个上公开课的教师都会抓住一切机会和学生交流，以拉近和学生的距离，从而为课堂的顺畅进行打下良好的基础，程翔老师也不例外。他有三个举动拉近了和学生的距离，并在一定程度上消除了学生的紧张感。

第一个举动，重新摆放课桌。上课前，程翔老师让学生把课桌重新摆放，最终放成一个正方形，中间没有课桌，程老师坐在靠讲台的一排中间。不得不承认，这一举动在一定程度上拉近了教师和学生的距离。在传统的课堂上，教师站在前方，学生坐在座位上，教师和学生的壁垒分明，无形中就有了一种距离感。而程老师让学生重新摆好课桌后，课堂倒像要开始一个"方桌论坛"。程老师坐在学生中间，给学生一种平等地探讨问题的感觉，师生之间的距离拉近了。

第二个举动，自我介绍。程老师坐下后，开始了自我介绍：

师：我叫程翔。程是前程的程——哪一个"翔"字更好？大家猜猜。

生：飞翔的翔。

师：哦，你猜对了！我们有了默契。（学生和听课教师笑了）同学们很辛苦啊，刚才上了一节课，接着再上一节课。

程老师的自我介绍很朴实，只不过，他在自我介绍的时候让学生也参与了进来。学生的正确回答让程老师很惊喜："我们有了默契。"这个评价让学生都笑了，紧张的气氛轻松了许多。有经验的教师总是不经意地为课堂营造着和谐的气氛。

第三个举动，鼓励学生毛遂自荐。在第三节课上，学生是拘谨的，是不自信的。第四节甫一上课，程翔老师就寻找机会鼓励学生。

师：下面请一位同学把全诗来读一下。（问右边第一位同学）你来推荐一下，谁来读？

生：刘思雨。

师：为什么？

生：她读得好。

师：我觉得你推荐自己比较好。她读得好，不用读了，你不好才读。（众笑）这是什么精神？

生：毛遂自荐。

师：很好。你读读。

（生读）

赏析

从这段问答中可以看出，程翔老师的目的很明确，就是让第一个同学来读，但他拐了一个弯，引导学生"毛遂自荐"。其实，这个片段的实质在于增强学生的自信心，并打消学生怕犯错的顾虑，让学生明白：课堂是学生寻求进步的地方，犯错并不可怕。

特色二：指导诵读，体会语文的好玩

在这节课上，程翔老师没有什么精巧的设计，只是以诵读为主线，很朴实地一节诗接着一节诗地讲，但就是在这朴实的教法中，精彩纷呈。下面是程老师指导诵读的一个片段。

师：小伙子请站起来，读这小节（第2节），你怎么进行技术处理？大家眼睛盯着他。

生：那河畔的金柳，/ 是夕阳中的新娘；/ 波光里的艳影，/ 在我的心头荡漾。

师：读得不清晰。荡漾什么意思？

生：（低头无语）

师：本意指水波动。这指水波动吗？

生：心情波动。

师：你荡漾过吗？实事求是地说。（众笑）荡漾过，我们都荡漾过，只是荡漾的原因不一样。

生：（低头无语）

师：他的诗应该是低着头还是抬头读？（抬头）抬头看正前方、斜着，带着一种什么表情？（生：憧憬）憧憬知道么？什么意思？你来憧憬一下，那个墙角，看那儿。

生：那河畔的金柳……

师：读得不好，"那……"——一下子拉到那个境界里。

生：那河畔的金柳，/ 是夕阳中的新娘；/ 波光里的艳影，/ 在我的心头荡漾。

师：怎么读比较好？水波动荡，心也荡漾。怎么技术处理？"漾"能不能拉得长一点？

师：同学们抬头看老师。"那河畔的金柳，/是夕阳中的新娘；/波光里的艳影，/在我的心头荡漾。"（程老师在范读中很陶醉，全场鼓掌。）你得想象，伴随朗读，想象美好的景色。一起读。

生：那河畔的金柳，/是夕阳中的新娘；/波光里的艳影，/在我的心头荡漾。

师：荡漾没读好。在我的心头，荡——漾。

生：在我的心头，荡——漾。

师：语文课这样读是不是很好玩？语文课就很好玩。

赏析

这个成功的教学片段给所有听课教师留下了深刻的印象，尤其是对"荡漾"的诵读指导。很多教师有过指导学生诵读的经历，也有过失败的体验，尤其是面对程度不好且不活跃的学生时，我们几乎无计可施。但是，程翔老师遇到这样的学生时却成功了，原因何在？就在于他的指导诵读小步前进，适合初二学生的学情，让学生在"跳一跳摘到桃子"的过程中得到一点点的进步。

首先，程翔老师从内容和感情上进行分析。诵读从来不单纯是一项技术活，总是和作者的感情联系在一起，程翔老师深知这一点。他问："荡漾是什么意思？"当学生回答不出时，程翔老师用了一个暗含选择的反问来启发学生："本意指水波动。这里指水波动吗？"学生自然能回答出是"心情波动"。其次，为了让学生体会得更深，程翔老师想调动学生的生活体验："你荡漾过吗？"这个问题在羞涩的学生那里没有成功。于是，程老师迅速转换问题，用诵读的动作来辅助诵读："抬头看正前方、斜着，带着一种什么表情？（生：憧憬）憧憬知道吗？"这是在引导学生进入那个场景。最后，程老师对学生进行技术上的指导："水波荡漾，心也荡漾。怎么技术处理？'漾'能不能拉得长一点？"随即，又进行了精彩的范读，学生终于读出"荡漾"那摇曳的感觉。写到这里，我想起叶圣陶先生的一番话："美读得其法，不但了解作者说些什么，而且与作者的心灵相通了，无论兴味方面或受用方面都有莫大的收获。"程翔老师的课堂无疑为这句话作了一个完美的注脚。

这个教学片段中，程老师的最后一句话是："语文课这样读是不是很好玩？语文课就很好玩。"是啊，语文课不是枯燥的，而是好玩的。有人问著名的逻辑学家金岳霖："您为什么要搞逻辑？"金答之曰："我觉得它很好玩。"金岳霖觉得逻辑好玩，事实上是对逻辑产生了兴趣。兴趣是最好的老师，所以他成为一代大家。同样，学生在好玩的课堂上定能兴致盎然地学到更多的东西。

特色三：动作辅助，诵读中加深理解

程老师指导诵读，方法多样。其中，他特别注重诵读动作的指导。请看他对诗歌第 5 节的诵读指导。

师：徐志摩内心保存一个梦，什么样的梦？要不要去寻找？谁来？咱们请一位。

生：寻梦？撑一支长篙，/向青草更青处漫溯；/满载一船星辉，/在星辉斑斓里放歌。

师：你先不要坐，站着大家听得清楚。"寻梦"问谁？（自己）寻怎样的梦？（美好的）请一个小伙子回答。

……

师：怎样读好？抬头好？手应该怎么放好？（学生把手垂下来）就这样垂下去好？（众笑）我觉得应该这样（双手伸开）。

生：那样没法读。我要拿着念。

师：不用看书了。

生：我不看不会。寻梦。（伸手，众笑。）

师：感情来得太快了，同学们分析。哪句开始伸手比较好？

生：下句，"向青草更青处……"伸手。

师：不同意见可以说。

生：放歌。

生：我不认同。我觉得在"向青草更青处……"伸手不行，因为你正划着船，一伸手，就没法划船了。（众笑）

师：请这位同学朗读。一只手拿着纸读。

生：寻梦？撑一支长篙，/向青草更青处漫溯；/满载一船星辉，/在星辉斑斓里放歌。

师：感情太快了。（众笑）这就是朗读的技巧。寻梦是为了自己，情不自禁地自问。想起美好的梦,一生中,那个梦太重要。一生中,每个人都有一两个美好的梦,时间越长,越想越甜美。(范读)"寻梦?撑一支长篙,/向青草更青处漫溯;/满载一船星辉,/在星辉斑斓里放歌。"(众鼓掌)"放歌"时伸开手,闭上眼,头摇一摇,表示自己陶醉了。

赏 析

在这个指导诵读的片段中,程老师仍然从诗歌的感情出发进行指导,但是,该片段的最大特色却是以诵读动作"伸手"来辅助诵读,其主问题是:"哪句开始伸手比较好?"这个问题事实上还隐含着另一个问题:"作者的情感在哪里达到了高潮?"学生的发言是精彩的,尤其是最后一个学生的发言让人眼前一亮,听课教师都暗自佩服他的分析能力:"我觉得在'向青草更青处……'伸手不行,因为你正划着船,一伸手,就没法划船了。"接着,程翔老师的范读感染了所有的人,学生伸着手诵读使课堂气氛达到高潮。

程老师的动作辅助诵读法让学生在游戏般的诵读中加深对文本的理解。学生在思考中自然而然地想象到了划船的画面,从而轻松地理解了文本。学生的思维在这个环节被彻底打开了,他们早已抛弃了拘谨和紧张,变得敢于发言、争着发言了。

程老师的课之所以能让如此不爱发言的学生变得活跃,原因或许有很多,但他始终把学生放在第一位是最重要的原因。正因如此,他用"方桌论坛"的方式和自我介绍拉近了与学生之间的距离,用一个巧妙的提问鼓励学生要有"毛遂自荐"的精神。整节课的指导诵读中,他准确地把握学情,引领着学生小步前进,让学生在快乐中获得了长足的进步。

(河南省新郑市第三中学 贾会彬)

和学生更为亲近的语文课

——北京市学科带头人任全林《荷塘月色》一课评析

《荷塘月色》作为一篇优美的散文,大家对其内容颇为熟悉。然而,此文毕竟写于1927年,对于90后的学生来说,要学习和鉴赏此文,还有一定的难度。笔者有幸观摩了任全林老师的课,他深入文本,亲近学生,联系生活,渐进导学,呈现给我们的是一节与学生更为亲近的语文课。现择其精彩片段与大家分享。

片段一:体味感情生活化

师:同学们,本文最能体现作者感情的是哪个句子?

生:(众)这几天心里颇不宁静。

师:颇不宁静是怎样的心理感受?

生:(众)不好受、心里乱乱的、不平静、激动、后悔、难受……

师:谁能以自己的亲身体验来说明人为什么会有"颇不宁静"的心情。

生:平时没好好学习,要考试了,心里不踏实。

生:考试成绩不理想,担心家长过问成绩,心里惴惴不安。

师:很好,特别是"惴惴不安"用得好,还有谁举例?

生:周日想去和同学踢球,可是家长不让去,待在家里没心思学习,坐卧不宁。

师:坐卧不宁也是不安的表现。刚才同学们通过举例来体味"颇不宁静"的心理及其原因,那大家思考一下,朱自清先生为什么"颇不宁静"?请依据写作时间和背景来分析。请一名同学朗读写作背景。

生：本文写于1927年7月。当时正是白色恐怖笼罩中国大地的时候。朱自清作为"大时代的一名小卒",一直在呐喊斗争。1927年4月12日,蒋介石发动反革命政变,大肆屠杀共产党人,使国家人民陷于水深火热之中。此后,朱自清从斗争的"十字街头"消失,钻进古典文学的"象牙之塔"。他的内心充满了苦闷和彷徨。

师：从当时的写作背景来看,"颇不宁静"还可以换成哪两个词?

生：苦闷、彷徨。

师：很好,因为苦闷、彷徨,作者只身来到了月下荷塘。下面我们一起来欣赏作者是怎样体现"颇不宁静"这一感情的。

赏析

深层次体味作者的感情,这是阅读教学的一个难点。然而,任老师引导学生通过生活化的自我情感体验,来揣摩和感知作者的感情,最后通过写作背景,强化和把握作者的感情。这也是课堂教学中最接地气的做法,引导学生生活化自我情感体验,看似平常,实为高深,从生活走向文本,收到了化难为简的效果。

片段二：巧答问题形象化

（在学习"月下荷塘"一段时,学生对"叶子出水很高,像亭亭的舞女的裙"提出了质疑。）

生：老师,"叶子出水很高,像亭亭的舞女的裙"这个比喻不恰当,因为有些舞女的裙子是长裙,是垂直向下的,而荷叶只能像芭蕾舞女的裙!

生：(众)对,这个比喻不恰当。

师：很好,这个问题提得不错。那大家讨论一下,为什么比喻成舞女的裙而没有比喻为少女的裙?

生：舞女的裙是圆形的,美观好看,和圆形的荷叶相似,少女的裙不一定有这样的特点。

生：舞女的裙轻柔,穿的目的是为了表演,即使是长裙,旋转起来也会成为飘动的圆形,和荷叶也相似。

师:对了,这名同学替我解答了这个问题,舞动的长裙不再是垂下来的,就像这样——(随着讲解,任老师在讲台上做了一个旋转的动作,宽松的上衣随之飘起,引得学生一阵发笑,很轻松地帮助学生解决了问题。)

赏析

生成和解决问题是课堂有效性的重要体现。面对突如其来的问题,任老师没有轻易解释,而是引导学生讨论少女裙和舞女裙的区别,用学生的回答来解决问题。同时,更为精彩的是,他转动略微肥胖的身体,用形象生动的形体语言吸引学生的注意力,巧妙解答了学生的问题。

片段三:启发导学渐进化

师:"微风过处,送来缕缕清香,正如远处高楼上渺茫的歌声似的",这句话用了什么修辞?

生:比喻。

师:是比喻,本体、喻体和比喻词分别是什么?

生:本体是清香,喻体是歌声,比喻词是仿佛。

师:请大家思考讨论,这个比喻和我们平常所见的比喻有何不同?

生:清香是闻到的,而歌声是听到的。

生:清香用鼻子闻,而歌声用耳朵听。

师:很好,这个比喻特殊的地方就在于本体和喻体的感官不同,清香靠——

生:嗅觉。

师:歌声靠——

生:听觉。

师:从嗅觉到听觉感觉器官发生了变化,我们把这种修辞叫"通感",谁能说一下对"通感"的字面理解?

生:通感就是感官互通。

师:回答得很好,请看投影对通感的解释。

生:"通感是一种特殊的比喻,又叫移觉……"

师:为了加深对通感这种修辞的理解,请同学们自己造一个通感的句子。

生:窗户飘进香味,我眼前出现了肥美可口的鸡腿。

师:这名同学对通感的理解很到位,请大家再从文章中找出通感的句子。

生:塘中的月色并不均匀;但光与影有着和谐的旋律,如梵婀玲上奏着的名曲。

师:多美的句子,希望大家也能像朱先生一样创作出更美的句子。

赏析

面对一种新的修辞,任老师没有进行简单的介绍,而是通过循序渐进的启发和引导,从课内到课外,从课外再回到课内,循循善诱,水到渠成,使学生不仅理解了通感,还能自如运用这一修辞,真正把知识转化为学生的能力。

总评

任老师的这节语文课,主要亮点是贴近生活,由浅入深,引导启发,循序渐进,让学生掌握了知识,提高了能力,真正成为和学生更为亲近的语文课。

第一,贴近生活。

教育家陶行知先生早就提出了"生活教育"理论,强调教育与生活的密切结合。任老师在教学中落实"语文即生活"的大语文观,在教学中引导学生挖掘生活体验,让学生体验"颇不宁静"的心情,以学生自己的生活情感体验来帮助理解和掌握文本内容。这种贴近生活的方法易于激发学生的学习兴趣,由表及里地理解和掌握教学内容。

第二,以生为本。

《义务教育语文课程标准(2011年版)》在教学建议中指出:学生是语文学习的主人,语文教学应激发学生的学习兴趣,注重培养学生自主学习的意识和习惯,为学生创设良好的自主学习情境,尊重学生的个体差异,鼓励学生选择适合自己的学习方式。任老师始终围绕学生实际展开教学,把学生的认知、体验和收获放在第一位。他启发学生体味感情，鼓励学生质疑答疑，引导学生探究知识，形成能力，教学活动始终在师生平等的对话中进行，真正落实了"以生为本"的理念。

第三，真实达成。

所谓"真实"，就是实实在在的课堂，目标明确，过程科学，对话充分，沟通有效；所谓"达成"，就是教学目标的完成情况，主要指学生的学习收获。"真实达成"，就是通过教学使学生真正掌握知识，提高能力，发展自己。任老师的这节课，实实在在地引导学生诵读、体验、质疑、练习、归纳，每个环节扎实有效，每个学生都有收获。特别在面对课堂上的生成性问题，学生质疑"叶子出水很高，像亭亭的舞女的裙"的准确性时，教师引导学生讨论解决，自己还利用形体语言示范，真实自然，效果颇佳。

（北京市房山区南尚乐中学　田小将）

第 4 篇

同课异构篇

砥砺文本语言　对话经典形象

——特级教师罗才军、吉春亚同课异构《临死前的严监生》赏析

《临死前的严监生》节选自我国古典讽刺小说《儒林外史》。课文不长，三百字左右。这是一段绝妙的描写，严监生临死时，总是断不了气，却一个劲地伸出两个指头。这两个指头是什么意思呢？这一令人难以捉摸的动作给众人留下了一个难以破解的谜，最后由赵氏揭穿了谜底。原来他是看到灯盏里点着两茎灯草，怕费油。多烧一茎灯草，竟会使一个行将就木的人耿耿于怀，难以断气。这种艺术夸张式的描写，活生生地刻画出一个吝啬鬼的形象。教学中，怎样带领学生来解读这一刻画人物的经典片段？如何利用好这一细节描写，引导学生品味语言、人物，学习表达，让学生在得意的同时，得言、得法、得能？特级教师罗才军、吉春亚同课异构，没有令人眩目的招数，没有所谓有震撼力或荡气回肠的情节，透过"现象"，我们不难窥视"本质"，值得品味。

罗才军教学现场回放

（一）见文

师：同学们，今天我们要继续学习人物描写一组的第二篇课文。谁来读读这个课题？

生：读题。（该生把"监"字读成了第一声）

师：声音真好听！但是"监"是个多音字，在这里它读第四声。请你再读一次。

（生再读课题。这次读准确了。）

师：真好！我们还得注意这个"监"字的写法。打开课本，在课题旁边端端正正地把"监"字写一遍。

师：注意"监"字的第三笔是个短撇，最后一笔要稍长一点。（教师巡回指导、点评）我觉得咱们班的同学的字写得真不错。

师：眼睛特别亮的同学肯定已经发现在课题的右上角有个小①。对应着到课文底下看看，你知道什么了？

生：我知道了监生是古代对读书人的一种称号。

师：对，监生是古代对读书人的一种称号，就像秀才、进士之类的。打个比方说吧，（指着一生）你是秀才，你姓什么？

生：我姓冯。

师：我们就可以叫他——

生：（齐）冯秀才。

师：（指板书）那么，这个姓严的监生自然也可以叫他——

生：严监生。

师：你看，借助注释能让我们更好地读懂课题，一起再来读读这个课题。

（生齐读课题）

师：这严监生到底是个什么样的人物，请大家快速地读读课题下方蓝色方框里的阅读提示。

（生自由读提示）

师：一读就明白，严监生是哪里的人物？

生：是《儒林外史》中的人物。

师：没错。这是一部写于清朝的讽刺小说，它的作者叫——（师生齐说）吴敬梓。

师：我们还知道了在小说中，严监生是一个——一起说！

生：很有钱的人。

师：下面让我们走进课文。我知道大家在课前已经读过课文了，不过，这篇课文在语言和用字上与现代课文有些不同，请大家不妨再来读一读，老师给大家一些建议：①一字一句地读，努力把课文读得正确流利；②借助注释，联系上下文，读懂课文讲了临死前的严监生的什么事？

（生自由朗读课文）

师：（学生读完后）大家真的是读得有滋有味，我来考考大家！这个句子比较长，谁会读？

[出示句子：严监生喉咙里痰响得一进一出，一声不倒一声的，总不得断气，还把手从被单里拿出来，伸着两个指头。（抽生读——齐读）]

师：什么叫"一声不倒一声"？谁知道？

生：就是"一声连着一声"。

师：你已经学会利用注释来理解了。像"一声不倒一声"这样的语言现在已经不常用了，但在这篇课文里还有好多，有注释的呢，我们可以借助注释来读懂，可那些没注释的呢，你能读懂吗？我们再回到课文中去，把这样的词找一找、圈一圈，琢磨琢磨能不能读懂它的意思。（交流）

生：莫不是。

师：你知道"莫不是"是什么意思吗？

生：就是"不会是"？

师：表示疑问和猜测，对吧？就是"难道是""除非是"。你是怎么读懂的？

生：我自己看懂的。

师：语文功底比较深的人一读就懂。

生：再不回头。

师：什么意思。

生：就是病情再不见轻了。

生：不曾见面。

师："不曾"是什么意思？

生：就是"没有"。

师：你再来读读。

师：其实，你在读"不曾见面"这个词的时候，是把它放在哪里读的？

生：句子中。

师：是啊，是联系上下文来读懂的。所以你们看，有注释的我们可以借助注释，没注释的可以怎样读懂这样的词？

生：联系上下文。

师：那么，这篇课文讲了临死前的严监生的什么事？

生：临死前的严监生伸着两个指头，大侄子、二侄子、奶妈都没猜着，后来赵氏猜出是两茎灯草，挑掉一茎后，严监生登时就死了。

师：其实，大侄子、二侄子、奶妈这些人可以用课文中的哪个词来概括？（诸亲六眷）

师：能把这样一篇课文读成这样一句话，真不错。我们也来学着这个样子，同桌互相说一说。

（二）见形

师：来看看临死前的严监生是怎么伸起这两个指头的，谁再来读读这个句子。

（出示句子：严监生喉咙里痰响得一进一出，一声不倒一声的，总不得断气，还把手从被单里拿出来，伸着两个指头。）

生：读句子。（读得比较到位）

师：如果要你用一个词来形容此时的严监生，你会用什么词？

生：奄奄一息、病弱膏肓、气若游丝、命悬一线……

师：能不能把这些体会放到句子中读出来，让我们一听就能感觉到他已经命悬一线啦！

师：（指名读后）真有水平，我们也一起来读一读！

师：已经奄奄一息，却总不得断气，你从这里读懂了什么？

生：严监生肯定还有心事未了！

师：所以，我们的目光就自然而然地投向他从被单里伸出来的两根指头。请你把两个指头写在黑板上。（抽生上台板书：两个指头）

（三）见心

师：按照一般人的想法，一个人到了生命的尽头，念念不忘的会是什么？

生：亲人、朋友。

生：金银珠宝什么的也要拿出来。

师：是啊，严监生身边的人也是这么想的。所以，面对这两个指头，大侄子猜的是什么？

生：（回答并板书）两个亲人！

师：二侄子猜的又是什么？

生：（回答并板书）两笔银子！

师：奶奶猜的又是什么？

生：（回答并板书）两位舅爷！

师：这三个人猜得都很合情理，但猜中了没有？我们一读哪些句子就能明白？

生读句子1：他就把头摇了两三摇。

师：谁还有补充？

生读句子2：他把两眼睁得滴溜圆，把头又狠狠摇了几摇，越发指得紧了。

生读句子3：他听了这话，把眼闭着摇头，那手只是指着不动。

师：我们再回到课文中去，同桌合作来读读这个部分。一位同学读三个人的猜测，另一位同学读严监生的反应，看看能不能让你的同桌听了你的朗读之后，感觉严监生好像就在眼前！（同桌合作朗读）

师：听大家读得这么起劲，老师也想跟大家来合作一把。我来读这三个人的猜测。请同学来读描写严监生的句子！看看你们能不能读得让老师也如见其人！

师：二叔，你莫不是还有两位亲人不曾见面？

生：他就把头摇了两三摇。

师：你知道严监生这是到什么时候了吗？

生：奄奄一息。

师：奄奄一息的人，头还能摇得这么利索吗？再读读！

（师生再次对读，生进步。）

师：二叔，莫不是还有两笔银子放在那里，不曾吩咐明白？

生：他把两眼睁得滴溜圆，把头又狠狠摇了几摇，越发指得紧了。

师：读得不错，可是还没有读到严监生的心里去。你们想啊，大侄子猜不着，二侄子又猜不着，他心里会怎么想？

生：很着急！

师：着急啊，着急！可是你们读起来一点儿也不急。（生再读，有进步。齐读。）

师：这时候，奶奶来了。老爷想是因两位舅爷不在跟前，故此记念。

生：他听了这话，把眼闭着摇头，那手只是指着不动。

师：我想问一下，严监生这时候把眼闭着摇头，是什么意思？

生：有点失望了。

师：只是有点失望吗？

生：已经到了绝望的地步。

师：是啊！已经到了绝望的地步。一起读。

师：现在老师把描写严监生的这三个句子都打在大屏幕上，请大家仔细地读一读，品味一下。

他就把头摇了两三摇。

他把两眼睁得滴溜圆，把头又狠狠摇了几摇，越发指得紧了。

他听了这话，把眼闭着摇头，那手只是指着不动。

师：读着读着，我们就会发现，严监生从头到尾一直在干什么？

生：(齐)摇头。

师：没错。既然都是在写严监生摇头，那我这样写好吗？(课件出示对比)

他就把头摇了两三摇。 他把两眼睁得滴溜圆，把头又狠狠摇了几摇，越发指得紧了。 他听了这话，把眼闭着摇头，那手只是指着不动。	他就摇了摇头。 他又摇了摇头。 他还是摇了摇头。

师：(读三个人的猜测，接着读改编后的三次"摇头")这样写好吗？

生：(举手争着想发言)不好。

师：回过头来看看作者写的这三次摇头，到底妙在哪里？不着急，我们不妨先把这三次摇头在课文中画一画，再仔细地读一读，进行比较，然后把你体会到的作者写法上的妙处写下来！就写在这篇课文的空白处。看看作者写的摇头到底妙在哪里。

生：他写得很详细，很生动。"他把两眼睁得滴溜圆"，写出他的眼睛睁得很大。如果只写他摇了摇头，就不够形象。

师：读着这样生动的描写，你的眼前仿佛——

生：看到活生生的严监生一样。

生：这些句子比较好地写出了他的着急。

师：你从哪里看出来的？

生：从他三次摇头我感受到他心里非常急。

师：刚才那位同学说的是这三次摇头把严监生的样子活灵活现地描写了出来。现在这位同学还发现课文中的这三次摇头把严监生的心情也描写了出来，你们说，作者写得妙不妙？

生：妙！

师：谁还有别的看法？不着急，把这三句话联系起来看看，你们可能会有新的发现。

生：第一次大侄子没有猜到时，他把头摇了两三摇，心里很着急；当二侄子又猜不到时，他把头又狠狠摇了几摇，有些失望；当奶妈还是猜不到时，他把眼闭着摇头，就绝望了。

师：听明白了吗？也就是说，作者写的这三次摇头，不仅写出了严监生的心情，还写出了心情的变化过程，把他的心路历程都给描绘出来了。你能发现这一点，真了不起。

生：我觉得作者写的这三次摇头还把严监生走向死亡的感觉写出来了，前边还能睁眼睛，到后边眼睛都闭上了。他已经越来越没有力气，估计就剩下一口气了。

师：真有一双慧眼啊！作者居然通过一个摇头的动作，把严监生生命走向终结的过程表现出来了！这才叫临死前的严监生嘛！

师：同学们，这么一比较，我们发现作者写的这三次摇头可不简单，真可以说是"千言万语尽在摇头中"啊！一起再来读一读这三次摇头！（生齐读）

（四）见性

师：头是不停地摇，眼睛到最后都闭上了，可那两个指头呢？

生：一直举在那里！

师：是啊，他根本就放不下啊！还是他的老婆赵氏明白他的心思。

（师引读，抽一生读赵氏说的话："爷，别人都说的不相干，只有我能知道你的意思！……你是为那灯盏里点的是两茎灯草，不放心，恐费了油。我如今挑掉一茎就是了。"）

师：等赵氏挑完一茎之后，你再看——（出示）

生：（齐读）众人看严监生时，点一点头，把手垂下，登时就没了气。

师：刚才是"总不得断气"，现在是"登时就没了气"。你们从这里读懂了什么？

生：严监生如释重负，终于安心地死了。

师：是啊，严监生临死前念念不忘两茎灯草，就怕那多点的一茎灯草会费油。（抽生板书：两茎灯草）这一茎灯草能费多少油？可是在严监生心里，它是什么地位？

生：比生命还重要。

师：是的。一起来看看课文中的这幅插图。看到了吗？那两茎灯草滋滋地烧着，不仅烧着油，也在烧着什么？

生：也在烧着他的生命。

生：还烧着他的心。

师：你说他能不着急、能不难受吗？可是我们不禁又回想起课文前面"阅读提示"里读到过的一句话。

生：严监生是个很有钱的人。

师：老师读过《儒林外史》，我发现严监生还不是一般的有钱。在《儒林外史》第五、六回中，吴敬梓写道……（出示并激情朗读）

严监生家私豪富，足有十多万银子，
在县城里还有铺面二十多间，
钱过北斗，米烂成仓，奴仆成群，牛马成行……

师：你想说什么？

生：严监生真的太有钱了。

师：拿到现在来说，起码也是个千万富翁。然而，就这个千万富翁，临死前却为那两茎灯草"总不得断气"，又为那两茎灯草"登时就断了气"。面对这样的严监生，你想对他说什么？

生：严监生，你太在乎钱了！

师：你是在指责他，对吗，太过分了。

生：都快死的人了，干嘛还在乎那两茎灯草啊，真是个一毛不拔的铁公鸡啊。

师：你真会说话，用这样的比喻，真是妙啊！

生：严监生，你也太节约了！

师：这个说法倒挺有趣！那么，你们说严监生的这种节约是不是合情理？有没有过分呢？

生：不合情理，很过分。

师：谁能找到课文中的句子来说明。

生：我找到了，课文说：晚间挤了一屋的人，桌上点着一盏灯。

师：所以像这样不合情理、过分的节约，应该叫什么？

生：（齐）吝啬！

师：同学们，我们学的这组课文叫"人物描写一组"，那么今天学的这篇课文给你们留下印象最深的是什么呢？

生：严监生是个吝啬鬼。

生：我印象最深的是他的"两个指头"。

师：能不能从作者描写人物的方法上谈谈？

生：作者的神态描写详细、生动，不仅写出了严监生的样子，还写出了他的心情。

师：这样的写法给你怎样的启发？

生：以后我们在写作中也要把人物写得生动、传神一点。

师：你看，这就是吴敬梓创作的"严监生"这个人物形象的魅力。同学们，假如你们以后在生活中遇到特别吝啬的人，脑海中马上就会跳出一个名字，是谁？

生：严监生！

师：你们的脑海中马上就会跳出一幕情景——

生：临死前的严监生伸着两个指头总不得断气！

师：就是这样印象深刻。我们再来一起读读这些描写严监生动作、神态的句子。（生读）

严监生喉咙里痰响得一进一出，一声不倒一声的，总不得断气，还把手从被单里拿出来，伸着两个指头。

他就把头摇了两三摇。

他把两眼睁得滴溜圆,把头又狠狠摇了几摇,越发指得紧了。

他听了这话,把眼闭着摇头,那手只是指着不动。

众人看严监生时,点一点头,把手垂下,登时就没了气。

师:你们看,就是这些小小的动作、神态,就是这样细微的变化,却让我们看到了活灵活现的严监生的形象、内心和性格,真不愧是描写人物的经典啊!

(五)见本

师:我们知道这个故事出自《儒林外史》。《儒林外史》是一本很了不得的书,它写成于两百多年前。(课件出示:《儒林外史》各个时期版本的封面)这是200年前的版本,这是民国时期的,这是50年前的,这是10年前的,这是3年前的,这是今年刚刚出版的,它还有英文版的。到网上一查询,《儒林外史》的版本不下100种。从这么多的版本中,你们感觉到了什么?

生:肯定有很多人看《儒林外史》,它写得很精彩,很招人喜欢……

师:是啊!真正的经典就是能这样常读常新,经久不衰!在这本书里,还有许多形形色色的人物和故事,比如"范进中举""马二遇仙"。尤其是吴敬梓在人物的描写上,真可谓活灵活现,课后我们不妨找来读一读,好吗?

吉春亚老师教学现场回放

(一)揭示课题,结识文中人物

师:这节课,我们来认识一个同样鲜活生动的人物形象,这个形象出自我国古典名著吴敬梓的长篇讽刺小说《儒林外史》。(出示《儒林外史》书本的封面)儒林,就是众多的读书人。他的名字叫——严监生。(板书:严监生)谁来读一读。

生:严监生。

师:请注意一个字的读音。(出示:知道"监生"吗?)

生:(读注释)监生是指明清两个朝代时,在当时的最高学府国子监读书的人。

师:对,监生是读书人的一种称号,相当于我们常说的王举人、张秀才之类的。严监生的这监生是用钱捐来的。严监生,何许人也。

(出示)

他家有十多万银子。钱过百斗,米烂陈仓,僮仆成群,牛马成行。良田万亩,铺面二十多间,经营典当,每天收入少有几百两银子。

——节选自《儒林外史》

师:严监生的确有钱。一两银子,相当于500元人民币。他家资产折合人民币亿万元,就算是我们所有人的资产加起来也没有他多。我们设想一下,一般情况下,这样的人在临死前会怎么做?

生:想着要花很多的钱来办自己的葬礼。

生:他一定忙着分遗产,好让家人过得幸福。

师:人之常情。

生:他要让钱跟着自己,给自己陪葬。

师:留给盗墓的强盗。

生:也许他想把这笔钱捐出去。

师:严监生临死前究竟是怎样的情形呢?走进我们今天要学习的课文,一起读课题。(板书:临死前的严监生)

生:(齐)临死前的严监生。

(二)初读课文,感知人物形象

师:课前我们都读过课文,我请一位平时朗读机会比较少的同学来读一下课文,我们边听他的正音情况,边思考严监生临死前究竟是怎样的情形?

师:文中有这些新词,大家读一读,想理解哪一个词语的意思,就说出来和其他同学分享。

(出示)

诸亲六眷、严监生、郎中、哥子、登时、一声不倒一声、不得断气、灯盏、挑掉一茎

"诸亲六眷"指的是:大侄子、二侄子、赵氏、奶妈等家人、亲属。

监:jiān(监考)(监督);jiàn(监生)。挑:(tiāo)扁担等两头挂上东西;tiǎo:用细长的东西拨,我如今挑掉一茎就是了。

第4篇 同课异构篇

（说明：读到"诸亲六眷"时指的是：大侄子、二侄子、赵氏、奶妈等家人、亲属；读到赵氏时说明这是监生的第二个妻子；"登时"的意思就是立刻、立即、马上、顿时……）

师：临死前的严监生有怎样不可思议的表现？

生：严监生的病越来越重，在他临死前，他伸出两个手指头示意家人。

师：没有说清楚。我提示一下。大侄子以为——

生：大侄子以为他还有两个亲人没见面，二侄子以为他还有两笔银子在哪里不曾吩咐明白，奶妈以为两位舅爷不曾见面。

师：最后赵氏猜透了严监生的心思，他指的是两茎灯草。（根据学生的回答进行板书）

两个手指头

两个亲人

两笔银子

两位舅爷

师：尽量简洁些，如这么多的亲人用"诸亲六眷"代替就可以了。再请一位同学根据板书说一说。

生：严监生奄奄一息之际，还惦记着两根灯草，伸出两个手指头提示大家要挑掉灯芯，诸亲六眷以为是两个亲人、两笔银子、两位舅爷，只有赵氏明白他的心意，挑掉灯芯后，严监生才死去。

师：这位同学概括能力非常好，为我们大家点亮智慧的灯。请同学们向他学习，根据板书自由练一练，把话说明白，说简洁。（学生自由说话）

（三）细读课文，走进人物内心

1. 举一——抓关键词语，展开想象。

师：书是靠读出来的，我现在请班里朗读水平最好的同学来读一读。

（学生读后）

师：的确值得大家推荐，我也想试一试。

（老师读后，获得掌声。）

师：谢谢掌声。你们也像我这样读一读。

（学生绘声绘色地模仿。）

师：你们读得真投入，课堂上最美的是朗读声。告诉大家，我的朗读可不是简单模仿出来的。读得好是因为我读过《儒林外史》这本书，知道每个人物的心思。（板书：内心）你们看这段话。我们通过严监生的神情、动作揣摩他的内心世界，完全明白了他的心思，一定能帮助你们读得更好。（请一位同学读读这个句子。）

（出示）

严监生喉咙里痰（tán）响得一进一出，一声不倒一声的，总不得断气，还把手从被单里拿出来，伸着两个指头。大侄子走上前来问道："二叔，你莫不是还有两个亲人不曾见面？"他就把头摇了两三摇。他想说——

生：不是，不是，不是！亲人？你们不都在吗？不是！看灯盏里那两茎灯草，该费多少油啊！

师：（引导）你很会读书，你抓住了"摇了两三摇"和"两个手指头"展开想象。（顺势在课件中圈出"摇了两三摇""两个手指头"，并板书。）我们还可以继续发挥想象，把他的心里话说出来。

生：我的大侄子，我的亲人不是都在我身边吗？哪是什么亲人，而是燃着的两根灯芯——浪费。

师：（顺势在课件上圈出"两个亲人""大侄子"）你是抓住了"两个亲人""大侄子"这两个词语展开想象的。

生：我的两茎灯芯，哪怕挑掉一根灯芯也好啊！见亲人会给我带来钱吗？大侄子啊大侄子，你怎么一点也不明白我的心意，白白做我的侄子了。如果不挑掉灯芯，我怎么放心死啊！

师：你是抓住"总不得断气"想象的。（顺势圈出"总不得断气"）我向发言的同学学习。听，我是怎么说的："不是，不是，大侄子啊，大侄子，你怎么就这么笨呢？亲人，什么亲人不在眼前，这里不是有一屋子的人吗？他们来了帮我省钱吗？你看那灯盏里的两茎灯草正燃着呢？该费多少油，我死不瞑目啊！赶快把他挑掉，哪怕挑掉一根也好啊。不挑掉，我绝不会咽下这口气的！"

师：你们只会抓一两个关键词语，我抓住了这段话中的五个关键词语，走

进了严监生的内心,把他心里想说的话用一段话表达出来。同桌之间再交流。(学生互相交流)

师:这样一个有钱而又吝啬的人,平时的生活是怎样的?老师给大家看一段小资料。

(出示)

严监生拼命地节制生活费用,从不舍得吃一口肉。过了灯节后,就叫心口疼痛,初时撑着……后来就渐渐饮食不进,骨瘦如柴,又舍不得银子买药吃……

——节选自《儒林外史》

师:读到这里,你们觉得严监生是一个怎样的人。

生:爱财胜过爱命。

生:是一个守财奴。

生:是一个吝啬鬼。(板书:守财奴 吝啬鬼)

2. 反三——选择一处,想象写话。

师:这样的守财奴,临死前念念不忘他的两茎灯芯,继续伸着他的两个手指。我邀请一位女同学朗读大屏幕上的部分内容。(女生朗读时强调"狠狠摇""越发指得紧")

师:女生语感真好。(随机板书:狠狠摇,指得紧)请男生朗读,争取超越女孩子。(男生朗读时强调"闭眼摇""指着不动")

师:男生朗读也不错。(随机板书:闭眼摇,指着不动)作者可了不起,就是一个摇头,分为"摇了摇""狠狠摇"到"闭眼摇"不同的描写。关于两个手指头描写也有变化,从"伸出手指头"到"指得紧"再到"指着不动",想告诉我们什么呀?

生:越来越着急。

生:越来越生气。

生:越来越失望。

师:越来越气愤,简直要绝望了。请同学们选择一处,用刚才的方法抓几个关键词,把他越来越气愤或越来越绝望的心理活动写一段话,想象临死前的严监生心里到底在想些什么？（请两位学生读一读，大家选择一处写一写。）

（出示）

二侄子走上前来问道："二叔，莫不是还有两笔银子在那里，不曾吩咐明白？"他把两眼睁得滴溜圆，把头又狠狠摇了几摇，越发指得紧了。心想：_____奶妈抱着哥子插口道："老爷想是因两位舅爷不在跟前，故此记念。"他听了这话，把眼闭着摇头，那手只是指着不动。心想：_____

（学生写话，教师巡视，两分钟示意停笔。）

生：真是气死我了，我的侄子啊，你怎么就不明白你二叔的心思呢？两笔银子我早就安排好了。我想的是两根燃烧的灯芯，分明燃的都是银子啊！这样白白地糟蹋钱财，叫我如何断得了这口气哟！我真是恨死你了。

师：你抓住了"狠狠""睁得滴溜圆"展开想象。（板书：狠狠摇）

生：奶妈，亏你还在我家待了这么多年，怎么竟连我的这点心思都不懂，真是气死我了！我都是快死的人了，看舅爷有什么用啊，他们又不送我银子。我心疼的是那两茎灯草！看来我只能死不瞑目了！

师：这位同学是抓住闭着摇头的绝望心情写话的。（板书：闭眼摇）

师：这两位同学之所以写得好，是因为他们抓住关键词语，联系上下文，结合生活实际展开了合理的想象。话语符合严监生的心理。我们吸收别人的优点，继续发言。

生：我真是恨死你这个二侄子了，你戳我心窝啊，哪还有钱，有钱也不会到现在还没有吩咐好啊。你贪我的钱啊，我平时怎么节俭的？钱的事还要你操心，你怎么不看看我手指的地方，是两根灯芯在燃烧。两根啊，烧的是银子啊！

生：我已经没有力气跟你们赌气了，太让我失望了，你们竟然没有一个人懂我的心，我怎么甘心死去啊！侄子、奶妈，你们真让我失望了。我恨死你们了，谁也不明白我的心意啊，绝望啊，绝望！赵氏赵氏，你应该明白啊！灯！灯！灯！我的两根灯芯！

生：奶妈呀奶妈，你在我们家待了这么多年，怎么一点也不知道我的心思呢？像我这样的守财奴临死前还会想着两个舅爷吗？舅爷跟我有什么相干，还不是要我的钱，我指的是两茎灯芯在浪费油。你们看我的手指，一秒钟，一块银子,两秒钟,两块银子,三秒钟,三块银子,我的银子是我的命呀!叫我怎么咽得下这口气哦!

(四)体会表达,感情朗读

师:对于一个奄奄一息的人,作者准确地抓住了他动作上的微妙变化,一个鲜活的守财奴的形象跃然纸上。(指着板书)

生:(根据板书回答)头摇了两三摇、狠狠摇、闭着眼摇。伸出两个手指头,指得越发紧,指着不动。

师:正是作家吴敬梓对人物的传神刻画,才让个性鲜明的严监生从文字中活了起来。下面就让我们拿起书,读一读这篇文章,现在的朗读水平肯定跟刚才不一样。觉得自己一定有进步的同学,我们一起读一读。(学生先齐读,然后把自己读得最好的一部分展示给大家。)

(五)延伸课外,激发阅读兴趣

师:"两个手指头"这传神的一笔,有着极强的讽刺意味,讽刺了这个视金钱重于性命的守财奴、吝啬鬼形象。它完全能够与莎士比亚的夏洛克、莫里哀的阿巴公、巴尔扎克的葛朗台等举世闻名的吝啬鬼形象描写媲美。这堂课的学习即将进入尾声,最后我们玩一个"猜一猜"游戏。

猜一猜,这么一个吝啬的人,他的大老婆得了重病,他愿意花大钱为她治病吗?

猜一猜,大老婆病死了,他愿意花钱大办丧事吗?

猜一猜,他的哥哥犯了事,逃了,知县到家里抓人,他会花大钱消灾吗?(学生纷纷猜测,均猜测严监生不会舍得花一分钱。)

师:你们全都猜错了。我只透漏一点点秘密。你们看——

(出示)

为了治好妻子王氏的病,他每日四五个医生用药,都是人参附子。王氏去世,他自此修斋、理七、开丧、出殡,用了四五千两银子,闹了半年。他哥哥犯事逃了,差人来抓,"随即留差人吃了酒饭,拿两千钱打发去了"。

——节选自《儒林外史》

师:这一切的一切,显得让人不可思议,这是为什么呢?让我们走进《儒林外史》这部名著，走进一个内心复杂的可怜吝啬鬼，我们还能看到封建时代的读书人追求名利的鲜明形象。

总评

听完两堂课，严监生的人物形象，特别是那"巍然不倒"的两个指头已成功地走进每个学生的心里，包括笔者这个"学生"在内。笔者主张语文是言语，阅读教学的定位是言语活动。言语活动定位意味着，阅读教学要以对课文思想内容的理解为凭借、载体和线索，通过丰富多彩、学生喜闻乐见的学习活动，让学生学习语言、运用语言和积累语言，同时进行听说读写等语文基本功训练。这种定位，与时下通常的阅读教学就课文教课文，以内容理解为目标，导致课堂浮华、言语与基本功脱离，是大相径庭的。吉老师的课，没有很多令人眩目的招数，没有什么所谓有震撼力或使人荡气回肠的情节。透过"现象"，我们不难窥视"本质"，就是朴实的言语定位，落实言语活动。

细细品味两节课，虽然在设计思路、设计环节上不一样，但是两位特级教师都选择锁定题眼，抓"两个指头"作为教学的着力点，扎扎实实地做好以下"四件事"，获得了同样的精彩。

一、把"读"落到实处

阅读教学以读为本，这是语文教学的本质特点。如朗读，它既是一种能力，也是理解内容、体会思想感情最常用的方法。读的次数多、内容多、形式多，有利于感悟和积累，废止烦琐的分析，打破沉闷、呆板的课堂气氛。两位教师的课，读的形式多样，目的明确，层次分明。罗才军老师深知见识经典最重要的手段是让学生多读。他在课堂前15分钟给学生布置了三次读。"这是一篇古白话文。同学们不用着急，仔仔细细地朗读，一字一句地读，读正确，读通顺。书声琅琅，自己读自己的。""让我们再读读课文，找一找，有没有难懂的地方，再琢磨琢磨它们的意思。""我们班的同学很会学习，学这篇课文对我们来说不会太难，请你带着自己的理解再去读读课文。"三次读层层递进，第一次是扫除文字层面的障碍，读通；第二次是找出不明白的地方，读懂；第三次是带着自己的理解读，初步获取对课文的感受。初读感知环节，罗老师先让学生通读全文，画出不懂的字词。然后，指导学生借助课文注释，根据上下文理解古典白话文和现代白话文中不一样的词语。例如："一声不倒一声""郎中""监生""登时"等；理解一些通假字，如"已后""记念"等。理解了词语，又继续引导学生通过个人读、集体读、朗读、默读等多种形式把课文读准、读顺。这个环节的教学，既训练了学生的朗读，又使学生掌握理解词语的方法，初步感知了文章的大体意思。

吉春亚老师先求读正确、读流利，再求读有所悟、读进文本、读进人物、读进作者，最后达成的状态是读得有感情、有韵味。为达成这样的目标，她的操作是这样：首先，"我请一位平时朗读机会比较少的同学来读课文，我们边听他的正音情况"；其次，"我现在请你们班里朗读水平最好的同学来读一读"；紧接着，"我也想试一试"，教师范读（教师读后，获得掌声），"你们也像我这样读一读""学生绘声绘色地模仿"；再下来，教师告诉学生要真正读好，不能简单地在形式上模仿，得"读进去"，理解到位。于是，师生对话互动，进行一系列的"深入品读"活动，主要是抓住重点词句，由表及里推测人物的复杂内心，参照《儒林外史》原文，进行拓展性理解等；品悟词句后，进入美读，采用相互竞赛的方式，"女生语感真好，请男生朗读，争取超越女孩子""男生朗读也不错"。通过写再度深入人物内心，"下面就让我们拿起书，读一读这篇文章，现在的朗读水平肯定跟刚才不一样。觉得自己一定有进步的同学，我们一起读一读"。这样层层推进，读好的预期得到充分实现。

二、把词句理解落到实处

文章的作者吴敬梓在刻画严监生这个人物形象的过程中，最具创造力、讽刺意味和文本张力的就是严监生临死前的那一幕。作者紧紧抓住经典的"两根指头"和"三次摇头"，使他最终成为中国文学史上甚至是世界文学史上著名的"吝啬鬼"。这都归功于作者在人物刻画上惜墨如金、寥寥数笔，却活灵活现、入木三分的功力。要真正感受严监生的吝啬，必须细读文本，透过严监生的动作、神态，走进他的内心。"品味"就是品词品句，咬文嚼字。罗才军老师的教学充分尊重了小说这一文体的特征，引导学生把握人物形象，体味人物性格。罗老师首先抓住描写"两个指头"的场景的句子："严监生喉咙里痰响得一进一出，一声不倒一声的，总不得断气，还把手从被单里拿出来，伸着两个指头。"让学生自读，罗老师引导学生用一个词来描绘自己头脑中"临死前的严监生"形象，较好地帮助学生将语言文字变幻成立在眼前的人物形象。接下来，罗老师浓墨重彩地引导学生读描写人物动作的三个句子，读的形式多样，如独自读、同桌合作读、回到文中读等。最精彩的是，罗老师设计了表演读的环节，让学生一人读大侄子、二侄子、奶妈等人的猜测，另一人演一演严监生。读着读着，文字复活了，情境再现了，学生好像看到了严监生一样。教师随机进行表演读的指导，更是适时又到位。通过对学生表演读的评价，帮助学生感受到严监生的心情怎样由着急、失望最后到绝望的变化过程，学生在具体的情境中提升了朗读水平。这一环节的教学，不仅让学生感受到人物形象，也增强了语感的训练，可谓一举多得。仅仅感受到形象还不够，罗老师又进一步引导学生依托语言体味人物性格，聚焦"两个指头"所表示的"心思"，联系课文前的导读提示，观看课文插图，拓展补充《儒林外史》中对严监生家境的介绍，从而让学生感受到：这是一个视钱如命、吝啬的人。至此，一个吝啬守财的人物形象已在学生心中牢牢地确立。他就是严监生。什么是润物无声，什么叫大雪无痕，这就是。罗老师就是这样在三次摇头的比较中，让学生体会到作者写作方法的妙处，学习到作者的表达方法。千言万语尽在"摇头"中，罗老师还了语文的另一个权利：用教材教。

吉春亚老师在教学进程中，一是让学生阅读注释来理解，如"监生"；二是提供背景性资料，参读理解；三是放在语言环境中理解，如多音字在语境中选择正确读音，还有"诸亲六眷"结合上下文理解；四是抓关键词"头摇了两三摇、狠狠摇、闭着眼摇，伸出两个手指头、指得越发紧、指着不动"，深入品读、理解、对话。这样的品读，让学生体会作者描写的微妙变化和不同的表达效果，感受运用语言文字的精妙之处，感受严监生丰富的心路历程，揣摩作者的写作特点。这一环节的教学充分体现了教师十分重视引导学生进行语言学习。"语文的本体是什么？显然不是语言文字所承载的内容，即'写的什么'，而是用什么样的语言形式来承载这些内容，即'怎样写的'。语文要学的就是'这个'，语文味所指的就是'这个味'。"

三、把"语用"落到实处

语文有它的人文性和工具性，两者不能偏重其一。在阅读教学中落实写，进行读写结合，是防止阅读教学虚空的一个重要举措。这里的"写"，一是在阅读理解中领悟写作，这是"潜作文指导"；二是直接进行写作训练，让学生真正动笔。在此课中，吉春亚老师以上两点都做得非常好，如"潜作文指导"体现在："课前热身"抓特点描述一些经典人物形象；抓关键词语感悟作者对人物形象传神的描写。最值得一提的是，结合深入品读，教师的"请同学们选择一处，用刚才的方法抓几个关键词，把他越来越气愤或越来越绝望的心理活动写一段话。想象临死前的严监生心里到底在想些什么？"这一片段非常出彩，读写结合得自然而不牵强。学生在这一过程中，阅读想象力也得到极好的培育和发展，在接下来的相互交流、碰撞中，彼此借鉴，书面与口头表达都得到极好的促进。

罗才军老师的高明之处便是立足语文形式，揣摩作者在表达上的特色，关注作者刻画人物的方法，帮助学生积累语言，丰厚语感。最精彩的便是，教师出示改写的三个句子与原文对比，让学生自读感悟、师生对读、揣摩批注，体会这些动作神态细节描写的妙处。学生通过比较品评，感受到作者写的三次摇头更加详细、生动，活灵活现，不仅写出严监生的心情从着急、生气到最后痛苦乃至绝望的一个渐进的心理变化过程，也显示出严监生的生命正在一步步走向衰竭，才有了赵氏一猜中，登时就没了气的结果。值得一提的是，罗老师引导学生对小说情节设置的感悟是那样的巧妙无痕。

四、问题的切入点落实得好

一堂课，教师问题设计得准确与否，对于教学环节的推进，学生学习过程的展开，有着极其重要的引领作用。本堂课上，两位教师问题的切入点选择得都非常好。例如，在教学"众人看严监生时，点一点头，把手垂下，登时就没了气"时，罗才军老师启发学生思考：刚才是"总不得断气"，现在是"登时就没了气"，由此你发现了什么？又如在学生反复阅读了课文后，教师启发学生思考：为什么作者一下笔就写严监生担心两茎灯草，为什么还写三个人猜两个指头的意思？这两个问题就恰到好处，很有价值：一是这两个问题是在品读之后才提出来的，水到渠成；二是解决了这两个问题也就解决了文章的主旨，具有深度。问题提出后，教师没有急于让学生马上回答，而是让学生通过读书、讨论、思考之后回答。学生终于明白：作者前面的直接描写、间接描写、细节描写、讽刺手法等都是为了刻画严监生爱财如命的吝啬鬼形象，让学生再一次感受中国语言文字的博大精深。

吉春亚老师让学生思考严监生是个怎样的人？学生在思考之后得出了他们原汁原味的见解。"铁公鸡一毛不拔""爱钱如命""省钱""鸡肠小肚"……这是学生思考之后初步的自我感知。随后，又诠释"伸着两个指头"，让学生通过揣摩三个传神动作的句子，交流严监生的心理，同时，教给学生走进人物内心的方法。当学生的理解较为宽泛时，吉老师提醒学生注意其中的关键词："把头摇了两三摇""狠狠地摇了又摇""把眼闭着摇头"从而把本组人物描写的细节方法——动作，转换成语言比较。在这里，吉老师是这样设计的：严监生如果喊的话，也许会喊什么？此时，学生的回答自然进入严监生的心里："快把一茎灯草挑掉！""那一茎灯草费钱！""你们怎么都不明白我的意思啊？"学生话语里的表达透露出严监生的焦躁不安、心急、心疼、无奈……从而凸显出严监生命若游丝却仍不忘两茎灯草的吝啬形象。吉老师的"猜一猜，这么一个吝啬的人，他的大老婆得了重病了，他愿意花大钱为她治病吗？""猜一猜，大老婆病死了，他愿意花钱大办丧事吗？""猜一猜，他的哥哥犯了事，逃了，知县到家里抓人，他会花大钱消灾吗？"又进一步明确了严监生的吝啬。同时，也总结出一个令我们意外的结果：严监生关心的不是两个亲人，不是两笔银子，更不是两位舅爷，而是值不了多少钱的两茎灯草。此时，学生的理解也就水到渠成了。通过第五回节选材料的补充，让学生重新思考，修正课初的观点，使人物形象更加丰富地跃然纸上。节约与吝啬的区分也就顺理成章，理解于心。其实，此篇课文的教学价值就在于引导学生理解将这些细节放到特定的背景中限制这些细节的意义。

最后还想谈一点思考，经典之所以成为经典，就在于经典是常读常新的。200多年来，一代又一代的人都将严监生定位于"吝啬鬼""守财奴"的形象，以致严监生与葛朗台一样成为世界文学史上"吝啬"的代名词。文学作品的形象是人解读的，既然能解读成"吝啬"，为什么就不能解读成"节约"呢？在当前奢侈成风、铺张浪费现象比比皆是，自然资源等日渐枯竭的年代，这篇文章又该怎样用时代的眼睛重新审视、看待它的价值取向呢？

（浙江省宁波国家高新区实验学校　陆青春）

借"题"发挥　巧入主旨

——两位特级教师同课异构对比

文题是一篇文章的眼睛,也是文本学习的重要资源。如何在教学中有效用好文题,最大化地发挥文题对文本理解的应有价值呢?著名特级教师薛法根与王文丽可谓深得其中"壶奥"。不妨来看两位老师在教学同一篇课文时巧用文题的做法,也许从中可以让我们得到一些有益的启发。

王文丽教学片段

师:这篇课文的原文并不叫这个名字,叫作《心田上的百合花》,选编入我们教材的时候,编者改成了《百合花开》。你更欣赏哪一个?

生:我比较欣赏《心田上的百合花》,因为这更能够表现出百合花坚持不懈、不放弃的精神。

师:我还是不太明白,百合花不是开在山谷、开在断崖、开在草原吗?你为什么觉得要叫《心田上的百合花》?

生:这是作者用心感受到的,用心写的,所以我觉得应该叫《心田上的百合花》。

生:我补充。我觉得百合是用心开花,更重要的是体现它内在的美,所以应该叫《心田上的百合花》。

生:我更喜欢《百合花开》。因为终究百合是开花了,而且开得那么灿烂,那是非常不容易的,那般景象无法比喻。

师:看来,每个人的感受都不一样。这位同学就认为用《百合花开》做题，直接表达出百合开花不容易，从而让我们想象那一幅盛景，完全可以。王老师更欣赏《心田上的百合花》这个题目，但是我的理由和前面两位同学不同。我认为，作者用这个题目是想告诉我们，这百合花不仅仅是开在他自己的心里，还要开在——

生：每个人的心上。

生：所有人的心上。

赏析

林清玄的《心田上的百合花》入选人教版教材时，题目被编者改为《百合花开》。在引导学生对课文中的百合花细致品读后，王老师引导学生展开对文题的讨论，在学生的思考、碰撞中，把握课文主旨，体悟作者写作这篇文章的真正用心。王老师的巧妙之处在于，老师没有评判学生的理解和认识，只是进行合理的引领，主动与学生分享教师的感受，在课堂充分自由的学习氛围中，帮助学生理解百合花的内在精神，从而让百合花"开在每个人的心上"。

薛法根教学片段

师：现在我们来说说看，明明是山谷里的百合，为什么作者林清玄要说成是《心田上的百合花》呢？有哪些同学知道？好，读读第六自然段。

生：因为百合让人感到幸福，能让人感动，是能触动人内心的一朵花。

师：好，你是这么理解的。百合花能让你感到幸福，能让人感动，是能触动人内心的。

生：百合坚定的信念、形象留在我们的心中。

师：好，坚定、执着。这个形象连同它的信念留在了我们心中，所以是心田上的百合花。

生：故事告诉我们要相信自己，把坚定的信念放在心中，所以名字叫《心田上的百合花》。

师：作者告诉我们要把信念放在心中，坚信自己的一生。一个人有了信念，人生就有了意义，就有了价值。

生：百合花的心和百合花一样纯洁。心田上的"田"是很大的，它坚定的心也是这么大。

师：好，人的理想、人的信念都和心田上的百合花一样大，是吗？

生：这些百合花的形象总是活在人们的心中。

师：百合花有开有谢，是什么活在人们心中？（信念）是一种信念，一种精神，始终活在我们心中。

生：因为它可以触动人们的内心，那纯净温柔的一角，所以说它是心田上的百合花。

师：好，你再想想是什么触动了我们的内心？那纯净温柔的一角？……

赏析

没有一波三折，而是采用直奔重点的做法，薛老师抛出的问题很有思维的空间：明明是山谷里的百合，为什么作者林清玄要说成是心田上的百合呢？紧抓"心田上的"这几个关键字引导学生来做文章，结合对课文的学习和对重点段落的聚焦，学生的思考与感悟达到一定的深度，对于文本主旨的把握可谓深入精准，直达中心。教师智慧地点拨、引导，看似平平常常，实则匠心独运，挥洒自如，为学生更进一步地理解交流进行有效的引领。

以上两位名师的教学思路并不相同，但都能根据文题特点，充分用好文题这一资源借"题"发挥，表面上让学生议的是题目，实质是指向对文本主旨的理解和深入。学生在思维的紧张运转中，整合对全文的学习理解，表达自己对文本的解读，展现自己的个性，并在相互碰撞以及教师的引导提示中，丰富对文本主旨——也就是"百合花开"这一精神内涵的深刻内化。可以说，这是对文题运用得有效、成功的策略。

文题学习不能忽略。两位教师借"题"发挥，巧入文章主旨的做法为我们打开一种思路。当然，在具体的语文教学中，我们还应因生而异，因文而异，因题而异。只有立足于学生语文素养的全面提升，我们才会找到更多的语文课堂的闪光点，带给学生一段美妙的语文学习旅程。

（江苏省苏州工业园区文萃小学　张晓华）

异构后的反思

——山东骨干教师刘海舰与特级教师于永正执《七颗钻石》对比赏析

在山东召开的全国著名特级教师于永正教学观摩暨与名师"同课异构"活动中,山东省骨干教师、滨州市学科带头人刘海舰执教的《七颗钻石》与于永正老师执教的同一课题引发与会者关注。本文以"异构、反思"展示了此次活动的精彩教学和作者的深刻反思,以飨读者。

一、异构

(一)刘海舰《七颗钻石》课堂教学实录及评析

师:初次见面,刘老师送给大家三句话,请大家一起说:第一句,我真棒!第二句,我真的很棒!第三句,我们真的真的很棒!(生说)

师:你们真的真的很棒!下面我们把同样的三句话送给在座的老师们。

生:(面向教师)你们真棒!你们真的很棒!你们真的真的很棒!(掌声)

点 评[①]

充分利用教学空间"场"的力量,使听课教师和学生的注意力短时间内集中到课堂上来。

---

① 刘海舰老师实录中的点评由于永正老师给出。

师：老师给了我们掌声，你们的心里有什么感受？

生：我觉得老师们很信任我们！

师：哦，信任。

生：我心里感到很甜蜜，还有就是很激动！

师：好，同学们，就让我们带着这份甜蜜，怀着这份激动，一起走进课堂吧。

（师生问好）

师：故事是这样的。（课件出示：很久以前，在地球上发生过一次大旱灾；所有的河流和水井都干涸了，草木丛林也都干枯了，许多人和动物都焦渴而死。）

（生读，"干涸"读错。师范读"干涸"，生齐读。师再次请刚才这位同学读。指名另一位同学读。学生把"河流"读成"河水"，师纠正。生再读。）

师：是啊。从这段话中，你们发现这是怎样的一场大旱灾呀？

生：给人和动物带来灾难的一场大旱灾！

师：是啊，这是一场怎样的灾难啊！（课件依次出示"干涸的水井、干裂的河床、干枯的树木、干渴而死的山羊"图片）请同学再读第一段。

（生读）

点 评

形象可感的图片，突出了重点字词，也形象阐释了句段的含义。

师：可以从哪些词看出这是一场大旱灾？

生：干涸、干枯、焦渴而死。

师：是的，可是你在读的时候体现出来了吗？请再读。

（生再读以上三个词语；请另一位同学读，"河流"读成"河水"。）

师：看清每一个字，然后再读。

点 评

一定要及时纠正学生读错的地方。

师：在这样的大旱灾面前，人们最需要的是什么？（生：水）

师：是啊，人们是多么需要水啊。哪怕只有一滴呀！这可是救命的水啊！好，快速浏览课文二、三自然段，看这足以救命的水到底出现了没有？

（生默读，师巡视。）

师：找出来的请举手。（指名读）

生：读当她醒来的时候，拿起罐子一看，罐子里竟装满了清澈新鲜的水。

师：这生命之水终于出现了呀，有没有找得不同的？

生：读这时突然从水罐里跳出了七颗很大的钻石，接着从里面涌出了一股巨大的清澈而新鲜的水流。

（课件出示以上两句话，生再读。）

师：刚才还是极度的干旱，而此时竟然出现了水，出现了清澈而又新鲜的水，你有什么问题要问吗？

生：（脱口而出）这水是怎么来的？

点评

牵一发而动全身，从人之常情的自然发问中引出小姑娘找水、到哪儿去找水等一系列问题，可谓匠心独运，设计巧妙。

师：大旱之年，这位小姑娘为了自己生病的母亲去找水，她可能到哪里去找水呢？哪儿可能有水呢？

生：河边。

师：（缓慢地）可能会有。

生：水井里。

师：（缓慢地）可能会有。

生：……

师：可是——（课件依次出来图文）

她来到　　　看到　　　；她来到　　　看到　　　；她来到　　　，看到　　　。

点 评

进行说话、写话的言语拓展训练，拓宽了学生思维和想象的空间，发展了学生的想象力。

生：小姑娘来到河边，不过她很失望，因为连小河里的土地（"河床"）都干裂了！

生：她来到小溪边，本来茂盛的树木都变得干枯不堪了！

生：小姑娘来到河边，看到河里的鱼都干死了！

师：小姑娘到过这么多地方去找水，她真的是累坏了，她累得躺在沙地上睡着了。这时她做了一个梦，她可能会梦到什么呢？

生：要是有一灌水就好了！

师：（缓慢低沉地）可能梦里会有。

生：她梦到花草树木都变得茂盛了！小河、小溪、水井里都充满了清澈的水！

师：（缓慢低沉地）可能梦里会有。

生：生病的母亲会健康起来！

师：（激动地）是啊，她是为了生病的母亲才出来找水的呀，她会梦到，她一定会梦到！

（这时还有一位同学依然举着手，师请他回答。）

生：她可能会梦到更多的动物都因为找不到水而死亡！

师：是啊！甚至会是一场噩梦啊！

点 评

此时，学生的回答虽然逆向，却显现了他在思考，说明他是"在场"的。同时也考验教师的临场应变能力，这是备课中没有预设到的，这就是生成，有效的生成。是教师创设的自由和谐的教学情境，促成学生的多元开放思维，并激发了他的表达欲望。

师：可是我们真的希望小姑娘能找到水。也就在这个时候，奇迹竟然真的发生了啊！（课件出示：当她醒来的时候，拿起罐子一看，罐子里竟装满了清澈新鲜的水。生读。）

师：小姑娘是带着一个空水罐从家里出来的，此时竟出现了满满的一灌水！你觉得应该怎样读才好？

（生读出惊奇之情）

师：刚开始，小姑娘是带着空水罐走出家门的，（板书：无水）现在竟然（师停下来，学生举手。）

师：请你说，这个地方应该写什么字？

生：后面应该写——罐里装满了清澈新鲜的水。

师：需要写那么多吗？

生：不需要。

师：几个字就够了？

生：两个字。

师：哪两个字。

生：有水。

点评

无论是指导学生读书，还是请学生板书，都是在引导学生主动积极地思考，使其投入教学双边活动中来。读，让学生把书读"厚"；写，使学生把书读"薄"。

师：好，请你写。（看学生板书。提示："有"的笔顺是这样的吗？）

（师板书示范，并请该同学重新板书。）

师：小姑娘真高兴啊！满心欢喜地抱着（师做抱紧的动作）这满满的一罐水回家了。

（课件出示：小姑娘喜出望外，真想喝个够，但又一想，这些水给妈妈还不够呢，就赶紧抱着水罐跑回家去。生读。）

师：是啊，小姑娘太高兴了呀，她"匆匆忙忙"地往家跑。

师：（目视同学并走到学生面前）小姑娘，你为什么走得这样匆匆忙忙啊？

生：因为她……

师：（示意暂停，强调）小姑娘，你为什么走得这样匆忙啊？

生：（角色转换）我如果不快点回家，母亲可能会渴坏！

师：母亲有你这样懂事的孩子，真有福气啊！

点评

教师有意引导学生角色的转换，使学生入情入境，感同身受。这不仅引发了学生思考，而且丰富了学生的情感体验。

师：正因为走得匆忙……

生：她被小狗绊倒了。（师板书：绊倒。）

（课件出示文本：她匆匆忙忙，没有注意到脚底下有一条小狗，一下子绊倒在它身上，水罐也掉在了地下。生读。）

（请学生板书：端着，满满。）

师：自学课文，通过下面发生的故事，体会这"如金似银"的东西到底是什么？

生：因为小姑娘匀出水给小狗喝，所以木头做的水罐变成了银的。

生：母亲把水罐让给小姑娘，水罐又变成了金的。

（请学生板书："木—银""银—金"。指导书写"罐"。）

师：同学们，这个水罐是多么的神奇啊，又由银的变成了金的。它神奇在哪里？

生：会变！

师：那么，一定有一种不变的东西在里面，是什么？

生：（脱口而出）爱心。

点评

看似不经意的一问，实际上早已箭在弦上，引而未发。至此时，渠成，水亦到，学生脱口而出不是偶然而是必然。

师：是对小狗的同情，是对母亲的关爱，是母亲对孩子的那份舐犊之情！
（出示）

这时小姑娘再也忍不住，正想凑上水罐去喝的时候，突然从门外走进来一个过路人，要讨水喝。小姑娘咽了一口唾沫，把水罐递给了这个过路人。

（指名读，当读到咽了口唾沫时，师提示暂停。）
师：小姑娘为什么要咽唾沫？
生：她太渴了！
生：她多么想喝水啊！
（建议生再读，师生读完。）
师：可是过路人讨水喝要不要把水给他（她）呢？小姑娘可能会想……
生：他也许比我还渴呢？
生：……
师：当她把这救命的水让给过路人的时候，这还仅仅是对小动物的同情吗？还仅仅是母女之间的亲情吗？是啊，这已经超越了一切，这才是一份人间大爱啊！
（课件出示图片：1998年抗洪、2008年地震、人们参加无偿献血、小学生捐出自己的零花钱等，并请刚才读课文的同学板书课题。）
（出示文本：这时突然从水罐里跳出了七颗很大的钻石，接着从里面涌出了一股巨大的清澈而新鲜的水流。学生齐读。）

师：   生：（依次说）
因为干旱，他们需要   水
因为饥饿，他们需要   粮食（食品）
因为贫穷，他们需要   钱财（衣物）
因为战争，他们需要   和平（平安）
因为灾难，他们需要   关爱（爱心）

点评

此拓展环节可有可无，有脱离语文教学的倾向，建议舍去，去掉一些非语

文的东西以丰富语文的内涵。

师：（课件出示星空图）看到这样的场景，我们心中可能会感到酸楚。有这样一种说法，夜空中一颗流星划过，如果我们许个愿的话，这个愿望会实现。此时，你的心愿是什么？你有什么话要对他们说？

生：祝他们永远平安、幸福！

生：永远不要有战争，不要有饥饿！

生：……

师：你的愿望也是我们大家的心声。

师：（出示全文）让我们怀着这份同情，这份爱心，再次走到课文之中。

（分小节指名读，齐读最后一段。）

师：（深情朗诵自作小诗）在北斗七星的照耀下／即使没有灯光的夜晚／我们也不会迷失方向／在北斗七星的辉映下／任何的艰难困苦／我们——／都能扛／只要心中有爱／我们就有力量／只要心中有爱／困境也能走成天堂／只要心中有爱／风雨过后必见阳光／……

点评

教师有感而发的一首小诗将本课教学推向高潮，这应该是教师语言与学生思维的一个极佳契合点。此时的"以文化人"已不再空洞，而是有形、可感的。

师：读有字之书是学问，从无字的地方读出字来，更是本事！这七颗钻石上明明就写着字啊！可能会写些什么？

生：爱！

师：（肯定地）一定会有。

生：爱心！

师：（激动地）一定会有！

（课件出示：在七颗钻石上依次缓慢出现文字：让—爱—心—永—驻—人—间！）

（生一字一顿读，然后齐读。下课。）

点评

虽是结课,却极引人深思,"读无字之书"可引申为对文字的体验,也可引申为对生活的感悟,更可引申为对人生的确证。其中滋味,唯细品之!

(二)于永正《七颗钻石》课堂教学实录及评析

第一课时

师:同学们,上午好!

生:老—师—上—午—好(一字一顿)

师:老—师—上—午—好,是这样吗?

生:(齐)老—师,上—午—好(仍是如此)

(师走到一位女同学面前说:上午好)

生:老师,上—午—好!

师:跟平时说话一样,自然一些,来,跟着我说。

师:小朋友,上午好!

生:老师,上午好!

师:对了,说话要自然一点,读书也要自然一点。

点评[①]

在师生的相互问候之中就已经进行了读书方法的指导和渗透,不着痕迹,润物无声!

师:(面向全体学生)好,再来一遍。

师:(自然地)同学们,上午好。

生:老师,上午好。(有点不整齐,但很自然。)

师:我听了非常高兴,多自然啊!多亲切啊!老—师—上—午—好——就这句,我听了都觉得费劲。

师:你们喜欢我吗?

---

① 于永正老师实录中的点评由刘海舰老师给出。

生:(齐)喜欢!

师:(指横幅)我的名字在这儿,很清晰,你们看我叫什么名字?

生:于永正。

师:对,我是于永正,来自江苏徐州,老家是山东莱阳,今天是回老家了,喜欢于老师,是吧?

生:喜欢!

师:一见钟情啊?一见面就爱上于老师了,爱不爱?

生:爱!

师:(笑着说)感情太丰富了。我知道现在你说爱于老师,完全是出于一种礼貌,如果说不喜欢,怕老师会不高兴。这样吧,到底是真喜欢还是假喜欢,两节课后再说好不好?

生:好!

师:下面我们上课,大家读一下题目。(生齐读《七颗钻石》)

师:看老师板书课题,你们的手也不要闲着,一起书写。

(师板书课题,指名读课题。)

生:七——颗——钻——石。

(师读后请学生再读)

师:有进步,再读。

(生再读)

师:课文预习了吧?

生:预习了。

师:告诉我读了几遍?

生:五遍。

师:哦,统一的,谁叫你们读五遍的?

生:老师。

师:读六遍行不行?

生:行。

师:读三遍行不行?

生:不行!

师:其实,读三遍也行,五遍也行。好,下面我们来看文中的生字。(课

件出示：旱 涸 竟 匆 绊 瞬 凑 咽 唾 沫）

点 评

使学生不盲从、不唯师，唯求实事求是。

师：告诉于老师，这节课的生字，哪些你很久很久以前就认识了？

点 评

学生字，就是学课文。话中不经意的一个"很久很久以前"——文中的首句已然印在了学生的脑海之中。

（指名读）
师：你是怎么认识的？
生：在课本里。
生：在电视里。
生：……
师：哪些字是你通过预习认识的？
生：瞬。
师：还有哪些？
（生全部读出）
师：你真厉害，来，握个手（同学生亲切握手）
师：哪些字需要老师教呢？
（无人举手）
师：没有了？都认识了？不用老师教了？
（生点头）
师：真好，来，请你读。

点 评

明知学生没有说出实话，先不问原因，依然鼓励、表扬，同时又作了检查。滴水不漏！

（生读生字：旱 涸）

师：请你读这个词（干涸）。

（生读）

师：好！再读这句话——所有的河流和水井都干涸了（声调是平的）。
（师范读一遍，请学生再读，读得还是不好。）

师：齐读一次。

（同时范读，生齐读。）

师：继续读。

（生读，读到"咽唾沫"时……）

师：把三个字连起来读。

生：咽唾沫。

师：好，非常好，后面的轻声读得好。

（全班同学一起读）

师：找到这句话，读。

（生读：小姑娘咽了口唾沫）

点 评

是字的教学，是词的教学，更是句的教学，同时也为难点的突破做了充分的准备。

（师范读，生齐读。）

师：听她读，有两个字引起了我的注意。（第一个"涸"）

（指名读，齐读。要求学生再读两遍。）

师：记住了吗？

生：记住了。

师：怎么记得住呢，就是多读，念了再念，就记住了。再念一遍，好不好？

（生读）

点评

教给方法并训练使用方法，扎扎实实，求实效。

师：我们读一下这个句子——这时小姑娘再也忍不住，正想凑上水罐去喝口水的时候……

（师范读，生读。）

师：看下一个字（凑）。

（指名读，齐读。）

师：文中哪个地方出现了这个字，找到那个句子，读。

生：（读得一字一顿）正——想——凑——上——水——罐——去——喝——口——水——的——时——候。

师：你——怎——么——这——样——读——书——呢？

[师范读，学生继续读（仍是一字一顿）。师再次范读，请大家一起读，请该生再读（有进步了）。]

（师指导后请他再读）

点评

不抛弃，不放弃，是教师的坚持使这位学生有了明显的进步。这就是发展，科学的发展。诲人不倦，此之谓也！

师：大有进步。鼓掌。

师：这两个字是我最担心的，大家再读。

师：我们再一起读一下这些生字。（生齐读）

师：看来预习的收获很大啊！下面我们读一遍课文。注意画出你不理解的词语。

（师巡视）

师：告诉老师，第一自然段有哪些词不理解？

点评

把握分析学情,以学定教,只教学生不会的东西,目标极其明确。

生:大旱灾、干涸、焦渴。(师板书)

师:哦!所有的词都不理解。(生笑)

师:第二自然段有没有?

生:哀哀。(师板书)

生:喜出望外。

生:匆匆忙忙。

(师板书,同时请学生注意:看老师是怎样写"匆"的。第一撇要短!)

师:再往下看,还有哪个词不懂?

生:凑上。

师:他说"凑上"不懂,谁懂?

生:摇头。

师:(笑)来来来,你来,到前面来,跟于老师说句悄悄话。(师俯下身子,听学生说。)

师:(面向学生)他的嘴凑到于老师的耳朵旁,这就叫"凑"。懂了吗?再来一次。(老师的嘴已凑向学生的耳朵)

师:还有哪个词?

生:瞬间。(师板书,提示学生"瞬"怎么写。)

生:递给。

师:(笑)你是不是喜欢看于老师做动作啊?好,请你同桌把铅笔盒带过来。

师:请把你的铅笔盒给我。(提示学生用双手)

师:(接过来,然后问刚才提问的同学)他做了个什么动作?

生:递给。

师:好,我把话筒递给你,(递话筒)懂了吗?

生:懂了。

点评

幽默的语言，亲切的动作，悉心的教导，既教书又育人，两者相得益彰。这已不能简单地用教学机智来评价，更是教育的智慧、大智慧！

师：实际上，这些词都不难懂，只要认真读书，联系上下文，就能读懂。我们一起读第一自然段。

师：（生读后）我读第一句，你们读下一句。

（师读第一句，生接读。）

师：大旱灾的意思，读懂了吗？你们读的话就是对大旱灾的解释。（再请学生读）

师：干涸——河里一点水也没有了，井里一点水也没有了，就叫干涸。好多东西都干死了，这叫什么来着？

生：大旱灾。

师：（指喜出望外）找到有这个词的句子。（指名读，齐读。）

师：小姑娘想到没有？（生：有）高兴不高兴？（生：高兴）

师：这就叫"喜出望外"，再读这句话。

师：哀哀地尖叫，谁提的？（生起立）请你来读那句话。

师：这里面有两个词，一个匆匆忙忙，一个哀哀尖叫，你读后觉得小狗怎么样？

生：难过，悲哀。

师：它为什么难过呢？

生：因为它没有水喝。（师插话：渴极了）还有就是小姑娘踢着它了。

师：对啊，本来就渴，又被踢着了，能不难过吗？谁听过小狗的尖叫？

（生模仿）

师：这就是哀哀地尖叫。

师："匆匆忙忙"，谁不懂？（生举手）

师：请你来，快步走到那边去。生表演。

师：不是跑，是走。生再演。

师：这就是匆匆忙忙。来，你再演一下"绊倒"。生表演。

师：再看下一个词"瞬间"。

生：一会儿。

生：很快。

生：一眨眼。

生：……

师：词语都懂了，为学课文扫清了障碍。好，看到课后第一题。（请学生读题目：带着美好的感情来读课文）

自由朗读课文。

（指名读前三段，齐读最后一段。）

师：想不想听于老师读。（生：想）看于老师是不是带着美好的感情读的？

（师范读，学生热烈鼓掌。）

师：要想读好课文，可不是那么简单的事，非下苦功不可。想不想读好？（生：想）别着急，咱们先休息一下，下一节接着读。

点评

意犹未尽，声犹在耳，吊足了学生"读"的胃口，激发了他们"读"的兴趣和欲望，这样的语文课才有"情趣"，才有"上头儿"，才有"滋味"！一个人如果能把课文读正确、流利、有感情，字词句的训练就有了，语感训练就有了，遣词造句、谋篇布局的能力就有了，"人文性"也就在其中了。

第二课时

师：请问你是哪所学校的？

生：沙河中心小学。

师：三年级哪个班？

生：一班。

师：对，就这样，说话一定要自然，读书也要自然。下面我们继续读课文，要稍微带上一点感情读，怎么读才能带上一点感情呢？先看第一段。

点 评

"自然"不就是"流利","带上一点感情"不就是"有感情"吗?这样变式的要求或许更易于学生接受。

师:老师先读一遍,仔细听,看能不能听出老师是什么心情?(师读)

生:难过。

生:伤心。

生:悲伤。

生:痛苦。

生:难受。

生:……

师:好,带着这样的心情读第一段,小声读,慢一些。

(生自由读)

师:你们的表现都不错。你们的表情告诉我,真的是同情的,真的是难过的,谁起来读?

(生纷纷举手,生读。)

师:有点意思,但我不是十分满意。

(师再次范读,并再请一位同学读。)

师:第二段谁来读?你想想于老师刚才是怎么读的,为什么这样读?

生:因为小姑娘没有找到水,她太伤心了。(师:不是伤心)她太渴了。(请另一位同学)她太累了。

师:她太累了,累得倒在沙地上睡着了。同学们,不要惊醒她,轻轻地读。

点 评

入情入境,教师动情的言语也可以创设情境,使学生真正走进文本,沉浸其中。

(生齐读)

(师再次范读,并提示:想想那个词"喜出望外",生读。)

师：这才是有感情地读课文。继续读。

（生读到"哀哀地尖叫"句时，师重点指导，生再读。）

师：掌声响起，这才叫有感情，继续读。

（生读到"母亲让水给小姑娘"一句时，师提出问题：想一想，小姑娘的母亲年纪那么大了，又生着病，说话时的声音应该怎样？生再读。）

师：有进步，但只进步了一点点。

师：看谁能把母亲的"心"读出来，那你就理解母亲了。

（生读）

师：再听于老师读。

（要求学生练习后再次指名读）

师：下面的这句话，我第一次读，就深深地印在脑海里了。这句话太让我感动了，你们猜，它是哪句话？

（生读："这时小姑娘再也忍不住，正想凑上水罐去喝的时候，突然从门外走进来一个过路人，要讨水喝。小姑娘咽了一口唾沫，把水罐递给了这个过路人。"师范读，生练习。）

师：记住这句话！记住小姑娘咽唾沫这个动作！记住这一瞬间！

师：最后一段，于老师怎么读的，还记得吗？

生：太高兴了！

生：太激动了！

（请学生齐读）

师：（看着屏幕，课件出示）这七颗钻石变成了北斗七星，是给我们指引方向的。这颗星叫北极星，在晴朗的夜晚，我们能找到他，使人不至于迷失方向。

这七颗钻石变成了北斗七星仅仅是指它能给我们指引方向吗？不是的，读课文第二题："让我们默读课文，再一起讨论讨论：从水罐的一次次变化中，体会到了什么？"

师：从这一次次变化中你体会到了什么？

生：爱的力量是非常大的。

师：具体一点。

生：亲情。

生：母亲爱孩子，孩子爱母亲。

生：友情……爱过路人。

师：关爱陌生人。

师：这就是罐子一次次变化的主要原因。

师：同学们，冰心有一句名言：（课件出示）"有了爱，就有了一切！"

师：读课后第三题：这个故事真神奇，我要展开想象讲讲这个故事。

（师指导复述课文）

师：好，同学们，书后面的三个要求，我最不满意的是讲故事，最满意的是你们的读书、对生字的感悟。没关系，慢慢来。

点评

课后习题解决了，课也上完了。教师不避讳地谈出自己对学生表现的真实评价。这不仅仅是泛泛的表扬，更有实实在在的批评，这样的评价才是指向学生的，也才是有效的。

师：送小朋友三句话——字是写出来的！书是读出来的！文章是做出来的！好好练字，好好读书，好好写作文！记住没有（生：记住了），那咱们就该说再见了！

师：（再次问）喜欢于老师吗？

生：喜欢！

师：为什么？

生：喜欢你的知识渊博！

生：喜欢于老师的可爱！（师握手）

生：喜欢于老师的和蔼可亲！

生：喜欢您的幽默！（握手）

师：我记得苏联有一位教育家说过：幽默是老师的第一位助手！

师：谢谢你们的夸奖，同学们，再见！

点评

学生已经完全陶醉在教师幽默、机智的教学风格中,此时的喜欢是发自内心的,没有任何的虚伪与矫情。"亲其师,则信其道",这样的教育才是成功的。

二、反思:与于永正先生"同课异构"七谈

2009年夏,滨州经济开发区第一中学千人礼堂内,座无虚席,来自山东各地的近千名教师共同观摩了笔者和于永正先生同台执教的《七颗钻石》一课的教学。下面就会时与会后的七点感受和思考总结如下。

(一)谈备课——衣带渐宽终不悔,为伊消得人憔悴

本课故事情节简单,首先点明了故事发生的背景:地球的一次大旱灾,使所有的河流和水井都干涸了,许多人和动物焦渴而死,突出了水在当时的重要性。然后,写小姑娘出门为生病的母亲找水,随着一次次让水,水罐也一次次地发生着神奇的变化。最后,地球上终于有了一股清澈又新鲜的水流,使学生从水罐的一次次变化中体会到爱心的神奇力量。

刚开始时,想走"浅文深教"的路线,定位较高,试图让学生从小姑娘对弱者的同情、和母亲之间的亲情到对陌生人的人间真情中一下子领悟到"博爱"的精神。真正实施起来,在第一环节讲解小姑娘匀水给小狗喝让学生提炼到对弱者的同情时,就遇到障碍卡了壳。不了解学生和没有更多地关注学生,这提醒笔者,这条路线行不通。

于是重新备课,把以上内容概括为一点,那就是"爱心"的凸显。这样符合学生实际,容易懂,能说得出,也简化了教学程序,同时降低了教学难度,又经过几次教学设计文本的改动,再次"磨课"。上课过程中,笔者注意到学生更在意罐子的"神奇",并轻而易举地理解其神奇之处在于不断地"变化"。同时,在每次变化之中,他们也都能理解是"爱"的力量导致这种种的神奇。是啊,这不正是文中一明一暗两条线吗?在由明线到暗线的贯穿之中,有没有一种更加自然的衔接方式?——"在这不断的变化之中有没有一种不变的东西在里面?"——看似简单的一个问题,将两条线贯穿在一起。在这变与不变之中实现由明到暗的主题深化,实现并达成"由浅入深、浅入深出"的教学建构。

是教学的实践丰富了笔者对文本的解读，这次经历也使笔者在备课时更加关注学生、关注教材。

在读教材的过程中，笔者还偶然发现：在这篇文章中，竟然有两个词重复出现了两次，那就是"清澈、新鲜"。水是生命之源，大旱之年，水就是生命，而这两个修饰"水"的词语是否还有更深的含义呢？陷入了沉思，直到上课前一天夜里，突然明白，这清澈新鲜的水不就是文章作者所着意表达的那份人间真情、世间大爱的外显形式吗？由莫名而来的一罐清水到汩汩流淌的一股清泉，弘扬的不就是"人人为我，我为人人"的无私奉献的博爱精神吗？

是啊，笔者的备课又回到了原点，但却有一股抑制不住的兴奋，因为笔者在文本之中走了多少个来回啊！至此，备课中的"一个中心"（变与不变）、"两个基本点"（清澈而又新鲜的水）得到了确定。

（二）谈上课——雨里深山雪里烟，看时容易做时难

备课中确定"一个中心、两个基本点"后，在教学实施中，笔者拟定了"四项基本原则"：以教材解读为本；以学生发展为本；以教师主导为本；以有效交流为本。

上午九点开始上课，共同上课的是从未谋面的滨州经济开发区第一中学小学部的学生。经过简短的课前交流，我们一起走进了这个充满神奇的童话故事……

（滨州经济开发区沙河刘集小学）荆金兰：刘老师的课设计严密，思路清晰，循序渐进，娓娓道来，启发诱导，讲练结合。挖掘教材深入，问题设计环环相扣，课堂节奏轻快，教学方法灵活多样，教学过程完整，重难点把握准确，教学效果落实到位。他的设计新颖，尊重了学生的认知水平，放慢节奏，设计阶梯，难点分散，显示了教师扎实的基本功底。刘老师教学经验丰富，虽然年轻但可谓教学功底深厚。教学语言简练、亲切，富有激情，注重课堂组织结构，松弛有度，快慢有节，取得了良好的教学效果。这节课给人的感觉是大气与条理清晰。刘老师知识底蕴的深厚，让我佩服不已，感觉收获颇多！这样的课没有丰富的教学经验和知识积累肯定是上不来的。

（滨州经济开发区里则苏集小学）马希民：刘老师这堂课的教学较好地抓住课文主线，引导学生走进文本，进行朗读、想象与感悟，确保课堂教学的有

效性。刘老师在一开始就抛出了：这个水罐给你留下了什么印象？（神奇）从哪些地方发现它的神奇？这样两个问题虽然简单，可是却成为学生学习课文的主要线索。以罐子的不断变化作为本文的明线，接着刘老师围绕这条主线展开教学："为什么水罐会产生这些神奇的变化呢？有没有一种不变的东西在里面？"使学生了解水罐变化的真正原因。课堂上，无论是朗读还是想象，都围绕教学主线展开，为教学重点（即随着故事情节发展体会逐渐升华的爱心）服务。文中爱的情感的逐渐升华则是本文的又一条线索。两条线一明一暗，相辅相成，可见教师设计之精心。刘老师还精心设计了一系列体验活动，从课堂教学效果来看，这些体验活动对学生构建完整的知识体系起到积极的促进作用，有效地促进学生情感的发展。

不足之处：教师语言感染力不够，说话只听清前半句，后半句听不清，对学生的读缺乏范读指导，没有及时对学生出现的错误进行纠正。另外，课后拓展环节设计有画蛇添足之感，偏离课文表达的中心意图。

（滨州经济开发区里则张家小学）王立美：刘老师上的《七颗钻石》，写，一撇一捺的扎实；读，一腔一调的变化。恬淡质朴，娓娓道来；情到深处，激情昂扬。刘老师提倡的本色语文、原味语文的风格洋溢于课堂，清新而不失飘逸，睿智与亲和力并举。他让我们看到一位教坛新手举手投足之间所流露出来的大气、谦逊、儒雅！

（三）谈得失——乱花渐欲迷人眼，浅草才能没马蹄

课结束以后，与会教师报以热烈的掌声。语文教师听得出语文课的真味！这掌声出于双手，发自内心。

（无棣第二实验学校）高希武老师：祝贺你成功！感谢你精彩的课堂展示！

（博兴县博奥实验学校）张朝霞老师：我们都觉得你讲得很成功，线索明了，课堂高效，很棒的！以后还得多向您学习……

面对赞誉，笔者深深地感谢同行的认可，可是更应该看到自身的不足，具体体现在以下"三个倾向"。

之一：读得不够扎实。为了完成既定的教学目标，有些环节有"牵"的倾向。虽然不时地调整，尽量使学生达到由扶到放的自觉学习过程，但仍然还是

没有放开进行大胆的指导与练习。

之二：过于注重教学设计的达成，将学生已知已会的知识或能力作为"抖包袱"的背景，表演的倾向将简单的东西弄复杂了。

之三：课堂容量太大，追求面面俱到。认为自己好不容易想出的一个点子，敝帚自珍，不舍得放弃，非语文的东西一多，导致课堂教学出现去语文化倾向。即使语文的东西，多了也不行，只抓一点，提纲挈领，不贪多求全，一课一得最好。

（四）谈成长——纸上得来终觉浅，绝知此事要躬行

有所失，必然有所得，选择就必须放弃。手术刀伸向自己的时候，滴血的创伤是痛苦的，但这是一种成长的痛，笔者能听到其中"咔咔"的拔节之声。痛苦是成长的必然代价，是成长乃至成功的催化剂。收获与进步是笔者最需要的，更何况是如此丰富的收获和如此长足的进步呢？

让那些繁复、繁杂回归简单，回归淳朴，回归根本，这才是本色的语文、原味的语文，也正是语文的本色，语文之真味！

生成的精彩是因为预设的成功，教师的综合素质和能力是教学成败的关键。"基础不牢，地动山摇"，教师的为师之基就是各项基本功的常抓不懈，坚持下来，熟必能生巧。

"十年磨一剑""台上一分钟，台下十年功"，课堂教学的锤炼绝非一日之功。有选择地读书以及读书后不断地"反刍"，认真地消化和吸收，是笔者的最大收获。留出时间、挤出时间来读书，读有用的书，那都是粮食，有利于"成长"。

课堂教学中，忌"种了别人的地，荒了自家的田"，去掉那些非语文的东西，也不要谈那些工具性、人文性之类的大道理，这样就避免浮气与燥气占据我们的心灵，从而使自己那颗为师之心更加"清澈、新鲜"。这股"清澈、新鲜"之泉才能润泽生灵，不致使学生的心田因干旱而荒芜。

（五）谈学习——天街小雨润如酥，草色遥看近却无

说到观摩名师的课堂教学，全国各地都在做，而像我们这样组织一名普通教师与名师（尤其是于永正老师）的"同课异构"活动在全国却是首例。这当然是好事，但观摩之后的消化吸收却成了大问题。为什么闻起来挺香、看起来

舒服的东西，吃到肚子里却消化不掉，甚至还有可能引起消化不良呢？原因当然与"水土"有关。"水土不服"是常理，实际上就是一个"学得"还是"习得"的问题。这个问题解决了，大家就不会因为学名师而消化不好闹肚子了。

大师是可"习"不可"学"的。如果只是学些皮毛、花拳绣腿，装装样子，凡事只"拿来主义"，这样恐怕会是"照猫画虎""东施效颦"，甚至还会造成"邯郸学步"的尴尬。这于自己、于学生的成长都是不利的，甚至是有害的。

"学得"是一种被动式的灌输，只是模仿，无法超越。"习得"是一种主动式的探究，是创新，是变革，是"革故鼎新"，是一种内化。这种内化源于主动地获取而不是被动接受，更多的是从名师大家身上感受一种气息，获得一种影响，而非仅仅在于一个教学案例，一篇教学随笔，一场令人荡气回肠的报告，一节精彩的课堂教学展示，而是更多地关注底蕴，关注过程，关注名师的成长经历，探寻他们的成功之路，甚至还可以从他们的失败之中汲取前行的能量。实际上，说到底，名师也是人，和我们一样都是芸芸众生中的一员。俗话说："师名以徒显。"名师之所以能成为名师，是与他们的课堂教学水平和学生成就分不开的。抓自身素质的提高和学生的全面发展，这才是根本。

（六）谈服务——春蚕到死丝方尽，蜡炬成灰泪始干

说到学生不得不谈到我们行业的属性，教育属于第三产业——服务性行业。我们的本质属性是服务。一名教师，我们的"人民"就是学生，我们是为他们服务的。

蹲下来和学生说话，给遇到困难的学生一个充满鼓励的眼神，给遭遇挫折的学生以心灵的抚慰……这都是我们该做的事！

关爱学生在校的举止、教授他们知识的教师是合格的；关心学生冷暖、赋予他们能力的教师是优秀的；为学生一辈子着想，关心他们成长，激发他们潜能，让他们成为真正的"人"的，那已经不是教师，而是教育家了！

作为一名教师，笔者的"人民"是我的学生。作为一名教研员，笔者的"人民"是全区的小学语文教师。笔者是为他们服务的。笔者说过："一个人前进一百步，不难，难的是，让一百个人共同前进一步。"笔者一直在努力践行这一承诺。

（七）谈发展——宁可抱香枝上老，不随黄叶舞秋风

确定了为学生和教师的成长、发展而服务的意识，课堂教学和教育管理的问题都可迎刃而解。不管是在课堂教学中，还是教学管理上，只要是有利于学生和教师发展与成长的我们就可以做，不利于学生和教师成长的我们就不可以做，这才是教育的"根"。

教学设计中，只要是对学生获取知识、获得能力有用的，我们就可以预设；班主任工作中，每一次活动的设计，只要有利于学生具有良知、担当道义，我们就可以实施；学校管理中，若为了迎接上级检查而弄虚作假，以牺牲学生的成长和成人为代价，必然是得不偿失的。

社会发展是符合一定规律的，经济基础决定上层建筑，教育的发展必须适应社会发展规律。我们要认识到滨州经济开发区教育科研"起点低，底子薄"的现状，只能一步一步地走，任何的短视行为都不可取，"吃不到葡萄说葡萄酸"更是要不得。经历过成长的阵痛才能拨云见日，也才能看见希望的曙光。《七颗钻石》的结尾这样写道："那七颗钻石越升越高，升到了天上，变成了七颗星星。"在结课的时候，笔者把一首自作的小诗读给学生，也再次与教育界同仁共勉：在北斗七星的照耀下/即使没有灯光的夜晚/我们也不会迷失方向/在北斗七星的辉映下/任何的艰难困苦/我们——/都能扛/只要心中有爱/我们就有力量/只要心中有爱/困境也能走成天堂/只要心中有爱/风雨过后必见阳光……

（山东滨州经济开发区教研室　刘海舰）

诗中月不同，精彩也相异

——特级教师于永正、王崧舟《望月》赏析

细细品味著名特级教师于永正与王崧舟执教的同一篇课文《望月》，深深陶醉于两位著名特级教师课堂教学艺术的同时，鲜明地感受到两位老师迥异的教学风采，时时处处得以淋漓尽致地展现。不妨先来看一看两位老师在对课文中"诗中月"这一部分的教学片段。

于永正老师这样教

师：(对"外甥")今天月色这么好，我们来对诗好吗？可以用书上的，也可以不用，但必须是写月亮的诗句。

生：好。

师：你先说。

生：明月几时有，把酒问青天。

师：但愿人长久，千里共婵娟。(众笑)

师：你们笑什么？

生：你们背的是一首诗里的句子。

师：可以吗？

生：可以，都有月。

生：床前明月光，疑是地上霜。

师：举杯邀明月，对影成三人。

生：可怜九月初三夜，露似珍珠月似弓。

师：梨花园落溶溶夜，柳絮池塘淡淡风。

生：老师背的句子中没有月！不能算。

师：没有？"溶溶夜"，说的就是月色溶溶！有吗？

生：有！

师：你再接下去背。

生：秦时明月汉时关，万里长征人未还。

师：月儿弯弯照楼台，楼高又怕摔下来。

（生大笑，说不是古诗，是老师胡编的！）

师：是古诗！这是京剧《望江亭》中杨衙内做的诗！后面两句是："今天遇见张二嫂，给我送条大鱼来。"杨衙内也是古人嘛！——你再背。（生笑声不止）

生：……

师：他被我的歪理邪说搞得有些晕头转向，背不出了。刚才我也有点晕头转向，所以才憋出一首歪诗来的。说实话，这位同学很不简单，大庭广众之下，应对得这么好。下面我们同学分两部分，这一半当"舅舅"，那一半当"外甥"。来个比赛好吗？（师把全班学生分成两部分，比赛背诗。）

（学生背诵踊跃）

师：第一轮，"舅舅"败了，因为没接上茬儿。再给你们一分钟准备，然后再比。

生：能不能背山水类的？

师：可以。

（两部分学生争相背山水诗，气氛更活跃。）

师：（发现一个学生背诗吐字不清）请你到前面来，你虽然刚才吐字不太清晰，但是你会的诗很多，很活跃，你能不能认真背一首？

（学生认真地、有感情地背一首杜甫的《望岳》，博得大家的掌声。）

师：这一轮比赛不分上下，棋逢对手。同学们，如果说1、2两段写的是"眼中"的月，那么这一部分写的是什么月？（板书：？月）

生：（异口同声）诗中月！（师擦掉问号，在横线上写上"诗中"。）

师：如果眼中月只是看到的月亮的样子，那么诗中月就融入了人的感情。眼中月是美的，诗中月更美。

赏 析

欣赏于永正老师的课堂教学，每个人首先想到的便是真，是教师与学生之间的真诚交流、真心对话、真实互动，平平常常，真真切切，不做作，不虚假，给人一份舒适、一份惬意、一份自然。师生互背，生生互背，气氛热烈，全员参与，最后的内容理解方能水到渠成。其次，于老师的课充满着趣，这种趣同样是不经意的，却又弥漫在课堂学习的始终。你看，教师《望江亭》中的诗句背诵是趣，学生第一轮互背是趣，接着抢背是趣，发自内心地让师生享受学习快乐的趣。学习如此轻松，怎能不让学生喜爱？趣中表达的其实是教师对学生学习心理的把握，传递的是教师的一颗不老的童心。再次，回味于老师的课，一种浓浓的语文味油然而起。不枝不蔓，教师就在种"语文的地"，开"语文的花"，结"语文的果"，学生就是在语文实践中进行有效实践，培养语文能力，提升语文素养。感受着课堂的灵动与生机，体验着学生的快乐和投入，这样的课堂有一股紧紧抓住学生的魔力，炉火纯青，教学无痕，这便是于老师课堂的魅力所在。

王崧舟老师这样教

师：如果你仔细观察，就会发现每一句诗中都嵌着一个月亮。对吧？那么，诗人借着月亮在轻轻、柔柔地诉说着一种怎样的心情呢？请你从每一句诗中圈出一个合适的动词，来体会诗人望月的心情。

（生默读诗句，圈出动词。）

师：好的，我们先看第一句。你圈的是哪个动词？

生："呼"。

师：呼喊的"呼"，直呼其名的"呼"。好的，把这个"呼"字圈出来。呼月，小时候因为不认识月亮，不知道月亮的名字，就把它叫作——

生：（齐答）白玉盘。

师：看！月亮出来了，圆圆的、亮亮的，叫什么来着？

生：白玉盘。

生：白玉盘。

生：白玉盘。

师：瞧瞧，居然把月亮的名字都叫错了，还直嚷嚷"白玉盘""白玉盘"，那是一种怎样的心情？

生：那是一种富有童趣的心情。

师：来，把这种富有童趣的感受读出来。

生：（朗读）"小时不识月，呼作白玉盘。"

师：真好，因为好奇而呼月。第二句，你圈的是哪个动词？

生：我圈的是"问"。

师：询问的"问"，明知故问的"问"。好，把"问"字圈出来。问月，你在问什么？

生：我在问"明月几时有"。

师：明月能回答吗？

生：不能。

师：明明知道月亮不能回答，为什么还要问？那是一种怎样的心情？

生：孤独。

生：充满矛盾。

生：烦恼。

师：也许，都有吧？！来，把这种感受读出来。

生：（朗读）"明月几时有，把酒问青天。"

师：因为孤独而问月。第三句，你圈的又是哪个动词？

生：……

师：同学们，现在你看到了，诗人们望的是天上的同一轮明月，但是，他们对月亮的感受是不同的。大家看，有人因为好奇而——

生：（齐答）"呼月"。

师：有人因为孤独而——

生：（齐答）"问月"。

师：有人因为思乡而——

生：（齐答）"疑月"。

师：有人因为欣喜而——

生：（齐答）"近月"。

师：有人因为忧愁而——

生：(齐答)"对月"。

师：有人因为怀念而——

生：(齐答)"思月"。

师：孩子们，望的是同一个月亮，但每个诗人的感受和心情却大不一样，这是另一种意义上的"千江有水千江月"。让我们再一次走进诗中月，感受诗人望月时的不同心情。我一句，大家一句。(音乐响起，师生对读"诗中月"。)

赏析

品味王崧舟老师的课堂，一下子便能感受到绵长的韵味。这来自对诗眼的品读，来自对诗情的咀嚼，来自对诗境的创设，教师的语言在拨动着学生的心弦，师生的对话跳动着情感的火苗。每个学生的头脑在教师的步步引导下慢慢勾勒起"千江有水千江月"的图景，学生内心与课文内容融合在了一起。王老师的教学智慧让人敬佩。找出每一句诗的"动词"，这是对教材深入研读后的教学创造，由动词品味引入情感理解，感受诗情，让学生走进文本的核心，切入点巧妙精准，充满教师的教学智慧。最重要的一点，还体现在王老师课堂中生动的形象感。语文是感性的，语文学习离不开丰富的形象，形象建立起语文在学生心中的真切感受。诗中月里有好奇，有孤独，有思乡，有欣喜，有忧愁，有怀念，正因如此，诗人会呼月、问月、疑月，会近月、对月、思月。这一系列形象让语文学习更加丰盈，更加厚实，也让语文学习多姿多彩、可亲可感，课堂彰显出语文学科的本质属性。诗意无限，情真味醇，这样的课堂令师生沉浸在语文的世界，与语文同呼吸、共成长。

思考

两位特级教师的教学思想令人仰视，课堂教学艺术也令人学之不尽。窥一斑而知全豹，我们鲜明地体会着不同的教学风格，令人印象深刻。我们从中收获这样的启迪：语文课堂是师生生命成长的独特时空，一节语文课将学生生命与语文有机地融合在一起，语文教学没有定法，带给学生怎样的语文学习过程，这是每一位语文教师需要思考的重要课题。打造一段独特的语文学习过程，我们需要认真研究学生的特点，需要研究文本的特点，需要研究教法、学法，更需要思考我们在遵循语文学习基本要求的前提下，发挥自己的长处，展现自己的优势，追寻自己的课堂风采。努力像于永正、王崧舟老师那样，坚持自己的教学追寻，让课堂成为带给学生精彩并展现自我教学个性的40分钟。也许，下一个精彩会由我们与学生一同创造。

（江苏省苏州工业园区文萃小学　张晓华）

异曲同工　各具风采

——特级教师盛新凤、薛法根《番茄太阳》同课结尾教学思考

《番茄太阳》一课是四年级的一篇阅读课文，以"我"的见闻为主线，按时间顺序叙述盲童明明虽然看不见美好的世界，可是她聪明机灵，有一颗善良的心，懂得关爱别人。她就是一个"番茄太阳"，挂在我的心里，让我感受到温暖。在教学这一课时，著名特级教师盛新凤和薛法根在课堂结尾教学上既有不约而同的地方，也有明显迥异的差别，在对比中带给我们很多有益的思考。下面就先来看一看两位特级教师的教学片段。

盛新凤老师课堂教学

（观看录像，屏幕上出现作者卫宣利，她说："同学们好！我是你们盛老师的朋友……"）

师：看了后，和你想象中的一样吗？（学生被刚才的录像感动得说不上话来）

师：虽然卫宣利阿姨某些地方不太方便，但是她始终没有停下手中的笔。最近，她又写了两篇作品，老师分别截取了其中的一段。

（课件出示）

片段一：

如今，10年的时光过去，我终于用手中的笔蹚出了一条自己的路，再也不是当初那个绝望的小女孩儿了。但是那个流泪的中秋节，那团流泪的月饼，

仍然留我心最深的地方。我终于明白父亲的话：人生也像月饼一样，要由各种丰富的滋味才能圆满起来。

——《流泪的月饼》

片段二：

以后，我就穿着这双鞋，在医生的指导和父亲的扶持下，开始了艰苦的锻炼。后来，曾被断言不能再走路的我学会了扶着双杠走，拄着双拐走，走出绝望，走出封闭，走向了社会，走出了我自己的一片天！

——《两双球鞋》

（配乐，教师读片段一，学生齐读片段二。）

师：读到这儿，你肯定有许多的话想对卫阿姨说，是吗？温暖和爱是可以传递的。请你写下一两句话。卫阿姨是需要鼓励的，把话写在番茄状的纸上，若能在反面画上一个太阳就更棒了。

（学生独立写话练习，然后交流。）

生：您的坚强、开朗，将会伴您走完以后的人生……

生：卫阿姨，坚强吧，勇敢吧，像明明一样温暖地微笑吧！生活是温暖的、绚丽的，有温暖就有希望……

……

师：这篇文章最后，卫阿姨写了这么一句话："心里有了快乐，光明就不远了。"（生齐读下课）

薛法根老师课堂教学

（出示，师生齐读：心底有了快乐，光明还会远吗？）

师：盲童明明，心底有了快乐，虽然失明了，但光明还会远吗？如果（擦掉板书：光明）老师把光明擦掉，每一个读了《番茄太阳》这篇文章的人，他还会感受到什么？心底有了快乐，什么还会远吗？

生：心底有了快乐，幸福还会远吗？

师：掌声。

（生鼓掌）

生：心底有了快乐，希望还会远吗？

师：掌声。

（生鼓掌）

生：心底有了快乐，期盼还会远吗？

……

师：好。同学们，心底有了快乐，一切都会有的，如果老师把这个（擦掉板书：快乐）也擦掉，你能写一句完整的话吗？拿起笔，心底有了什么，什么还会远吗？

（生拿笔填写，师巡视指导。）

师：可以写两句，也可以写三句，看谁读了这篇文章以后，能写出最感动人、温暖人、照亮人的话。

（生继续拿笔填写，师巡视指导。）

师：好，写好的请举手。先请你来读一读，要读好，其他同学把笔放下。

生：心底有了希望，美好的春天还会远吗？心底有了爱，幸福还会远吗？

师：两句，很好。

生：心底有了希望，梦想还会远吗？

师：真好。

生：心底有了爱心，微笑还会远吗？心底有了太阳，希望还会远吗？

……

师：是啊，这就是盲童明明心里的话，我们都帮她体会出来了。

（师在黑板上画一轮太阳，并让学生给太阳画一个表情，最后总结道：每个人的心里都有一颗太阳，要让自己的太阳照亮你的心。下课。）

赏 析

细品以上两位教师的结尾教学，首先可以发现相同的地方。一是都引用了作者卫宣利原文的最后一句话：心底有了快乐，光明还会远吗？这是经编者修改后的课文所没有的语句，而以上教学都借助这句话来引导学生开展教学活动。二是都安排了写的环节。盛老师安排的是让学生写一写要对作者说的话，薛老师则是让学生联系课文写一写自己的理解，语文课堂加入学生静心动笔写的时间。三是注重学生情感认识的内化。通过课文的学习，理解课文的主旨，帮助学生内化对文本情感认识的共鸣和升华，是这两则片段的又一共通之处。

当然，除了以上相同之处，在具体教学策略上，两位教师也有非常明显的差异。比如，对原文句子的运用，盛老师重在拓展作者的其他作品文字，加深对文本主旨的理解，再在此基础上出示句子，起到画龙点睛的总结升华作用；薛老师一开始就引入原句，再让学生以此句为示范，在动笔练习之中，不断变换形式，深化对文本主旨的进一步理解。

第一，合理运用课外资源。语文学习与生活紧密联系，它不能仅仅局限在一篇几百字的文本之上，学会打开思路，拓宽视野，将文本理解与学生课堂之外相联系，挖掘相关的教学资源，合理地与文本整合在一起，这将会有助于打开语文课堂，增加语文学习的厚度和深度。原文语句的对照，作者相关文字的对比以及同一类文章的阅读，无形中为语文学习引入活水，吹入春风。课堂上，学生会学得有趣，学得生动。

第二，注重课堂读写结合。听、说、读、写是语文能力的重要组成，而语文课往往关注最多的是学生的读、说能力，忽视或淡化对学生听、写能力的培养。以上片段都把写作为课堂教学的重要一环，这提醒我们，学生写的兴趣的培养，写的能力的提高，需要的是日积月累，聚沙成塔。结合文本内容特点，把写这一重要能力的培养挤进语文课堂，值得我们深思。如何写，写的时间和评价又该怎样在课堂中加以保证，这是无法回避的问题。当然，能让学生在原有基础上有所提高的练笔更为实在，所以笔者对薛老师仿写的做法较为赞同。

第三，立足成长发挥智慧。每位教师都会有自己的教学思考，优秀教师有自己的教学风格。同一文本哪怕对教学重难点的认识一致，在实际突破重难点的策略上也会有很大差异。正如以上教学片段所示，虽然同样是引用了原文结尾的一句话，可两位教师的做法却有如此不同。立足于学生语文素养的提升，语文能力的成长以及情感认知的飞跃，我们的教学智慧便可以发出耀眼的光彩，以学生的学习需要为本，以服务学生成长的角度思考课堂学习策略，方会带给学生一段难忘的学习之旅。

（江苏省苏州工业园区文萃小学　张晓华）